ISPK◉〉 Institut für
Sicherheitspolitik
an der Universität Kiel

ISPK-Studien zur Konfliktforschung

herausgegeben vom

Institut für Sicherheitspolitik
an der Universität Kiel gGmbH (ISPK)

Band 3

Michael Hüther | Melinda Fremerey
Simon Gerards Iglesias

Gegen die Weltordnung

Russlands Sonderweg und sein ökonomischer Preis

Nomos

Onlineversion
Nomos eLibrary

Die Deutsche Nationalbibliothek verzeichnet diese Publikation in
der Deutschen Nationalbibliografie; detaillierte bibliografische
Daten sind im Internet über http://dnb.d-nb.de abrufbar.

ISBN 978-3-7560-0313-6 (Print)
ISBN 978-3-7489-3702-9 (ePDF)

Inhaltsverzeichnis

Abbildungsverzeichnis

Tabellenverzeichnis

1 Imperialismus, Ressourcenökonomie und Kriegswirtschaft: Ein Land begrenzter Optionen

„Russland ist ein Rätsel innerhalb eines Geheimnisses umgeben von einem Mysterium."[1]

Der russische Angriffskrieg auf die Ukraine hat die Weltlage politisch und ökonomisch verändert. Zurecht hat Bundeskanzler Olaf Scholz drei Tage nach dem Beginn des Krieges in seiner Regierungserklärung den Begriff „Zeitenwende" eingeführt. Durch diesen Krieg wird in den internationalen politischen und ökonomischen Beziehungen nichts so bleiben wie es bis zum 24. Februar 2022 war – die selbstverständlich und unumstößlich scheinende Realität gilt nicht mehr. Die strukturellen Bedingungen der Geopolitik und der Geoökonomie aus den vergangenen dreißig Jahren haben sich grundlegend verändert. Tatsächlich hatten bereits die Annexion der Krim im Jahr 2014 und der seitdem schwelende – eingefrorene – militärische Konflikt im Donbas die bestehenden Verhältnisse umgewälzt. Die Wahrnehmung in Mitteleuropa wurde indes geprägt durch das Minsker Abkommen aus dem Jahr 2015 und die darin vereinbarte Waffenruhe. Allerdings waren danach 21 Waffenstillstandsvereinbarungen getroffen und gebrochen worden. Doch die Hoffnung stirbt bekanntermaßen zuletzt. Diese Haltung – oder vielmehr dieses Wunschdenken – war verbunden mit der Erwartung, dass die ökonomischen Verflechtungen der europäischen Volkswirtschaften mit der Russischen Föderation zu einer Stabilisierung der politischen Beziehungen beitragen würden – hatte doch selbst die Sowjetunion in den heißesten Phasen des Kalten Krieges nie einen Zweifel an der Liefertreue bei Gas und Öl in den Westen aufkommen lassen.

Jetzt steht hingegen unverrückbar fest: Für die künftige politische Kooperation zwischen dem Westen und Russland unter dem Regime Putin gibt es keine konstruktive Perspektive. Das gilt ebenso für die ökonomische Entwicklung. Die russische Führung selbst hat die politischen und wirtschaftlichen Optionen faktisch auf China und Indien sowie einige seiner Nachbarstaaten und Randstaaten wie den Iran verlagert. Die Sanktionen des Westens werden mit längerer Dauer eine nachhaltig belastende Wir-

---

1 Winston Churchill (1874-1965), 1939.

kung auf die russische Volkswirtschaft haben. Im Juli 2022 sprach Wladimir Putin mit Blick auf die Wirtschaftssanktionen erstmals selbst von einer „großen Herausforderung" und einer „kolossalen Menge an Schwierigkeiten", insbesondere durch den unterbundenen Zugang zur Hochtechnologie.[2]

Die Prognosen des Internationalen Währungsfonds vom Januar 2023 haben allerdings für Überraschung gesorgt, als aus der im Oktober 2022 für das Jahr 2023 erwarteten Schrumpfung um 2,3 Prozent für die russische Volkswirtschaft ein Zuwachs von 0,7 Prozent wurde.[3] Kriegswirtschaften können in einer ersten Phase, wenn neben hohen Ausgaben für die Armee der militärisch-industrielle Komplex hochgefahren wird und finanzielle Mittel zur sozialpolitischen Abfederung mobilisiert werden, durchaus erstaunliche Zuwächse beim Bruttoinlandsprodukt verzeichnen. Dies zeigt sich ähnlich in der Ukraine, für die nach dem kräftigen Einbruch der Wirtschaftsleistung von 30 Prozent im Jahr 2022 infolge der kriegerischen Aggression für 2023 ein leicht positives Wachstum zu erwarten ist.[4] Es handelt sich dabei jedoch nicht um Wertschöpfungspotenziale, die durch marktwirtschaftliche Transaktionen im Wettbewerb gehoben werden oder die innovationsgetrieben wären.[5] Für das wichtige Öl- und Gasgeschäft ist es Russland tatsächlich gelungen, neue Kunden außerhalb des Westens zu finden, in nicht sanktionierenden Ländern. Die Auswirkungen der westlichen Sanktionen durch Preisobergrenzen auf der Exportseite werden sich vielmehr mit Verzögerung über die Leistungsbilanz zeigen. Und die bisherige Abhängigkeit von westlichen Investitionsgütern wird langfristig ein Entwicklungshemmnis darstellen.

In diesem Buch wollen wir der im obigen Zitat beschriebenen Sonderbarkeit Russlands nachgehen und genauer die Frage verfolgen, welche wirtschaftlichen Entwicklungsperspektiven auf mittlere Sicht vor dieser politischen und historischen Kulisse für Russland plausibel skizziert werden können. Dabei wird davon ausgegangen, dass es dort kurz- bis mittelfristig nicht zu einem politischen Richtungswechsel kommen wird, der einen Umbau an der politischen Spitze einschließen würde; der Putschversuch der Wagner-Gruppe vom 24. Juni 2023 hat diese Annahme nicht erschüttert. Folglich existieren bis auf Weiteres keine realistischen Aussichten auf

---

2 Spiegel Online (19.07.2022).
3 International Monetary Fund (April 2023).
4 Consensus Forecast Eastern Europe, May 2023.
5 Acemoğlu und Robinson (2012).

eine erneuerte umfassende Zusammenarbeit mit dem Westen. Vielmehr dürften Sanktionen und eine fortschreitende Isolierung Russlands das Bild prägen. Ein Mindestmaß an Realpolitik im Miteinander wird es aber wohl geben müssen. Ebenso kann auch die Diplomatie wie in jeder krisenhaften Situation und bei einer militärischen Auseinandersetzung wieder verstärkt eine Rolle spielen. Dafür braucht es aber ein Minimum an einem gemeinsamen Grundverständnis der internationalen Ordnung und der Grundsätze interessengeleiteter, aber rationaler Verhandlung. Das ist derzeit weder erkennbar noch absehbar.

Auch wenn die ökonomischen Folgen der russischen Aggression gegen die Ukraine und die wirtschaftlichen Perspektiven Russlands in diesem Buch im Mittelpunkt stehen, kann eine solche Analyse nicht ohne historische Einordnung erfolgen. Die welthistorische Dimension des Krieges liegt in der Tatsache begründet, dass sich damit die europäische Geschichte noch einmal zur Weltgeschichte ausweitet. Denn der Krieg, den Russland völkerrechtswidrig begonnen hat, ist eine Folge geschichtlicher Entwicklungen in Europa: die Erfahrungen des Imperialismus seit dem 18. Jahrhundert; die immer wieder konfliktträchtigen Versuche, souveräne Staaten zu bilden; das lange Fehlen einer den gesamten Kontinent ordnenden politischen Struktur; die beiden von Europa ausgehenden Weltkriege; die Erfahrung des Kalten Krieges; die schwierige Transformation zu Demokratie und Marktwirtschaft in den mittel- und osteuropäischen Staaten nach dem Fall des Eisernen Vorhangs; ungelöste Machtfragen auf dem Kontinent – all das manifestiert sich mit diesem russischen Krieg und greift damit weit über Europa hinaus. Doch es ist zu spüren, dass andernorts in der Welt – vor allem in den Schwellenländern des Globalen Südens – schon das Verständnis für die reale Bedrohung Europas durch den Aggressor Russland fehlt und es an der Bereitschaft mangelt, sich unmissverständlich zu positionieren. Und das trotz der Eindeutigkeit völkerrechtswidrigen Handelns durch Russland.

Die ökonomischen Möglichkeiten Russlands müssen daher in Verbindung mit den historisch geprägten Pfadabhängigkeiten und insbesondere den Folgen der wirtschaftlichen Öffnung nach 1990 sowie deren politischer Gestaltung gesehen werden (Kapitel 2 zur wirtschaftshistorischen Einordnung). Die russische Volkswirtschaft weist schon länger strukturelle Schwächen auf, deren Beseitigung seit dem Ende der Sowjetunion aber versäumt oder vernachlässigt wurde.[6] In diesem Buch zeigen wir, dass diese Prozesse gemessen an den Transformationen anderer Volkswirtschaften gescheitert sind. Das verweist auf weit zurückreichende historische Prägungen, die mit einer besonderen imperialistischen Orientierung der russischen Politik verbunden ist.

Die historische Entwicklung Russlands beschreitet einen Sonderweg, der im Vergleich mit den westeuropäischen Nationen auffällig wird. Während die Debatte über den deutschen Sonderweg zur Nation und demokratischen Verfassung unter der Überschrift „Die verspätete Nation" geführt wird,[7] erscheint die russische Entwicklung als soziologisch verfestigter Imperialismus.[8] Freilich spielt dabei die vergleichsweise spät erfolgte Nationsbildung eine Rolle. Vielvölkerstaaten der Frühen Neuzeit waren – anders als kulturell konsistenter gefasste Staatsgebilde – regelmäßig von den frühen Nationsbildungsprozessen im 18. und 19. Jahrhundert ausgeschlossen – so auch das Zarenreich. Dabei ging die kulturelle Vielfalt meist mit einer geografischen Unbestimmtheit einher, die schon an sich konfliktträchtig ist. Verspätete Nationsbildungen wenden sich heute gegen transnationale Strukturen – wie in Polen und Ungarn gegenüber der Europäischen Union – oder äußern sich in außenpolitischen Aggressionen, begrenzter Kooperationsneigung und hegemonialen Ambitionen, wie es beispielsweise in der Türkei zu beobachten ist. Auf Grundlage dieser Blaupause lässt sich Putins Bestreben, die Einflusszonen der Sowjetunion zu reaktivieren, in die tief verankerte Tradition des Imperialismus einordnen.

Ökonomisch stellt sich die Frage, welche theoretischen Erkenntnisse es braucht und wie diese eingeordnet werden müssen, um die künftigen Entwicklungspotenziale Russlands abschätzen zu können (Kapitel 3 zu der wirtschaftstheoretischen Analyse der Ressourcenökonomie und den außenpolitischen Partnerschaften Russlands). Die Transformation von einer korrupten Staatswirtschaft durch die Mobilisierung eines unabhängigen privaten Sektors zu einem demokratisch-marktwirtschaftlich geprägten System ist in Russland ausgeblieben. Die ökonomische Öffnung nach 1991 war abrupt und brachial, ohne Rücksicht auf die notwendigen institutionellen Voraussetzungen wie etwa Eigentumsordnung, Preisbildung, Offenheit und Bestreitbarkeit von Märkten. Damit rücken entwicklungstheoretische und ressourcenökonomische Überlegungen in den Mittelpunkt des Interesses.

---

6 Kolev (2016).
7 Plessner (1959); Wehler (2005); Hüther (2014).
8 Luks (2005).

Zugespitzt ist zu fragen, ob Russland an der Holländischen Krankheit ohne Aussicht auf Genesung leidet. Die Holländische Krankheit beschreibt einen Deindustrialisierungsprozess, der eintritt, wenn Rohstoffexporte allein zu konsumtiven Zwecken verwendet werden, Diversifizierungen ausbleiben und über Währungseffekte die Industrie an Wettbewerbsfähigkeit einbüßt. Viel wichtiger für Russland ist allerdings die institutionelle Dimension der Krankheit, die die Deindustrialisierung befördert. Ein mangelnder Ordnungsrahmen, ausbleibende marktwirtschaftliche Mechanismen und fehlende demokratische Kontrolle bilden den Sonderweg Russlands als Ressourcenökonomie, welche die Umstellung und Anpassung auf alternative Geschäftsmodelle verpasst. Damit unterscheidet sich Russland fundamental von anderen Ländern mit Holländischer Krankheit wie den Niederlanden, Norwegen oder Großbritannien und auch von autokratischen Rohstoffökonomien wie Saudi-Arabien oder den Vereinigten Arabischen Emiraten. Darüber hinaus zeigt sich die Rohstoffmacht Russland verwundbar durch ihre Abhängigkeiten von ausländischen Absatzmärkten und westlicher Technologie, der starren Lieferstruktur der Brennstoffexporte sowie der zeitgleich stattfindenden grünen Transformation in vielen Industriestaaten. Zu den außenwirtschaftlichen Aspekten gesellt sich die außenpolitische Dimension als notwendige Bedingung für internationale Handelsaktivitäten. So war Russland schon vor dem Angriffskrieg auf die Ukraine außenpolitisch zunehmend isoliert, da es nicht nur die Zusammenarbeit mit der EU nicht besser nutzte, sondern sich auch von seinen unmittelbaren Nachbarn entfremdete. Von den ursprünglich zahlreichen Partnerländern im Rat für Gemeinsame Wirtschaftshilfe (RGW) bleiben Russland aktuell nur noch vier Staaten – Belarus, Kasachstan, Kirgisistan und Armenien – in der Eurasischen Wirtschaftsunion als Verbündete für integrative wirtschaftspolitische Prozesse.

Ein politisch auch in Deutschland und Europa nicht zu unterschätzendes Thema ist die Wirkung der wirtschaftlichen und institutionellen Sanktionen gegen Russland, die in historisch einmaliger Geschwindigkeit und Intensität vom transatlantischen Westen seit Kriegsbeginn verhängt wurden (Kapitel 4 zur Theorie und zu den wirtschaftlichen sowie gesellschaftlichen Auswirkungen der Sanktionen). Dass der Angriffskrieg dadurch schnell beendet werden könnte, war angesichts der historischen Erfahrungen kaum zu erwarten. Einfache Lösungen sind gerade in Kriegszeiten nicht plausibel, da sie die machtpolitischen Hintergründe des Aggressors ebenso ausblenden wie die gesellschaftliche Verankerung der Aggression. Russland steht vor der gewaltigen Herausforderung, jede wirtschaftliche Entwicklung unter enormen Marktbeschränkungen vollziehen zu müssen. Das Sanktions-regime wird aufgrund fehlender Zugänge zu Importmärkten und geschmälerten Absatzchancen für Russland vor allem eine langfristige Wirkung entfalten. Beispiele wie der Verkauf von Autos ohne Servolenkung oder aus Kühlschränken ausgebaute Mikrochips lassen schon jetzt vermuten, dass der Versuch, Importe durch heimische Produkte zu substituieren, schwer wird. Durch die Sanktionen ist das Putin-Regime wirtschaftlich geschwächt, aber trotzdem kriegsfähig, denn der Umbau und die Vorbereitung auf die Kriegswirtschaft erfolgten bereits viele Jahre vor dem Februar 2022. Die imperialistischen Drohgebärden gegenüber der Ukraine und dem Westen waren keinesfalls nur Rhetorik; mehr oder weniger im Stillen wurden in Russland Vorbereitungen getroffen, um Sanktionen trotzen zu können.

Für die Hoffnung, interne Widerstände im kriegsführenden Land in Gang zu setzen, existieren keine geschichtlichen Referenzen. Es zeigt sich zwar, dass die Stimmung in der russischen Bevölkerung keineswegs einheitlich, aber – als Folge systematischer und unausweichlicher staatlicher Propaganda – doch überwiegend national, wenn nicht nationalistisch ausgerichtet ist. Ob sich die Menschen für den Umbau der Wirtschaft ihres Landes in einer Nachkriegsordnung eignen und einspannen lassen, ist eine andere Frage. Die demografische Entwicklung und Perspektiven Russlands sind alles andere als rosig. Dabei sollte nicht übersehen werden, dass Kriegswirtschaften in hohem Maße korruptionsgeneigt sind. Das wiederum stabilisiert diktatorische Herrschaft und verkürzt kurzfristig manche Verfahren, weil es Abhängigkeiten schafft. Doch schon auf mittlere Sicht droht dem eine Quelle der Unsicherheit und Instabilität zu entspringen.

Abschließend versucht dieses Buch eine langfristige Entwicklungsperspektive für die russische Volkswirtschaft abzuleiten und Muster für den Strukturwandel zu identifizieren (Kapitel 5 zu den Fragen, wohin die Transformation und mit wem die Kooperation in einer neuen Weltordnung für Russland zukünftig gelingen soll). Damit bewegt man sich naturgemäß auf unsicherem Terrain, denn der in Russland zu diagnostizierende imperiale – oder vielmehr auf ein selbstdefiniertes Imperium bezogene – Herrschaftsanspruch wirkt nicht nur wie aus der Zeit gefallen, sondern lässt sich nicht auf historische Muster zurückführen. Der russische Krieg gegen die Ukraine muss als neuerlicher Versuch gedeutet werden, die Welt politisch sowie ökonomisch in Einflusssphären aufzuteilen und die Idee der globalen Ordnung im Sinne der Souveränität, der Gleichberechtigung und der Existenzberechtigung unabhängig von Größe, ökonomischer Potenz und politischer Struktur von Staaten aufzugeben. Das kann dauerhaft keine Zukunft haben, weil es die vielfältigen Potenziale der Selbstermächtigung des Menschen in der Moderne verkennen würde. Doch was bedeutet es, wenn eine Gesellschaft sich willentlich desintegriert? Russland, ein Land ohne Aussicht?

***

In dieser Studie wurden Quellen von verschiedenen Institutionen zusammengetragen; eine Aktualisierung wurde bis Mitte Juni 2023 vorgenommen. Neben Statistiken von internationalen Organisationen wurden auch Daten der russischen Statistikbehörde Rosstat, der russischen Zentralbank und russischer Ministerien ausgewertet. Grundsätzlich ist bei der Interpretation der offiziellen russischen Daten Vorsicht angeraten, denn ihre Vollständigkeit und Verlässlichkeit ist nicht mit der vom westlichen Blick gewohnten Qualität vergleichbar. Insbesondere nach Beginn des Angriffskrieges gegen die Ukraine hielten russische Behörden die Publikation wichtiger makroökonomischer Indikatoren zurück oder veröffentlichten nur selektive, womöglich geschönte Daten.[9] Um diesen qualitativen Problemen Rechnung zu tragen, wird versucht, die russischen Daten mit – sofern verfügbar – internationalen Daten zu vergleichen und kritisch einzuordnen. Bei älteren Daten ist dieses Problem weniger ausgeprägt, denn Rosstat konnte lange Jahre unabhängig, ohne politischen Einfluss des Kremls agieren. Mit der Einsetzung eines neuen Statistikbehörden-Chefs im Jahre 2019 wurde die Statistikbehörde allerdings zunehmend politisiert und ihre Daten wurden weniger zuverlässig.[10] Gleiches gilt für Studien von russischen Akteuren, wie der Zentralbank oder staatlichen Universitäten, die wir kritisch einordnen.

Als dieses Buch – bis Ende Juni 2023 – verfasst wurde, kam es zum Ein-Tages-Putsch der Wagner-Gruppe unter Jewgeni Prigoschin in Russland am 24. Juni 2023, der verdeutlicht, wie fragil das System Putins sein kann und wie schnell sich Gegebenheiten wohmöglich ändern können. Unsere Analysen in diesem Buch basieren dennoch auf der Annahme, die wir derzeit mit unserer ökonomischen Kompetenz realistisch für den politischen und militärischen Kontext treffen können, dass kein umfassender Regime-Change stattfindet, der strukturelle Veränderungen bewirken würde.

---

9 Sonnenfeld et al. (2022b).
10 Katzenberger (06.02.2019).

Bei der Abfassung dieses Buches konnten wir auf vielfältige Unterstützung setzen. Wir danken insbesondere Vanessa Ottmüller, die mit ihren Kenntnissen der russischen Sprache und Kultur wesentliche Einsichten ermöglicht hat. Im Weiteren haben uns Derya Cevik, Lennart Maaßen und Robbie Lämmel als studentische Mitarbeitende in der Direktion des Instituts der deutschen Wirtschaft unterstützt. Weiterer Dank gilt den Kollegen am Institut der deutschen Wirtschaft – insbesondere Hubertus Bardt, Knut Bergmann, Matthias Diermeier, Berthold Busch und Jürgen Matthes – für konkrete Hinweise, Impulse und Kritik.

2 Der lange Schatten von Gewalt und Autoritarismus

„But growth under extractive institutions differs in nature from growth brought forth by inclusive institutions. Most important, it will be not sustained growth that requires technological change, but rather growth based on existing technologies. The economic trajectory of the Soviet Union provides a vivid illustration of how the authority and incentives provides by the state can spearhead rapid economic growth under extractive institutions and how this type of growth ultimately comes to an end and collapses."[11]

Als Wladimir Putin im Jahre 1999 sein *Millennium Manifest* – eine Abhandlung über die Lage der russischen Volkswirtschaft und Nation zur Jahrtausendwende – verfasste, hatte das Land ein Jahrzehnt voller politischer und wirtschaftlicher Umbrüche hinter sich. Die Situation war angesichts von Kapitalflucht und Desinvestitionen im Zuge der sogenannten „Russland-Krise" angespannt und der damalige russische Ministerpräsident attestierte seinem Land multiple Schwächen: Ein nicht funktionierendes Rechtssystem, geringe Investitionen, technologische Rückstände sowie ein niedriger Lebensstandard schwächten Russlands weltpolitische Position und gefährdeten seine Zukunft.[12] Diese zeitgenössische Beobachtung steht exemplarisch für die russische Sicht auf die 1990er Jahre des Umbruchs, die in Russland gemeinhin als das „Jahrzehnt der Schmach" gelten – ein historischer Bruch in der russischen Geschichte, der nicht in das staatlich geprägte, historische Narrativ des Widerstands (gegen Napoleon, gegen die Leningrader Belagerung) und des Sieges gegen Nazi-Deutschland (Großer Vaterländischer Krieg) passte.[13]

Verstärkt wurde dieses Gefühl durch die historische Rückständigkeit, die dem Land seit den 1980er Jahren vom Westen zugeschrieben wurde und die es aufgrund zahlreicher Rückschläge, autokratischer Regierungen und Revolutionen daran gehindert hatte, zu den internationalen Standards aufzuschließen.[14] Diese Rückständigkeit ist nicht überwunden, sie hat historisch-

---

11 Acemoğlu und Robinson (2012), S. 124.
12 Putin (30.12.1999).
13 Stewart (2020).
14 Hildermeier (2013).

institutionelle Gründe, die lange zurückliegen und die Strukturen bis in die Gegenwart prägen. Russland ist heute ein autoritäres Land, das von Gewalt nach außen (Krieg) und nach innen (unterdrückte Zivilgesellschaft und fehlende Opposition) durchzogen ist. Der militärisch-industrielle Komplex, der die enge Vernetzung von Wirtschaft, Staat, Geheimdienst und Militär umschreibt, ist Dreh- und Angelpunkt des politökonomischen Machtgefüges in Russland.[15] Dies ist aber nicht allein Putins Werk. Vielmehr reichen die Ursachen des Zustandes der staatlichen und ökonomischen Organisation Russlands weit zurück, weshalb die historische Einbettung der ökonomischen Analyse unabdinglich ist. Die Geschichte Russlands wurde bereits mehrfach als eine Gewaltgeschichte beschrieben, denn die ausdrückliche Anwendung von Zwang, Brutalität bis hin zur extremen Form der Gewalt, dem Völkermord, war – begleitet von Revolutionen und Gewaltherrschaft – nicht selten ein Mittel zur Etablierung und Konsolidierung staatlicher Herrschaft.[16] Die drei Säulen staatlicher Macht in Russland – Gewalt, Autoritarismus und militärisch-industrieller Komplex – liegen wie ein langer Schatten auf der Geschichte des Landes und hemmen seine Entwicklung bis heute.

Im Folgenden werden zunächst diese historischen Lasten Russlands skizziert und die dabei wirksamen institutionellen Faktoren beschrieben, die bis heute nachwirken. Vor diesem Hintergrund werden das Scheitern der Transformation nach 1991 und die ökonomischen Pfadabhängigkeiten eingeordnet. Schließlich wird aus diesem transformativen Scheitern und dem Feststecken in historischen Pfaden die außenpolitische Zuspitzung der russischen Politik unter Putin untersucht, die einem Imperialismus ohne Imperium gleicht. Wir bewegen uns damit analytisch in einem interdisziplinären Spannungsfeld, das wirtschaftshistorisch, institutionenökonomisch und politikwissenschaftlich verankert ist. Die Unterscheidung zwischen extraktiven und integrativen (inklusiven) Institutionen, wie sie im vorangestellten Zitat eingeführt wurde, hilft nicht nur, die verschiedenen Entwicklungsstadien, sondern auch die Entwicklungswege zu verstehen. Institutionen sind hierbei als informelle und formelle Regeln, Mechanismen und Strukturen zu verstehen, die als Gesamtgefüge die Funktionsweise des Staates prägen. Dabei kommt es darauf an, ob diese Regeln, Mechanismen und Strukturen exklusiv – also ausschließlich einer bestimmten sozialen Gruppe zugänglich

---

15 Belton (2022).
16 Schattenberg (2022); Baberowski (2008); Baberowski (2021a); Baberowski (2021b).

sind – oder ob sie inklusiv, das heißt offen, zugänglich und demokratisch verfasst sind.

„Extractive political institutions lead to extractive economic institutions, which enrich a few at the expense of many. [...] Extractive political institutions also provide no checks against abuses of power. [...] Yet another mechanism for the vicious circle is that extractive institutions, by creating unconstrained power and great income inequality, increase the potential stakes of the political game."[17]

Der lange Blick zurück führt zu dem betrüblichen Befund, dass es weder im langen 19. Jahrhundert (1789 bis 1914) noch im kurzen 20. Jahrhundert (1914 bis 1989) eine identitätsprägende Erfahrung für die Menschen in der heutigen Russischen Föderation gab, die umfassend und intensiv durch inklusive Institutionen geprägt war. Daron Acemoğlu und James A. Robinson haben in ihrer entwicklungsökonomischen Studie über Wohlstand und Ungleichheit zeigen können, dass inklusive politische und wirtschaftliche Institutionen zu Wirtschaftswachstum und der Mehrung von Wohlstand führen, wohingegen extraktive und unzuverlässige Institutionen dieses Wachstum hemmen. Dabei ist vor allem das Zusammenspiel von inklusiven Institutionen wie politischer Partizipation, wirtschaftlicher Freiheit, Haftung und Zugang zu Ressourcen entscheidend.[18] In Russland gab es, wenn überhaupt, nur sehr kurze Phasen, in denen inklusive Strukturen bestanden, die nur geringe Breitenwirkung entfalten konnten, so dass daraus keine positiven Erfahrungen oder Erzählungen abzuleiten sind. Das mag erklären, warum es im 21. Jahrhundert gelang, durch mediale Beeinflussung der Bevölkerung einen Nährboden für den rückwärtsgewandten Nationalismus zu schaffen, der seinerseits eine imperialistische Politik mit erheblichen Belastungen für die Gesellschaft zulässt.

---

17 Acemoğlu und Robinson (2012), S. 353 f.
18 Acemoğlu und Robinson (2012).

2.1 Die fatalen Lasten aus Zarenreich und Sowjetunion

„Die Illusion, die uns verherrlicht, ist uns lieber als zehntausend Wahrheiten."[19]

Unfreiheit und Ungleichheit

Die unvollständige und asynchrone, übereilte und zugleich zögerliche Einführung von Demokratie und Marktwirtschaft in Russland nach 1991 sind zweifellos wichtige Gründe für die multiplen Probleme der russischen Ökonomie heute. Allerdings liegen die zugrundeliegenden Ursachen länger zurück. Um zu verstehen, mit welchen Problemen das heutige Russland zu kämpfen hat, muss man auf die Zeit der Sowjetunion (1922-1991) und des Zarenreiches (1721-1917) zurückblicken. Denn in diesen Perioden beginnen die Fehlentwicklungen, und es wird klar, warum es heute in Russland an inklusiven Institutionen mangelt. Insbesondere der staatliche Umgang mit Eigentum und persönlicher Freiheit – zentrale Elemente für eine funktionierende Marktwirtschaft – zeigt historisch-institutionelle Besonderheiten, die nicht erst mit der kommunistischen Umwälzung in Russland Einzug hielten, sondern schon zuvor wirksam waren.[20] Die Sicherung von Eigentumsrechten und der Zugang zu politischen sowie wirtschaftlichen Ressourcen bilden die Grundlage für inklusive Institutionen, die zu nachhaltigem Wirtschaftswachstum und Wohlstand führen. Diese Institutionen waren in Russland stets schwach ausgeprägt.

Dem russischen Zarenreich gelang es nicht, inklusive Institutionen einzuführen, wie sie mit der Aufklärung in Europa ihren ideengeschichtlichen Anfang nahmen und mit der amerikanischen Unabhängigkeitserklärung (1776) und der französischen Revolution (1789) sich nach und nach in den modernen Gesellschaften und Staatsorganisationen festsetzten. Russland blieb vielmehr ein Bollwerk antidemokratischer und antimarktwirtschaftlicher Kräfte, dessen Machtelite kein Interesse an Modernität und Fortschritt zeigte. Im Vergleich zu anderen europäischen Ländern setzte damit einhergehend die Industrialisierung Russlands sehr spät ein, was an der unbändigen, zentralisierten Macht des Adels lag, der im Zusammenspiel mit dem Klerus den Absolutismus des 17. und 18. Jahrhunderts bis ins

---

19 Zitiert nach dem russischen Dichter Alexander Puschkin (1799-1837).
20 Herrmann-Pillath (2019).

frühe 20. Jahrhundert trug. Dies war ein Hemmnis für die wirtschaftliche Entwicklung. Denn der Adel speiste seinen Reichtum traditionell aus dem Großgrundbesitz, den er über ein extraktives System mit Abgabepflichten für Bauern bewirtschaftete. Ähnliche Besitz- und Ordnungsverhältnisse, aber in schwächerer Form, fanden sich auch in anderen europäischen Ländern wie Spanien und Portugal im 19. Jahrhundert, wo die Industrialisierung ebenfalls verspätet Einzug hielt, aber im Gegensatz zu Russland ein institutioneller Wandel der politischen Systeme stattfand.

Russland war in vielerlei Hinsicht ein Land, das sich verspätet modernisierte und lange Zeit an der extraktiven Bewirtschaftung von Rohstoffen als Wohlstandsquelle festhielt. Eine der extraktivsten wirtschaftlichen Institutionen und eine extreme Verletzung von Eigentumsrechten – die Leibeigenschaft – wurde in Russland erst im Jahre 1861 abgeschafft, nachdem diese in Mitteleuropa bereits spätestens am Anfang des 19. Jahrhunderts aufgehoben worden war. Die politische Macht der Großgrundbesitzer, die auch nach der Abschaffung weiterwirkte, verhinderte notwendige Bodenreformen, wodurch ungleiche Besitzverhältnisse zementiert wurden und folglich eine Diversifizierung der Landnutzung und Wirtschaftsweise ausblieb. Dies verhinderte die Etablierung von Großbauern, da es kaum Land zu kaufen gab, und engte die Bewegungsfreiheit der Bauern massiv ein, sodass kein Zuzug in die Städte möglich war, um Betriebe anhand lokaler Nachfragekapazitäten aufzubauen. So waren es neben den wenigen russischen Kaufleuten, die existierten, vor allem ausländische Kapitalgeber, die ab den 1890er Jahren Industriebetriebe in der Kohle- und Stahlindustrie aufbauten und ein industrielles Unternehmertum ermöglichten.[21] Die Industrialisierung erfolgte zwischen 1890 und 1914 im Gleichschritt mit dem Ausbau der Eisenbahnstrecken, für die der Staat – unter hoher Verschuldung und Einsatz von Zwangsarbeit – sorgte.[22] Um die Produktionsfaktoren für die Industrialisierung nutzbar zu machen und Arbeitskräfte abseits von Zwangs- und Saisonarbeitern zu mobilisieren, wurden in der Spätphase des Zarenreichs marktwirtschaftliche Reformen durchgeführt. Im Jahre 1906 wurden durch die nach dem Premierminister Stolypin benannten Reformen einige Liberalisierungen erreicht, die den Bauern Bewegungs- und Niederlassungsfreiheiten gewährten, sowie erstmalig die Privatisierung von Land zuließen.[23]

---

21 Hildermeier (2013).
22 Schönfelder (2022).
23 Guriev, Markevich und Zhuravskaya (2023).

Für das Zarenreich glichen diese Reformen einer Revolution, im internationalen Vergleich waren sie überfällig – rund ein Jahrhundert nach den Stein-Hardenbergschen-Reformen in Preußen – und dennoch unvollständig. Die Wirtschaftsreformen – oder anders ausgedrückt die Schaffung inklusiver wirtschaftlicher Institutionen – gingen einher mit der Einführung inklusiver politischer Institutionen. Die Einführung einer Verfassung und die Einrichtung eines Parlamentes im Jahr 1906 waren eine Neuheit in der bis dato uneingeschränkten Monarchie, in der der Zar fortan mit einem Korrektiv regierte, das jedoch schwach blieb. Der Zar blieb ein nahezu uneingeschränkter Herrscher mit dem Zugriff auf Schlüsselpolitikfelder, zudem löste er in der kurzen Zeit des Bestehens der Reformen gleich zwei Dumas auf, die ihm zu liberal erschienen, sodass das Parlament kein institutionelles Gegengewicht zum Zar bilden konnte.[24]

Ein grundlegender institutioneller Wandel zu inklusiveren Mechanismen blieb aus. Denn auch wenn es vordergründig zu Veränderung kam, wirkten die ungleichen Machtverhältnisse und der unterschiedliche Ressourcenzugriff strukturell nach. Die extraktive Institution der Leibeigenschaft wirkt sogar bis in die Gegenwart negativ nach. So lässt sich zeigen, dass die Gebiete, in denen früher Leibeigenschaft bestand, bis heute wirtschaftlich schwächer sind und der Konsum pro Kopf geringer ist als in anderen Regionen, die keine oder weniger präsente Leibeigenschaft hatten.[25] Die regionalen Unterschiede in der Wirtschaftsleistung sind und waren in Russland enorm groß und dies konnte auch nicht durch zentralwirtschaftliche Planung behoben werden, die später einsetzen sollte.

Fehlende Urbanisierung und militärische Supermacht

Was sind die Gründe für eine derartige Entwicklung Russlands, das den fortschrittlichen europäischen und nordamerikanischen Staaten seit dem 19. Jahrhundert hinterherhinkte? Warum ist Russland so anders? Ein gewichtiger Grund für die eklatante regionale Ungleichheit in Russland ist die schwache Stellung der großen Städte in Bezug auf das territorial riesige Land. Erst im Jahre 1870 wurde den Städten eine Selbstverwaltung zugestanden – wiederum eine wichtige inklusive Institution für dezentrale Entscheidungen und effiziente Ressourcenallokation. In Deutschland konnten

---

24 Schattenberg (2022).
25 Buggle und Nafziger (2021).

die sogenannten *freien Städte* bereits seit dem 15. Jahrhundert eine weitgehende Autonomie ihrer Verwaltung gegenüber dem Reich durchsetzen, was sie zu wirtschaftlicher Blüte brachte. Häufig waren Städte aufgrund der höheren Frequenz am Austausch von Wissen Orte des technologischen Wandels und der Innovation, was Externalitäten und Agglomerationsvorteile hervorrief.[26] In Russland war dies nicht möglich, denn die Verwaltung, das Wirtschaftsgeschehen und die gesellschaftliche Ordnung waren bis ins frühe 20. Jahrhundert von den Ständen geprägt. Wirtschaftliche Prosperität konnte sich in der Breite daher weder in den Städten noch auf dem Land entfalten, was die bestehende Ungleichheit konservierte.

Die schwache Stellung der Städte ist ein Resultat politischer Machtverhältnisse, hängt aber eng mit der Zersiedlung der russischen Territorien zusammen. Das russische Zarenreich war ein von der Landbevölkerung und allenfalls kleinstädtischen Lebensformen geprägtes Land. Dies zeigt Tabelle 2-1 mit den im Jahr 1914 meistbevölkerten Provinzen im russischen Zarenreich. Mit 5,3 Millionen Einwohnern war die Provinz Orenburg im südöstlich gelegenen europäischen Teil des Reichs die bevölkerungsreichste Provinz, gefolgt von Kiew, Wolhynien und Podolien in der Kornkammer des Reiches, der Ukraine. Auf dem fünften Platz lag Perm im Uralvorland, das sich im 19. Jahrhundert wegen der nah gelegenen Eisenerzvorkommen zu einem der wenig vorhandenen Zentren mit Schwerindustrie entwickelte.[27] Die Provinzen Moskau und St. Petersburg sind erst auf Platz 12 und 18 der bevölkerungsreichsten Gebiete zu finden, mit jeweils über 3 Millionen Einwohnern. Für ein Land, das eine Gesamtbevölkerung von 127 Millionen Einwohnern zählte, waren die Ballungsräume klein und die Bevölkerung geografisch sehr breit verteilt.[28] Große Städte waren eher die Ausnahme.

---

26 Mokyr (1995).
27 Hildermeier (2001).
28 Gesamtbevölkerungszahl nach International Historical Statistics.

Tabelle 2-1: Die 25 größten Provinzen Russlands (europäischer Teil)

In tausend Einwohner, geordnet nach Bevölkerungszahl von 1914

	1811	1838	1851	1863	1885	1897	1914
Orenburg	788	1.771	1.713	1.843	3.118	3.797	5.270
Kiew	1.066	1.460	1.636	2.012	2.848	3.559	4.793
Wolhynien	1.213	1.314	1.469	1.603	2.196	2.990	4.189
Podolien	1.298	1.548	1.578	1.869	2.365	3.018	4.057
Perm	1.113	1.489	1.742	2.139	2.650	2.994	4.008
Wjatka	1.120	1.512	1.819	2.221	2.859	3.031	3.927
Don Region	250	640	794	950	1.591	2.564	3.876
Samara				1.691	2.413	2.751	3.801
Poltawa	1.625	1.622	1.689	1.911	2.653	2.778	3.792
Cherson	370	766	889	1.330	2.027	2.734	3.745
Woronesch	1.180	1.507	1.630	1.938	2.569	2.531	3.631
Moskau	947	1.250	1.348	1.564	2.184	2.431	3.591
Tambow	1.267	1.592	1.667	1.975	2.608	2.684	3.530
Jekaterinoslaw	666	790	902	1.205	1.793	2.114	3.456
Charkiw	1.030	1.334	1.366	1.591	2.254	2.492	3.417
Saratow	1.901	2.761	3.777	1.687	2.222	2.406	3.269
Kursk	1.424	1.527	1.665	1.827	2.267	2.371	3.257
St. Petersburg	600	585	566	1.174	1.646	2.112	3.137
Tschernihiw	1.260	1.300	1.375	1.487	2.076	2.298	3.132
Minsk				1.001	1.647	2.148	3.036
Kazan	1.049	1.221	1.347	1.607	2.066	2.171	2.867
Orjol	1.228	1.366	1.407	1.534	1.964	2.034	2.782
Rjasan	1.088	142	1.309	1.418	1.784	1.802	2.774
Bessarabien	300	790	874	1.026	1.527	1.935	2.657
Mogiljow	5.087	4.957	4.974	924	1.234	1.687	2.466

Quelle: International Historical Statistics

Zum Vergleich: Die nördlichen Staaten in New England in den USA zählten im Jahre 1910 bereits 6,5 Millionen Einwohner, in den East North Central States lebten 18,3 Millionen und in den West North Central States 11,6 Millionen Einwohner. Auch das dünn besiedelte Kanada mit seinen 7

Millionen Einwohnern (1911) hatte mit Quebec und Ontario im Vergleich zu Russland hochkonzentrierte Agglomerationsräume.[29]

Russland hat weitläufige Territorien, die es über Besiedlung versuchte zu erschließen und zu russifizieren. Die Besiedlung Sibiriens kam maßgeblich über Zwangsumsiedlung, staatlich forcierte Ansiedlungspolitik unter Katharina der Großen sowie Peter dem Großen zustande und wurde später im 20. Jahrhundert im GULAG-System zu einem gewalttätigen Prozess. Zwang und Gewalt hinterließen kriminelle Elemente in diesen Regionen, was zu einer Verrohung der lokalen Gesellschaft führte, mit Konsequenzen bis heute. Die Kriminalität in Städten und Regionen des ehemaligen GULAG-Systems ist überproportional hoch.[30] Wie der Wirtschaftsgeograph Bruno Schönfelder es ausdrückt, sei die Siedlungsstruktur Russland eine von oben dirigierte Politik ohne Rücksicht auf Wirtschaftlichkeit und regionale Gleichgewichte.[31] Schönfelder stellt die These auf, dass diese Siedlungsstruktur und die verbundene Wirtschaftsgeografie des Zarenreichs, der UdSSR und des heutigen Russlands, der Durchsetzung von Marktwirtschaft, Demokratie und Rechtsstaatlichkeit im Wege stehen. Dies liege an den besonders ungünstigen klimatischen und geologischen Verhältnissen des Landes, das eine wirtschaftliche Erschließung bereits frühzeitig sehr kostenintensiv machte, so dass Kommunikations- und Transportwege nicht ausgebaut wurden. Warum die Regierungen in St. Petersburg und Moskau den östlichen Teil des Landes mit Ausnahme von Alaska trotzdem nie aufgaben, liegt am imperialen Narrativ, das Politik und Gesellschaft in Russland seit Jahrhunderten prägt.

Der imperiale Gedanke war das Grundmotiv territorialer Expansion in Russland und musste über militärische Verteidigung gegenüber anderen Mächten, der Unterwerfung angestammter und indigener Völker durchgesetzt und schließlich über weitgehend gewaltsame Umsiedlung der Bevölkerung konsolidiert werden. Die Erschließung des Ostens konnte nicht über Siedlerökonomien geschehen, wie es in den USA und Kanada passierte, sondern über Zwang und zentrale Steuerung. Auch hier wird deutlich, dass bereits zu Anfang der Geschichte des modernen Russlands extraktive anstelle inklusiver Institutionen standen. Vernichteten oder dezimierten in Nordamerika die *weißen* Kolonialmächte und späteren Vereinigten Staaten die indigene Bevölkerung weitestgehend zur Besiedlung des neuen

---

29 Zahlen nach Historical International Statistics.
30 Schönfelder (2022).
31 Schönfelder (2022).

Raums, wurden in Russland Bevölkerungsgruppen aus unterschiedlichsten Ethnien politisch unterworfen oder in Machtstrukturen eingegliedert.[32] In Abgrenzung zu Nordamerika sieht sich Russland aus diesem Grund historisch nicht als Kolonialmacht, obwohl es imperialistisch agierte. Die Folge war ein multiethnischer und multireligiöser Vielvölkerstaat, in denen die Romanow-Monarchie als allumfassende Klammer diente, um den separatistischen Bestrebungen entgegenzuwirken.[33] Keinesfalls kann jedoch von einer friedlichen Koexistenz der Minderheiten mit der ethnorussischen Bevölkerungsmehrheit gesprochen werden. Die Politik in den ethnisch nicht-russischen Gebieten schwankte im späten Zarenreich zwischen Assimilationsstrategien und Autonomiebestrebungen, und war insgesamt von zahlreichen Inkonsistenzen geprägt.[34] Die nationale Frage wurde nicht ausgehandelt; ein Fehler, der nachwirken sollte.

Mit Auflösung des Zarenreichs während des Ersten Weltkrieges und der Gründung der Sowjetunion änderte sich überraschend wenig. Auch wenn sich die Bolschewiki als Gegenbewegung zum Imperialismus positionierten und die Klassenfrage als zentral sahen, übernahmen sie die imperiale Struktur des Zarenreichs und zeigten ihre Abgrenzung zum geerbten Imperium nur vordergründig. Die Teilrepubliken in den westlichen und südlichen Peripherien sollten dem Separatismus entgegenwirken (Ukrainische Sozialistische Sowjetrepublik, Weißrussische Sozialistische Sowjetrepublik, Transkaukasische Sozialistische Föderative Sowjetrepublik), wurden jedoch gewalttätig der allmächtigen Russischen Sowjetischen Sozialistischen Republik (RSSR) unterworfen. Da ein separatistischer Nationalismus in den ethnisch nicht-russischen Gebieten während der Zarenzeit weitgehend ausgeblieben war, gelang es den Bolschewiki recht leicht, die Randgebiete des ehemaligen Zarenreichs in Sowjetrussland einzugliedern.[35] Gewalt war dabei ein probates Mittel. Bereits der vorangegangene russische Bürgerkrieg von 1918 bis 1922, der mehr Todesopfer forderte als der Erste Weltkrieg, hatte die beispiellose Brutalität gezeigt, die in Russland herrschte und tiefe Spuren in der Bevölkerung hinterließ. Die Gründung der UdSSR Ende 1922 stand unter dieser unmittelbaren Erfahrung von Krieg, Gewalt und Brutalität. Geheimpolizei, Militär und eine Staatspartei waren die zentralen

---

32 Staliūnas und Aoshima (2021).
33 Staliūnas und Aoshima (2021).
34 Staliūnas und Aoshima (2021).
35 Schattenberg (2022).

Säulen der Macht, und ließen keinen Raum für institutionelle Veränderung im Sinne einer nachholenden Modernisierung zu.

So lassen sich das Zarenreich und die Sowjetunion als politische Zwangs-einheiten ohne nachhaltige Integration ethnischer und religiöser Minder-heiten definieren. Religion, Ethnie und Individualismus waren in einer sozialistischen Ideologie keine staatsbildenden Faktoren, sondern sollten in einem kollektivistisch organisierten und ideologisch geprägten Staatswesen am Ende der Geschichte keine Rolle mehr spielen. Die multiethnische und multireligiöse UdSSR konnte aber die Unterschiede in der Bevölkerung nicht ignorieren, sodass sich die politische Organisation auf eine straffe au-toritäre Zentralverwaltung durch Moskau mit ihren militarisierten Exekuti-varmen, Geheimpolizei und Militär, stützte. Russlands Nationalverständnis ist bis heute unverrückbar mit der Trias *Staat – Geheimdienst – Militär* verbunden. Diese unkontrollierbare Machtkonzentration verhinderte nicht nur die Herausbildung inklusiver politischer und wirtschaftlicher Institu-tionen, sondern zementierte die herausragende Stellung des Militärischen, mit einem privilegierten Zugriff auf Ressourcen aller Art durch Armee und Geheimdienst. Die Anfänge der marktwirtschaftlichen Organisation, die am Ende des Zarenreichs durch die Stolypin-Reformen Einzug gehalten hatten, wurden durch die Umwälzung nach der Oktoberrevolution und dem Bürgerkrieg durch sofortige Boden- und Grundenteignung jäh abge-würgt.

Diese politisch umwälzende Zeit fand inmitten der Phase der Hoch-industrialisierung in Europa statt, die auch in Russland Einzug hielt – allerdings verspätet. Im Jahre 1917 bestand die Bevölkerung immer noch zu 80 Prozent aus Bauern und nur zu 9 Prozent aus Arbeitern, was ange-sichts der Gründung eines Staates im Zeichen von Hammer und Sichel ein Problem darstellte.[36] Schließlich bildet in der Marxschenen Vorstellung das Proletariat die revolutionäre Kraft und die kommunistische Revoluti-on sollte in einer hochindustrialisierten, durch Ausbeutungsverhältnisse geprägten Gesellschaft beginnen. Der Klassenkampf verlangte eine starke Stellung der Arbeiterschaft, während die Bauern gebunden an Scholle und Grundbesitz von den Bolschewiki verachtet wurden. Die weitere und sehr rasche Industrialisierung des Landes und die Herausbildung einer echten Arbeiterschicht begann ab 1928 mit dem ersten sowjetischen Fünfjahres-plan, der die Ostverlagerung und den Ausbau der Industriebetriebe vorsah, was durch den Zweiten Weltkrieg noch einmal forciert wurde. Dies diente

---

36 Schattenberg (2022).

erstens der Erschließung der östlichen Territorien und zweitens dem Schutz der Waffenindustrie, als 1940 die deutsche Wehrmacht die Sowjetunion angriff. Auch der Rohstoffabbau wurde aufgrund des Krieges weiter nach Osten verlagert.

Das kommunistische Regime setzte dabei auf totale zentralisierte Planung und Zwang – ganz anders als die Industrialisierungsprozesse in Zentraleuropa und Großbritannien. Freigeist und Unternehmertum waren in Russland nicht vorhanden, ebenso wenig ein funktionierender Binnenmarkt, da keine zusammenhänge Infrastruktur bestand. Die gewaltsam durchgeführte Industrialisierung in den 1930ern und 1940er Jahren wurde nur durch die staatlich dirigierte Umschichtung der Produktionsfaktoren von der Landwirtschaft zur Industrie ermöglicht und war mit hohen Verlusten an Humankapital verbunden, etwa durch die absichtlich herbeigeführte Hungersnot – dem *Holodomor* – in der Ukraine am Anfang der 1930er Jahre. Die entstehenden industriellen Komplexe wurden nicht nur unter Inkaufnahme menschlichen Leids errichtet (Zwangsarbeit), sondern waren während ihres Betriebes nichts anderes als Todesstätten, nicht nur wegen des Terrors der Geheimpolizei. Die Lage der Arbeiter in den industriellen Betrieben war besonders im Zweiten Weltkrieg beispiellos prekär, denn die Zentralverwaltung scheiterte daran, die Heimatfront über Rationierung und effiziente Verteilung ausreichend mit Lebensmitteln zu versorgen. Dies lag nicht nur am Verlust der agrarischen Flächen im Westen des Landes, sondern vor allem an der Unfähigkeit der zentralplanerischen Behörden und der verbreiteten Korruption.[37]

Vor dem Hintergrund der militärischen Ertüchtigung des Landes und des Krieges gegen Nazi-Deutschland entstanden in Sibirien riesige Industriebetriebe. Das unter dem GULAG-System entstandene Stahlwerk in der Stadt Magnitogorsk im südlichen Ural war 1938 das größte Stahlwerk der Welt und produzierte mehr Stahl als die gesamte Industrie Großbritanniens. Trotzdem war es international nicht wettbewerbsfähig.[38] Industriebetriebe dienten in der Sowjetunion vor allem der Versorgung des Militärs und der angegliederten Industriebranchen, was bis heute zur besonderen Stellung des Militär- und Waffensektors in der Wirtschaftsstruktur führte. Der Export spielte damals wie heute für die Industrie nur eine untergeordnete Rolle.

---

37 Goldman (2017).
38 Schönfelder (2022).

Abbildung 2-1: Militärische Supermacht, wirtschaftlicher Zwerg

Anzahl atomarer Sprengköpfe und Bruttoinlandsprodukt (BIP) in konstanten Preisen (Dollar) von 1990

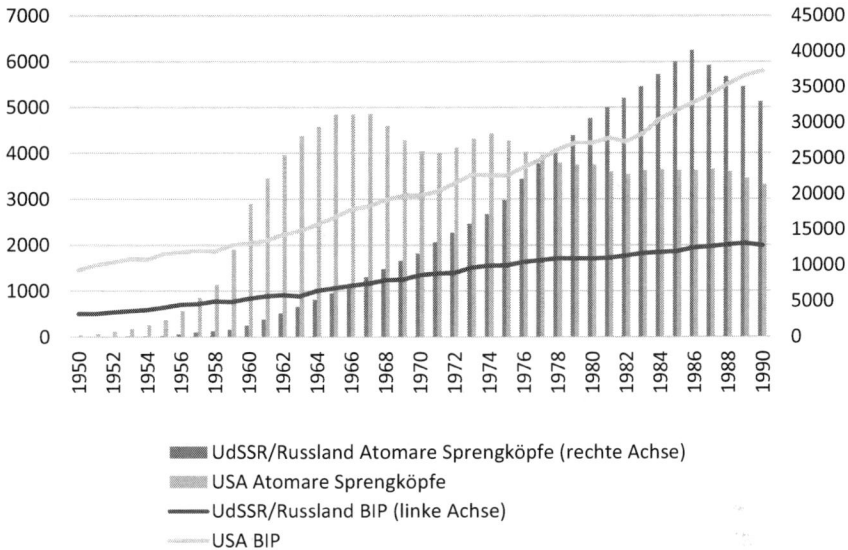

UdSSR/Russland Atomare Sprengköpfe (rechte Achse)
USA Atomare Sprengköpfe
UdSSR/Russland BIP (linke Achse)
USA BIP

Quellen: Maddison Project, IWF, Federation of American Scientists

Trotz dieser offenkundigen wirtschaftlichen Monostruktur und einem für westliche Maßstäbe rückständigen Zustand schien die Wirtschaftsgeschichte der Sowjetunion für nicht wenige Zeitgenossen des 20. Jahrhunderts zunächst eine positive Entwicklung zu nehmen. Das Aufholen in der Industrie während der Nachkriegszeit bis in die 1970er Jahre und emblematisch der „Sputnik-Schock" 1957 ließen die UdSSR auf den ersten Blick als einen ernstzunehmenden Systemkonkurrenten zum Westen erscheinen. Gerade die Wandlungs- und Lernfähigkeit des russischen Sozialismus, gepaart mit hohem Potenzial an naturwissenschaftlichen-ingenieurswissenschaftlichen Humankapital wurde als mögliche Quelle einer wirtschaftlichen Entwicklung angeführt.[39] Allerdings war dieses Wachstum in Russland geprägt von den staatlich erzwungenen Umschichtungen von Ressourcen, maßgeblich um einen militärisch-industriellen Komplex aufzubauen, der die UdSSR

---

39 Nove (1970).

vorrangig zu einer militärischen Supermacht werden ließ.[40] Schon in den 1970er Jahren stagnierte die sowjetische Wirtschaft, sodass sich die sozioökonomischen Unterschiede zwischen der UdSSR und den westlichen Ökonomien, insbesondere der USA, immer weiter verstärkten (Abbildung 2-1). Dahingegen baute die Sowjetunion ein riesiges militärisches Arsenal auf, so dass die Anzahl an Atomsprengköpfen in den 1980er Jahren die der USA deutlich überholte. Russland war eine militärische Supermacht, fiel aber wirtschaftlich seit den 1970er Jahren deutlich zurück. „Obervolta mit Atomraketen", so nannte der damalige deutsche Bundeskanzler Helmut Schmidt die Sowjetunion.[41] Eine militärische Supermacht mit schwacher wirtschaftlicher Performance und schlechter Infrastruktur.

Regionale Brüche und gesellschaftliche Disparitäten

Die Erschließung Sibiriens und die Industrialisierung des Landes waren ein staatlich gesteuerter und auf Zwang beruhender Prozess, in dem freies Unternehmertum eine Randerscheinung war. Verbot man den Bauern im Zarenreich bis zum Ende des 19. Jahrhunderts sich frei niederzulassen und Berufe zu wählen, zwang man im 20. Jahrhundert ganze Bevölkerungsgruppen zur Übersiedlung nach Osten, um eine staatlich angeordnete und dirigistische Industrialisierung durchzuführen.

Die Last der Geschichte russischer Siedlungs- und Regionalpolitik wirkt nach. Im Vergleich zu den kalten Gebieten und dünn besiedelten Regionen Kanadas sowie der Vereinigten Staaten kann Sibirien heute als überbevölkert bezeichnet werden.[42] Die sehr heterogene Bevölkerungsstruktur mit einer Vielzahl von Stratifikationsmerkmalen wie Ethnie, Religion, Stadt – Land bedeutet, dass die sozialen und gesellschaftlichen Unterschiede groß sind und sich entlang der Siedlungsstruktur widerspiegeln. Neben rund 78 Millionen ethnischen Russen leben unterschiedliche Minderheiten in Russland, die regional allerdings zum Teil ethnische Mehrheiten darstellen. Rund 100 Millionen Bürger gehören christlichen Glaubensgemeinschaften an, jedoch lebt mit 16 Millionen Muslime eine große religiöse Minderheit in Russland – neben anderen Religionen wie Buddhisten, Juden und Volksreligionen. Von 144 Millionen Einwohnern in Russland leben rund 42

---

40 Zaslavsky (1997); Popov (2014).
41 Helmut Schmidt, zitiert in: Der Standard (28.10.2017).
42 Schönfelder (2022).

Millionen in mittleren oder großen Städten, der Großteil aber in kleineren Städten und auf dem Land. Die demografischen Entwicklungen und Prognosen zeigen, dass sich Russland Stück für Stück verändert und die Minderheiten in Religionen, Ethnien und urbanen Räumen stärker wachsen und zugleich das traditionelle Russland (ethnische Russen, Orthodoxe, Landbevölkerung) schrumpft. In Zukunft wird das Land demnach noch heterogener sein und damit einhergehende Disparitäten hinnehmen und Konflikte austragen müssen.

Die russische Wirtschaftsgeografin Natalja Subarewitsch entwickelte im Jahr 2010 das Modell der Vier Russlands, in denen entlang geografischer Lage und Agglomerationsgrad unterschiedliche Lebens- und Sozialstandards vorherrschen.[43] Die ersten drei Russlands sind dabei Gebiete mit mehrheitlich ethnisch russischen Einwohnern, wohingegen sich das vierte Russland aufgrund der regionalen Mehrheit von ethnischen Nicht-Russen auch sozioökonomisch abgrenzt.

Im *Ersten Russland* lebt die Bevölkerung in den großen Städten mit mindestens 500.000 Einwohnern, genießt einen hohen Lebensstandard und ein zeitgemäßes Bildungssystem sowie eine moderne Verkehrs- und Informationsinfrastruktur. Etwa 30 Prozent der ethnischen Russen leben im sogenannten Ersten Russland.

Das *Zweite Russland* ist geprägt von alten Industriestädten, häufig Monostädte mit einseitiger Industriestruktur, die sich seit den 1990er Jahren im Niedergang befinden. Nur noch über staatliche Subventionen, insbesondere für Energie und Strom, können diese Städte überleben, in denen aber rund 40 Prozent der ethnisch russischen Bevölkerung leben.

Das *Dritte Russland* wiederum besteht aus Kleinstädten und Siedlungen mit einer immobilen und stark alternden Bevölkerung, die maßgeblich von Subsistenzwirtschaft lebt. Rund 30 Prozent der ethnischen Russen leben hier.

Das *Vierte Russland* umfasst die unterentwickelten Regionen im Nordkaukasus und Südsibirien, die aufgrund der ethnisch nicht-russischen Mehrheitsbevölkerung eine soziökonomische Sonderstellung innehalten. Die Bevölkerung ist hier weniger interregional mobil als anderswo, was zu einer Konzentration der Bevölkerung in den größeren Städten in diesen Regionen führt.

Die regionale demografische Entwicklung in Russland der vergangenen Jahre spricht für die These Subarewitschs, dass die Disparitäten zwischen

---

43 Zubarevich (2013).

den Regionen im Laufe der ersten Jahrzehnte des 21. Jahrhunderts zunehmen würden. Die Statistik über die Binnenmigration zwischen 2010 und 2017 zeigt, dass die urbanisierten Räume und großen Städte die größten Zuwächse verzeichnen, wohingegen die bereits dünn besiedelten Regionen sehr hohe Abwanderungszahlen verkraften müssen (Tabelle 2-2). Neben den großen Städten Moskau, St. Petersburg und den bevölkerungsreichen Regionen Krasnodar und Nowosibirsk, sind es die Teilrepubliken und Gebiete mit ethnischen Nicht-Russen im Nordkaukasus (Inguschetien, Adygeja), die die stärksten Bevölkerungszuwächse in der vergangenen Dekade aufweisen. Die Oblast Tjumen ist aufgrund der Erdöl- und Erdgaslagerstätten eine der wohlhabendsten Regionen Russlands und verzeichnet ebenfalls hohe Zuwächse.

Tabelle 2-2: Netto-Migration der (internationalen) Binnenmigration

Summe aus Zu- und Wegzügen pro 10.000 Einwohner, 10 Städte und Regionen mit den meisten Zu- und Wegzügen, Durchschnitt der Jahre 2010-2017

Regionen mit stärkstem Zuzug		Regionen mit stärkstem Rückgang	
Oblast Moskau	108	Oblast Magadan	-147
Stadt St. Petersburg	93	Republik Komi	-113
Oblast Leningrad	89	Republik Kalmückien	-104
Region Krasnodar	70	Jüdische Autonome Oblast	-102
Stadt Moskau	61	Autonomer Kreis der Tschuktschen	-98
Republik Inguschetien	60	Region Kamtschatka	-97
Oblast Kaliningrad	30	Oblast Murmansk	-96
Oblast Nowosibirsk	24	Oblast Kurgan	-84
Republik Adygeja	21	Republik Tuwa	-82
Oblast Tjumen	19	Republik Sacha (Jakutsk)	-78

Quellen: Rosstat, eigene Berechnungen

Parallel zur demografischen Entwicklung erkennt man auch in der Bereitstellung öffentlicher Güter erhebliche regionale Unterschiede, die sich in den vergangenen zwei Jahrzehnten vergrößert haben. Dies ist das Ergebnis der staatlichen Lenkung und regionaler Priorisierung von Sozialpolitik, die ab Mitte der 2000er Jahre die großen und mittelgroßen Städte, das sogenannte *Erste* und *Zweite Russland,* vorrangig behandelte.[44] Die Verfügbarkeit von Einrichtungen der Daseinsvorsorge illustriert die unterschiedliche Priorisierung des Staates bei der Bereitstellung von öffentlichen Gütern.

Zwischen 2005 und 2020 schrumpfte die Anzahl von privaten und staatlichen Krankenhäusern landesweit um 47 Prozent, von knapp 9.500 auf etwas mehr als 5.000 Einrichtungen. Der Großteil der staatlichen Krankenhäuser fiel auf dem Land weg, über 2.700 Krankenhäuser wurden dort geschlossen, in Städten waren es 1.700. Im Jahr 2005 verfügte der ländliche Raum noch über 40 Prozent aller Krankenhäuser in Russland, 2020 waren es nur noch 18 Prozent. Diese Diskrepanz spiegelt sich nicht in der Verschiebung der Bevölkerungsanteile wider, sondern ist ein Ausdruck von staatlicher Priorisierung urbaner gegenüber ländlichen Räumen. Denn rechnet man die Anzahl der Krankenhäuser auf die Bevölkerungsanzahl herunter, so wird deutlich, dass der ländliche Raum in der Daseinsvorsorge von Krankenhäusern deutlich schlechter dasteht als die Städte.

Kamen im Jahr 2005 noch 95 Krankenhäuser auf 1 Million Einwohner im ländlichen Raum, waren es 2020 nur noch 25 Krankenhäuser. Im städtischen Raum waren es im Jahr 2005 noch 64 Häuser und 2020 immerhin noch 35 (Tabelle 2-3). Dazu kommen die längeren und mühsameren Wege auf dem Land im Vergleich zur Stadt. Auch das Verhältnis von Ärzten zur Bevölkerung ist auf dem Land deutlich schlechter als in der Stadt. Das russische Gesundheitssystem beruht maßgeblich auf dem sowjetischen *Semaschko-Modell* mit Bezirksärzten und Polikliniken, die für die Versorgung eines Gebietes verantwortlich sind und regional organisiert sind.[45] Der Anspruch des Systems, eine umfassende und zugängliche Erstversorgung zu gewährleisten, schlägt fehl. Die ländliche Bevölkerung steht in der Gesundheitsvorsorge im Jahr 2020 deutlich schlechter dar als noch im Jahr 2005.

---

44 Zubarevich (2013).
45 Sheiman, Shishkin und Shevsky (2018).

Tabelle 2-3: Dichte der Krankenhäuser in Relation zur Bevölkerung

Anzahl der Krankenhausorganisationen pro 1 Million Einwohner

	Krankenhausorganisationen					
	2005	2010	2015	2018	2019	2020
Insgesamt (inkl. private Häuser)	66	44	37	36	35	35
staatlich	64	43	35	34	33	32
davon städtisch	53	45	38	36	35	35
davon ländlich	95	36	27	26	25	25

Quelle: Rosstat

Ein ähnliches Bild ergibt sich im Hinblick auf Schulen. Von knapp 69.000 Schulen im Primar- und Sekundarbereich im Jahre 2000 waren zwanzig Jahre später nur noch knapp 40.000 vorhanden, was einen Rückgang von 42 Prozent bedeutet. Auch hier wurden Einrichtungen im ländlichen Raum in absoluten und relativen Zahlen deutlich stärker abgebaut als im städtischen Raum (Tabelle 2-4). Ersetzt werden die staatlichen Schulen nicht. Private Einrichtungen sind bedeutungslos im ländlichen Raum und stellen in städtischen Gebieten gerade einmal vier Prozent aller städtischen Bildungseinrichtungen dar.

Die Infrastruktur der Daseinsvorsorge in Russland weist demnach regional große Lücken auf und ist insbesondere zwischen Stadt und Land diskrepant, was die allgemeine demografische Entwicklung von städtischen und ländlichen Räumen noch befördert. Auch für die regional balancierte wirtschaftliche Entwicklung sind diese Unterschiede zwischen den Regionen und zwischen städtischen und ländlichen Gebieten hinderlich. Starke Regionen profitieren zusätzlich von guter Infrastruktur und Daseinsvorsorge. Schwache Regionen fallen damit weiter zurück. Dies ist das Erbe historischer Pfadabhängigkeiten durch staatliche Fehlplanung. Für die Wirtschaft kommt als zusätzliches Hindernis die mangelhafte Verkehrsinfrastruktur und ihr mangelnder Ausbau hinzu, sodass sich Skaleneffekte nicht realisieren lassen, obwohl die Masse an Land und Menschen es hergeben würde.

Tabelle 2-4: Anzahl von Schulen in Russland

Bildungseinrichtungen im Primar-, Grund- und allgemeinbildenden Sekundarbereich, zu Beginn des Schuljahres

	2000/01	2005/06	2010/11	2018/19	2019/20	2020/21	2021/22
Insgesamt	68.804	63.174	50.793	41.349	40.823	40.346	39.908
Staatliche/ kommunale Organisationen	68.169	62.448	50.128	40.498	39.966	39.462	39.037
Städte	22.694	21.743	19.505	17.004	16.907	16.812	16.700
Ländlicher Raum	45.475	40.705	30.623	23.494	23.059	22.650	22.337
Private Organisationen	635	726	665	851	857	884	871
Städte			620	763	770	792	779
Ländlicher Raum			45	88	87	92	92

Quellen: Gokhberg et al. (2022), Rosstat

Einem durchweg autokratischen Regime mit stark zentralisierter politischer Führung und wirtschaftlicher Planung ist es in den vergangenen 200 Jahren moderner Staatlichkeitsentwicklung nicht gelungen, die geografisch weiten Räume infrastrukturell ausreichend zu verbinden und eine regionale Entwicklung zuzulassen, um so Skaleneffekte vollends zu nutzen und einen funktionierenden Binnenmarkt zu schaffen. Vielmehr hätte es für die Durchsetzung und Verbreitung von Marktwirtschaft eine dezentrale Steuerung wie in den Siedlerökonomien der USA und Kanada gebraucht oder eine territorial begrenztere Entwicklung, sodass sich Räume leichter und effizienter hätten verbinden können, um so Binnenmigration, Besiedlung und Bewirtschaftung vollends wirken zu lassen.

2.2 Russlands gescheiterte Transformation nach 1991

„Wenn die Perestroika weitergegangen wäre, wenn neue Parteien entstanden wären, wenn das Anti-Krisen-Programm realisiert und der neue Unionsvertrag unterschrieben worden wäre, dann hätte die Geschichte einen ganz anderen Lauf genommen. Wir wären offensiv nach vorn gegangen, hätten Erfahrungen gesammelt und eine marktwirtschaftliche Infrastruktur aufgebaut. Das wäre im Rahmen eines sozial-demokratischen Projektes nötig gewesen: sowohl das aufzunehmen, was mit sozialer Gerechtigkeit und Sozialismus zu tun hat, als auch das, was mit dem Kapitalismus zu tun hatte – Anreize für die Arbeit und so weiter."[46]

Kein Land der Modernisierung – kein Land der Moderne

Der vorangegangene Abschnitt hat gezeigt, dass historische Strukturen den heutigen Rahmen der Wirtschaft und das Verhalten der Wirtschaftsakteure stark beeinflussen. Man spricht hier von der Perspektiver einer *longue durée* – ein begriffliches Konzept des Historikers Fernand Braudel – der damit die langfristigen und trägen, also strukturellen Entwicklungen von Geschichte meinte (auch Pfadabhängigkeiten). Die Perspektive der *longue durée* unterscheidet sich vom Blick auf zyklische Zeiträume von nur wenigen Jahrzehnten und tritt der Vorstellung entgegen, dass sich Gesellschaften und Ökonomien in zeitlich eng begrenzten Linien verändern könnten. Anstelle einer isolierten Betrachtung einzelner Ereignisse oder Phasen, betont die *longue durée* die Kontinuitäten, denen Ökonomien und Gesellschaften unterliegen und den gegenwärtigen Handlungsrahmen der Akteure maßgeblich eingrenzen. Treten Ereignisse wie die Oktoberrevolution oder der Zusammenbruch der UdSSR plötzlich auf und markieren scheinbar historische Brüche, sorgen robuste Strukturen für das ständiges Hintergrundrauschen, das fast zeitunabhängig besteht.

> „It has placed beside the narrative (or traditional „recitative") a recitative of the cyclical phase that divides the past into large slices of 10, 20, or 50 years. Well beyond this second recitative lies a history of even more sustained breadth, this time of secular length: the history of long, even very long duration (the longue durée)."[47]

Braudel nimmt hier den Gedanken vorweg, den Acemoğlu und Robinson später als Persistenz ökonomischer und politischer Institutionen weiterentwickelt haben.

---

46 Michail Gorbatschow (1931-2022), Auszug aus einem Interview auf aktuell.ru, 24. März 2005.
47 Braudel (2009), S. 171.

Für Russland ergibt sich mit diesem theoretischen Gebäude ein Bild, in dem die Entwicklung der Ökonomie mit den Strukturen der Vergangenheit rückgekoppelt werden. So auch die Phase des Zusammenbruchs der Sowjetunion, die scheinbar einen Bruch in der Geschichte Russlands darstellte (wie auch die Oktoberrevolution) und einen Neustart für Politik, Wirtschaft und Gesellschaft eröffnete. Wenngleich das weltpolitische Umfeld Anfang der 1990er Jahre günstig war, weil der Kalte Krieg überwunden war und Liberalisierung sowie Demokratisierung weltweit stattfanden, und wenngleich in Russland zaghafte Versuche einer Verwestlichung unternommen und diese von westlichen Beobachtern teils mit großen Hoffnungen verbunden wurden („The Big Bang in Russia"[48]), so waren diese Erwartungen doch unbegründet. Die Last der historischen Strukturen aus 370 Jahren absolutistischer Monarchie, fast 70 Jahren kommunistischem Autoritarismus sowie einer ständigen Gewaltherrschaft und eines durchdringenden Imperialismus wog schwer. Anders gewendet: Extraktive Institutionen blieben erhalten und inklusive Institutionen, waren wenn überhaupt nur von kurzer Dauer (Tabelle 2-5).

Die russische Gesellschaft hatte keine demokratische Erfahrung vorzuweisen, es existierte bis auf einzelne regionale Ausnahmen praktisch nie eine Marktwirtschaft und ein übermächtig militärisch-industrielle Komplex war für den Großteil der wirtschaftlichen Entwicklung in der Sowjetunion verantwortlich gewesen. Der militärisch-industrielle Komplex – im Laufe der Jahrzehnte zum prädominierenden Wirtschaftssektor geworden – war und ist Dreh- und Angelpunkt der russischen Volkswirtschaft. Seine Position im sowjetischen System war so gefestigt, dass keine weitreichende volkswirtschaftliche Entscheidung mehr ohne seine Zustimmung getroffen werden konnte.[49] Jegliches zivilgesellschaftliche Engagement und unternehmerische Freiheit, die auf Eigeninitiative und Kreativgeist beruhende Innovationen hervorbringen könnten, hatten in der Breite keine Chance. Selbst die zaghaften marktwirtschaftlichen Reformen am Ende der Sowjetunion waren rudimentär und konnten durch Beibehaltung von übermächtigen Staatsbetrieben und anfänglichen Preiskontrollen keine Wirkung entfalten, weil die Koordinierungsfunktion des Marktes versagte.[50]

Russland war schon in den 1990er Jahren sozio-ökonomisch viel weiter von Europa entfernt, als viele zeitgenössische Beobachter es einschätzten.

---

48 Bergson (1995).
49 Uhl (2015).
50 Murphy, Shleifer und Vishny (1992).

Ohne den Einzug der Marktwirtschaft konnten Demokratie und Rechtsstaat sich zugleich nicht entfalten. Dass einige Großstädte im Westen und Süden bis zuletzt die verbliebenen Quellen für Demokratie und Zivilgesellschaft blieben, lag daran, dass diese dort, wo Wohlstand verbreitet war, eher auf einen Nährboden trafen. Und dies waren seit dem Mittelalter Städte gewesen. Russland aber ist ein Land mit einer dezentralen Siedlungsstruktur. Die große Masse der Bevölkerung lebt auf dem Land und in kleineren und mittelgroßen Städten, wo es Demokratie und Rechtsstaat deutlich schwieriger haben sich durchzusetzen. Dies alles stand einer erfolgreichen Transformation zur demokratischen Marktwirtschaft in den 1990er Jahren im Weg.

Tabelle 2-5: Klassifikation inklusiver und exklusiver Institutionen nach Acemoğlu und Robinson (2012)

	Inklusiv	Exklusiv
Ökonomische Institutionen	– Sichere Eigentumsrechte – Neutrales Rechtssystem – Wettbewerb – Offene Märkte	– Unsichere Eigentumsrechte – Unfairer Wettbewerb – Monopole – Privilegien
Politische Institutionen	– Pluralismus/Demokratie – Politische Gleichheit – Recht und Ordnung – Parlamentarische Kontrolle	– Politische Machtkonzentration/Diktatur – Politische Ungleichheit – Keine unabhängige Justiz – Keine parlamentarische Kontrolle

Quelle: Grömling und Klös (2018) in Anlehnung an Acemoğlu und Robinson (2012)

Allerdings sind, wie Acemoğlu und Robinson zeigen, Wachstum und ein gewisses Maß an Prosperität selbst unter extraktiven Institutionen möglich. Die Autoren führen als prominentes Beispiel die Volksrepublik China auf.[51] Die Tiger-Staaten in Asien (Südkorea, Taiwan, Hongkong, Singapur), die in den 1960er bis 1990er Jahren ein rasantes Wirtschaftswachstum unter autokratischen Regimen erreichten, sind ein weiteres Beispiel für eine wirtschaftliche Entwicklung unter autokratischer Herrschaft. Auch die neoliberale Wende in Chile unter der Militärdiktatur in den 1970er und 1980er Jahren zeigt, dass Wachstum keineswegs an eine demokratische Marktwirtschaft gekoppelt ist. Diese alternativen Wachstumspfade schlug Russland in den 1990er Jahren indes nicht ein, denn es ließ die Durchsetzung von marktwirtschaftlichen Prinzipien – wie die Schaffung freier Märkte,

---

51 Acemoğlu und Robinson (2012).

Wahrung von Eigentumsrechten und Wettbewerb – nicht zu. Die schöpferische Zerstörung von alten, ineffizienten Industrien durch neue dynamisch wachsende Sektoren fand nicht statt und die Innovationskraft blieb aus. Und dies lag an den festgefahrenen Strukturen in Russland, in denen der industriell-ökonomische Komplex alles dominierte.

Dieser Befund war bereits Anfang der 1990er Jahre offensichtlich: Auf einer internationalen Konferenz im April 1992 wurden die strukturellen Lasten der Sowjetunion auf das Forschungs- und Innovationssystem in Russland sowie die daraus folgenden Konsequenzen für die Transformation erörtert.[52] Die Schlussfolgerungen fielen ernüchternd aus: Russland habe durch das Sowjetsystem ein überbordendes System mit staatlicher Lenkung geerbt, das in einer konservativen Sozial- und Wirtschaftsordnung nicht reformierbar sei. Das gigantische Forschungs- und Bildungssystem sei kaum zum Besseren entwickelbar und ein veritables Hemmnis für die Weiterentwicklung von Ökonomie und Gesellschaft, da es keine Innovationskraft besäße. Der Hauptgrund dafür sei der starke Einfluss des Militärs in Forschungsaktivitäten. 75 Prozent des Budgets flossen Anfang der 1990er Jahre in militärisch verbundene Forschungsaktivitäten. Eine Diversifizierung und breite Fächerung von Forschungsgeldern gab es nicht. Besonders problematisch war dies für die Sozialwissenschaften, die in makroökonomisch volatilen Zeiten von starken Kürzungen betroffen waren. Die Lösung, so die Schlussfolgerung auf der Konferenz, sei eine Straffung des Forschungssektors, die Demilitarisierung und die Einführung von marktwirtschaftlichen Prinzipien des Wissenschaftssystems. Ziel musste es sein, den trägen sowjetisch geprägten Forschungssektor fit für die Funktion in einer Marktwirtschaft zu machen, um Innovation zu fördern und die Volkswirtschaft zu modernisieren.

Die Reformbereitschaft war jedoch in Russland selbst angesichts dieser großen Probleme begrenzt. Vor allem auf Hilfe und Unterstützung aus dem Ausland reagierte man in Russland abweisend bis feindlich, auch das war ein Befund auf der Konferenz von 1992. Der Westen, so die Schlussfolgerungen, laufe Gefahr selbst für Misserfolge und Fehlentwicklungen in Russland (unberechtigt) zum Sündenbock gemacht zu werden, sollte er sich zu sehr als Antreiber von Reformen einbringen. Diese Angst war nicht unbegründet, denn der IWF stützte als vornehmlich westlich geprägte Institution die russische Wirtschaft in den 1990er Jahren über

---

52 Balzer (12.10.1993).

mehrere Hilfskredite maßgeblich, wollte im Gegenzug aber auch Reformen sehen.[53] Dennoch, so der Tenor auf der Konferenz, war Russland ein unfertiger Rechtsstaat mit unzureichendem Schutz von Eigentumsrechten und geistigem Eigentum, was sich für ausländische Investitionen wegen des unzureichenden Patentschutzes nachteilig auswirkte. Der Zugang für ausländische Forscher und Forschungsgelder ins russische Wissenschaftssystem und angewandter industrieller Forschung blieb undurchsichtig und umständlich, nicht zuletzt wegen der zahlreichen militärischen Aktivitäten des russischen Forschungssektors.

So standen die Zeichen in den 1990er Jahren mit Blick auf die Reformierbarkeit des Staatssektors und der vollständigen Einbindung in das westlich geprägte globalisierte System schlecht. Nach Zusammenbruch der Sowjetunion wurden zwar Preiskontrollen sukzessive aufgegeben und Privatisierungen eingeleitet, jedoch fehlten institutionelle Rahmenbedingungen wie ein funktionierender Rechtsstaat, der gegen Korruption und Vetternwirtschaft vorging und ausländischen Investoren ein sicheres Investitionsumfeld bot. Asymmetrische Informationen und der ungleiche Zugriff auf Ressourcen waren letztlich der Grund für die Herausbildung des Oligarchensystems, das in Russland bis heute im Griff hält.

Mächtige Vetoplayer der Transformation

Anders als Russland gelang es anderen ehemalig zum Ost- oder Sowjetblock gehörenden Ländern wie Polen, Tschechien, Ungan oder den baltischen Staaten viel besser, die Transition zur Marktwirtschaft und Demokratie zu leisten. Moskautreue Eliten und politische Führer wurden nach 1991 schnell ersetzt, und auch institutionell koppelten sich viele Staaten klar von der russischen Einflusszone ab. Das Resultat ist eindeutig: Die sozioökonomischen und politischen Unterschiede zwischen den Ländern, die sich dem Westen angeschlossen haben (und viele darunter sind heutige EU-Mitglieder), und jenen, die in der russischen Einflusszone verblieben (Belarus, „Stan-Staaten"), könnte heute nicht größer sein. Die Ukraine verharrte lange Zeit trotz Abgrenzungsbestrebungen strukturell in der russifizierten Einflusssphäre. Die Westbindung forcierten Länder wie Polen, Tschechien, Ungarn und das Baltikum, weil die russische Dominanz in der Sowjetunion

---

53 Pleines (2022b).

und im Ostblock als illegitime Fremdherrschaft wahrgenommen worden war und Massenproteste sowie Widerstand nur mit Gewalt und Brutalität von Moskau beantwortet wurden. Auch das mangelhafte Krisenmanagement Moskaus bei Ereignissen wie der Tschernobyl-Katastrophe 1986 oder dem verheerenden Erdbeben in Armenien 1988 löste Entfremden in den Teilrepubliken aus, sodass die Loslösung nach 1991 schnell vorangetrieben wurde.[54] Zudem gab es in den westlichen Randgebieten der russischen Einflusszone schon seit der Zarenzeit Abgrenzungsbestrebungen, die von Moskau nie eingefangen werden konnten.[55]

Russland verblieb 1991 als ein Rumpfstaat der Sowjetunion und erbte die fatalen Strukturen des militärisch-industriellen Komplexes. Nach dem Zusammenbruch der Sowjetunion formte sich daraus ein Machtkomplex, aus dem eine Akteursgruppe als Gewinner hervorging: die Oligarchen. Diese Personen waren vorher in der Regel hochrangige Funktionäre des Sowjetsystems gewesen, sie konnten durch geschickte Deals mithilfe enger Drähte zur politischen Führung Anteile an ehemaligen und nach 1991 nicht mehr auf dem Weltmarkt wettbewerbsfähigen Staatsunternehmen erwerben. Vor allem im Bereich der Rohstoffproduktion und Schwerindustrie gelang so der Zugriff auf Schlüsselsektoren. Diese Herrschaft weniger[56] verhinderte die vollständige und sektoral übergreifende Durchsetzung von Marktwirtschaft mit freiem Wettbewerb.

So gilt für die Situation in Russland nach 1991: Einerseits wurde nur zaghaft versucht durch die Einführung von Demokratie und Marktwirtschaft inklusive Institutionen zu schaffen, andererseits blieben aufgrund von historischen Strukturen extraktive Institutionen wirksam. Dabei stechen zwei institutionelle Faktoren heraus, die das Scheitern der Transformation in Russland erklären: die speziell in den 1990er Jahren herausgebildete Eigentumsstruktur in der Wirtschaft sowie die dysfunktionale Demokratie und Marktwirtschaft ohne Wettbewerb und faire Teilhabe. Die speziellen Hierarchien und Kommandostrukturen in der Sowjetunion bildeten dafür die Grundlage. Denn die patrimoniale Organisationsstruktur der planwirtschaftlichen Unternehmen hatte einzelnen Personen eine hierarchisch hohe Position in Staatsbetrieben zugewiesen und ermöglichte es ihnen nach 1991, Einfluss auf die Koordination von ökonomischen Ressourcen auszuüben. Dadurch wurden sie nach 1991 zu Agenten des wirtschaftli-

---

54 Schattenberg (2022).
55 Staliūnas und Aoshima (2021).
56 Oligarchie stammt von dem griechischen Wort ὀλιγαρχία, „Herrschaft von wenigen".

chen Umbruchs und konnten durch asymmetrische Informationsvorteile ihren politischen Einfluss und ihre Stellung zum Erwerb wertvollen Anlagevermögens nutzen.[57] Dies führte in den 1990er Jahren zu Märkten mit hoher Kapitalkonzentration auf wenige Köpfe. Infolge entstanden große Unternehmenskonglomerate, die vertikal integriert und geografisch – aufgrund der dirigistischen Industrialisierung – weiträumig verteilt waren. Der Staat setzte einen für die Marktkonzentration günstigen regulatorischen Rahmen, indem er Eintrittsbarrieren, insbesondere für ausländische Investoren, aufrecht hielt.[58] Er versagte dabei, faire Wettbewerbsbedingungen zu schaffen und die Sicherung von Eigentumsrechten zu garantieren, insbesondere dann, wenn die Marktstellung von Unternehmen einflussreicher Oligarchen bedroht war.[59] Bis heute wirkt sich der mangelhafte Schutz von Eigentumsrechten, der sich auch in der Zeit Putins nicht viel verbesserte, negativ auf Investitionsentscheidungen, insbesondere von ausländischem Kapital aus.[60]

Schwache rechtliche Institutionen und eine monopolisierte Stellung von Unternehmen mit engen staatlichen Verbindungen sind ein Nährboden für Korruption, ein weiteres Übel auf dem Weg zu einer funktionierenden Marktwirtschaft. Im Corruption Perception Index (CPI) von Transparency International erreichte Russland von Mitte bis Ende der 1990er Jahre nur einen niedrigen Wert, was für hohe Korruption steht, und fand sich demzufolge in der Schlussgruppe der untersuchten Länder wieder. In Abbildung 2-2 ist die Performance Russlands im CPI von 1996 bis 2022 dargestellt. Eine höhere Punktzahl bedeutet weniger Korruption. Der internationale Rang Russlands ist in Prozent der erreichten Indexpunktzahl dargestellt, da die Anzahl der untersuchten Länder über die Zeit variiert und somit deutlich wird, in welchem Perzentil sich Russland befindet. In den frühen 2000er Jahren erreichte Russland etwas höhere Indexwerte und stieg im Ranking deutlich, verschlechterte sich in den Folgejahren aber wieder. Obwohl Russland Anti-Korruptionsgesetze erließ, eine OECD-Konvention ratifiziert hatte und einer internationalen Arbeitsgruppe zu Korruption bei internationalen Geschäftstransaktionen beigetreten war, gab es kaum wahrnehmbare Verbesserungen im Land.[61] Ab 2012 griffen die Maßnahmen teilweise, denn Russland erreichte etwas höhere Indexwerte mit weniger

---

57 Herrmann-Pillath (2019).
58 Broadman (2000).
59 Rutland (2012).
60 Rochlitz (2023).
61 Koch (2011).

jährlicher Fluktuation – was als relative Verbesserung interpretiert werden kann –, obwohl es nicht über das untere Mittelfeld im internationalen Vergleich hinauskam. Anders als andere Länder in der Region mit hoher Korruption wie Armenien, Usbekistan oder die Ukraine, verbesserte sich Russland seit 2012 nicht mehr signifikant. Über den gesamten Beobachtungszeitraum hinweg hat Russland kaum Fortschritte im Index machen können, obwohl sich das Land im Ranking des internationalen Vergleiches verbessern konnte: 1996 lag Russland auf Platz 47 von 54 Ländern (untere 13 %), 2022 lag Russland auf Platz 137 von 180 Ländern (untere 24 %).

Abbildung 2-2: Korruption in Russland

Corruption Perception Index: Links Achse: Punktzahl 0 (hohes Maß an wahrgenommener Korruption) bis 100 (keine wahrgenommene Korruption), rechte Achse: internationaler Rang in Prozent, 0 % = letzter Platz, 100 % = bester Platz

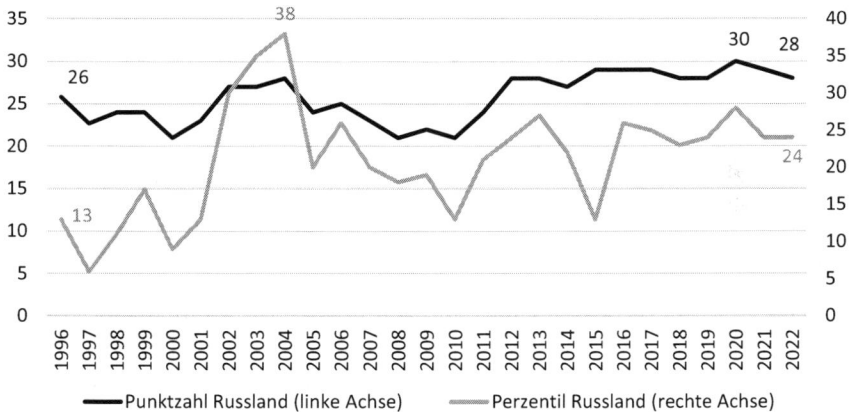

Quellen: Transparency International

Bereits auf der IWF-Tagung zum Entwicklungsstand der russischen Ökonomie im April 2000 in Moskau stellte der russische Ökonom Radayev fest, dass der geringe Grad an Staatlichkeit – gemeint korruptionsfreier Raum – eines der größten Hürden für Investitionen und unternehmerische Initiative in Russland sei. Denn der russische Staat sei in den 1990er Jahren unfähig gewesen, ein transparentes und faires Steuersystem aufzubauen und Institutionen zu etablieren, um die Eigentumsordnung und das Vertragsrecht durchzusetzen.[62]

---

62 Radayev (16.02.2000).

Die Regierung stützte mit ihrer Politik das System des oligarchischen Staatskapitalismus. Gleichzeitig führten das unsichere politische Umfeld und die hohe Volatilität der russischen Ökonomie in den 1990er Jahren zu massiven Kapitalabflüssen aus den Vermögensbeständen eben dieser Oligarchen, die neue Vermögenswerte in sicheren Häfen im Ausland aufbauten, um diese vor makroökonomischen und politischen Risiken in Russland zu schützen.[63] Die Oligarchen konnten ihre mächtige Position im Land Mitte der 1990er Jahre nutzen, um Vermögen aufzubauen, verloren aber parallel mit dem Aufstieg Wladimir Putins als Regierungschef an politischem Einfluss. Unter der Jelzin-Regierung konnten Oligarchen noch frei als privatwirtschaftliche Akteure agieren, während sie unter Putin faktisch vom Kreml gesteuert werden. Die Transformation zum Staatskapitalismus nahm unter Putin Form an. Stattdessen gelang es zwei anderen Gruppen, hochrangigen Beamten und Geheimdienstlern (den sogenannten *Siloviki*) aus Putins vertrautem Kreis, die mächtige Rolle der Oligarchen in Politik und Wirtschaft einzunehmen.[64] Die Mitglieder dieser Gruppen, insbesondere den Geheimdienstlern, gelang es, die Kontrolle über die lukrativen staatlichen Öl- und Gasfirmen zu übernehmen, die – anders als Industrie- und andere Montanunternehmen – nicht privatisiert worden waren. Die *Siloviki* gewannen durch ihre Position an den Spitzen dieser Unternehmen in der Phase der hohen ökonomischen Wachstumsraten zwischen 1999 und 2008 an politischem Einfluss, als die Einnahmen aus Öl- und Gasexporten zunahmen, Handelsbeschränkungen abgebaut wurden und das Steuersystem reformiert wurde.[65] In den Jahren danach blieben die Weltmarktpreise für Öl und Gas hoch, was dieser Gruppe weitere hohe Einnahmen garantierte. Zudem waren und sind sie beteiligt an Staatsaufträgen und Großprojekten (Olympische Spiele, Fußball-Weltmeisterschaft).

Anstelle der Oligarchen traten also neue Akteure, die das oligarchisch organisierte Machtsystem weiterführten. Diversifizierungen der Wirtschaft und technologische Sprünge in innovative Sektoren fanden nach wie vor nicht statt, denn diese Umstrukturierung wäre nur unter der Hinzunahme von neuem, externem Know-how möglich gewesen, was zwangsläufig zur Umschichtung von Ressourcen, zur Streuung von Profiten und zur Neuverteilung von Macht geführt hätte. Das konnte nicht im Interesse der exklusiven Elite sein, die mit dem Export von Rohstoffen weiterhin hohe Renten

---

63 Braguinsky und Myerson (2007).
64 Belton (2022).
65 Yakovlev (2021).

erwirtschaftete. Der somit in den frühen 2010er Jahren hingenommene und immer offensichtlichere Rückstand im ökonomischen Wettbewerb mit dem Westen (und einigen ehemalig zum Ostblock und der UdSSR gehörende Staaten) wurde gepaart mit einem verstärkten Blick nach innen, in dem die patriotische Mobilisierung ab 2014 und eine offene Konfrontation mit den USA sowie der EU zur neuen Staatsraison wurde.[66]

Das Ergebnis dieser Oligarchenökonomie ist eine erheblich ungleiche Einkommens- und Vermögensverteilung. Im Vergleich zu den größten europäischen Industrienationen besteht in Russland eine sehr hohe Vermögensungleichheit, da das obere ein Prozent der Haushalte im Jahr 2021 knapp 48 Prozent aller Vermögen besaß, wohingegen der Anteil dieser Gruppe in europäischen Ländern (Deutschland 29 Prozent, Frankreich 26 Prozent, Großbritannien 21 Prozent) sowie den USA (35 Prozent) deutlich niedriger lag (Abbildung 2-3). Die unteren 50 Prozent besaßen 2021 drei Prozent der kumulierten Vermögen, ein Wert, der mit Deutschland vergleichbar ist (Abbildung 2-4). Bezeichnend ist jedoch die Entwicklung der Vermögensverteilung in Russland in den vergangenen knapp 30 Jahren, die zeigt, dass die unteren 50 Prozent im Jahr 1995 noch einen Anteil von knapp 8 Prozent an den Vermögen hatten. Parallel dazu stiegen die Anteile der reichsten 1 Prozent von 21,5 Prozent im Jahre 1995 auf 48 Prozent im Jahre 2021, eine beispiellose Entwicklung im internationalen Vergleich.

---

66   Yakovlev (2021).

Abbildung 2-3: Vermögensungleichheit in Russland I

Anteile der obersten 1 Prozent an allen Vermögen, in Prozent

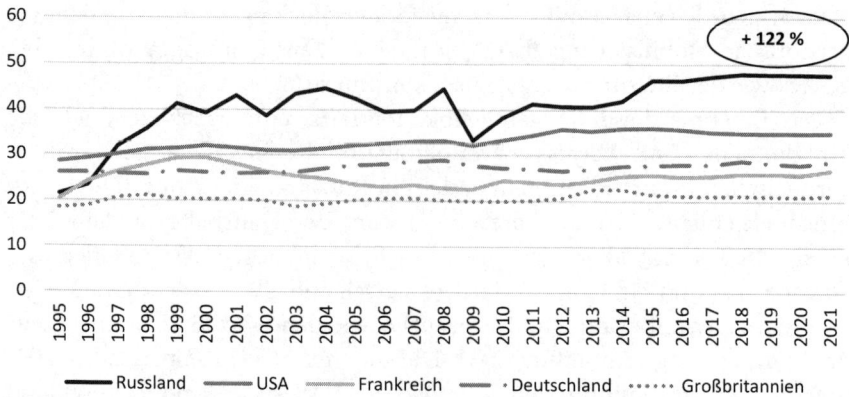

Quelle: World Inequality Database

Abbildung 2-4: Vermögensungleichheit in Russland II

Anteile der unteren 50 Prozent an allen Vermögen, in Prozent

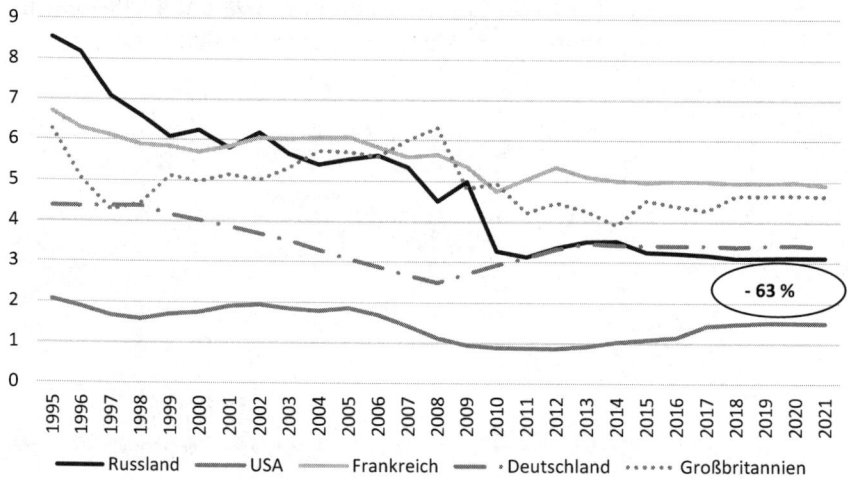

Quelle: World Inequality Database

Der Zusammenbruch der Sowjetunion bot für einen Moment scheinbar die Möglichkeit, den Pfad eines autoritären politischen Systems zu verlassen und durch die Einführung von Demokratie, Marktwirtschaft und

Rechtsstaatlichkeit die dringend erforderliche Modernisierung Russlands zu veranlassen. Doch dieser Weg war aufgrund der historischen Strukturen unrealistisch. Das günstige Zeitfenster Anfang der 90er Jahre war für Russland viel verschlossener als es zunächst aussah. Die historisch gewachsenen Strukturen, wie fehlendes Unternehmertum, ein mangelhafter Kapitalmarkt und grassierende Korruption engten den Handlungsrahmen für die Akteure und den Grad der Ressourcenallokation in Russland institutionell stark ein. So ergibt sich für die gegenwärtige Situation in Russland ein mit der Geschichte des Landes stimmiges Bild und es überrascht nicht, dass in Russland ein Wandel der ökonomischen Grundlagen so schwer fällt.

Hohe Opportunitätskosten des russischen Geschäftsmodells

Russland stand im Jahr 2020 mit einem BIP von über 1,48 Billionen US-Dollar auf dem elften Platz der größten Volkswirtschaften der Welt. Der Weg dahin war zunächst vom ökonomischen Niedergang nach 1991 und der Wiederbelebung des Rohstoffsektors am Ende der 1990er Jahre gekennzeichnet. Nach dem Zusammenbruch der Sowjetunion 1991 und der Umstellung auf Kapitalismus und Marktwirtschaft war die Konjunktur aufgrund der strukturellen Umwälzungsprozesse zunächst von hoher Volatilität geprägt. Mit dem Ende der Sowjetunion brach auch die planwirtschaftliche Ökonomie zusammen. In der Transitionskrise erodierte die Wirtschaft. Im Jahr 1992 verzeichnete Russland einen BIP-Rückgang von 14,5 Prozent, gefolgt von weiteren Rückgängen bis zum Jahr 1996.[67] Als Russland in dieser Zeit am wirtschaftlichen Abgrund stand, zeichnete Putin im *Millennium-Manifest* ein desaströses Bild der Situation in Russland, das von niedrigen Investitionen aus dem In- und Ausland und einer nicht wettbewerbsfähigen Industrie geprägt war. Das Problem war, darauf deutete Putin hin, dass veraltete Technologien verwendet wurden und in den 1990er Jahren der Kapitalstock massiv geschrumpft war. Das postsowjetische Russland, so Putin, zahle den Preis für den „exzessiven Fokus der Sowjetökonomie auf die Entwicklung des Rohstoffsektors und der Verteidigungsindustrie", was einen negativen Einfluss auf die Entwicklung anderer Produkte und Dienstleistungen gehabt habe.[68] Dieser beschriebene Fokus auf Rohstoffe und Verteidigungsindustrie führte dazu, dass Russland sich immer weiter

---

67 Berechnungen auf Basis der Daten der Weltbank.
68 Putin (30.12.1999).

in einen Strudel begab, der es zu einer Rohstoffökonomie mit einem aufgeblähten Verteidigungssektor machte. Reichtum entfaltete sich vor allem mit der Förderung von Bodenschätzen, wohingegen der Inlandskonsum im Vergleich zu weiter fortgeschrittenen Ökonomien deutlich niedriger war und die Dominanz des Exportmarktes für Rohstoffe verstärkte.[69]

Nach dem Zusammenbruch der Sowjetunion gelang es Russland nicht, die Ökonomie auf einen alternativen wachstumstreibenden Pfad zu bringen. Ein Strukturwandel fand nicht statt, im Gegensatz zur gelungenen Transformation vieler anderer ehemalig dem Ostblock zugehöriger Staaten (Abbildung 2-5). Die osteuropäischen Staaten, die sich schnell an den Westen banden, konnten den Wandel von Plan- zu Marktwirtschaft besser vollziehen und wiesen – mit Ausnahme Bulgariens, das auch nach 1990 kommunistisch regiert wurde – rasch ein positives Wachstum bis Anfang des neuen Jahrtausends auf. Weiter vom Westen entfernte, und von der russischen Wirtschaft abhängigere Länder wie die Ukraine und Kasachstan zeigten im ersten Jahrzehnt des Strukturwandels hingegen einen ähnlichen wirtschaftlichen Verlauf wie Russland. Auch der Lebensstandard, gemessen am Human Development Index (HDI), stieg in Polen, Tschechien und Ungarn zwischen 1990 und 2000 um bis zu 11 Prozent deutlich an, wohingegen im selben Zeitraum der HDI in Russland und der Ukraine um 1,5 Prozent bzw. 4 Prozent zurückging. Die Sowjetunion war von allen sozialistischen Staaten des Ostblocks das Land mit der am stärksten ausgeprägten Planwirtschaft, sodass die Reorganisation der Wirtschaft mit Umstellung auf eine Marktwirtschaft in Russland und anderen Teilrepubliken der UdSSR am schwierigsten war.[70]

---

69 Ermolaev (2019).
70 Yakovlev (16.02.2000).

Abbildung 2-5: Postsowjetische Wirtschaftsleistung

Entwicklung des Bruttoinlandsproduktes (BIP) in ausgewählten Ländern des ehemaligen Ostblocks, Index 1991 = 100

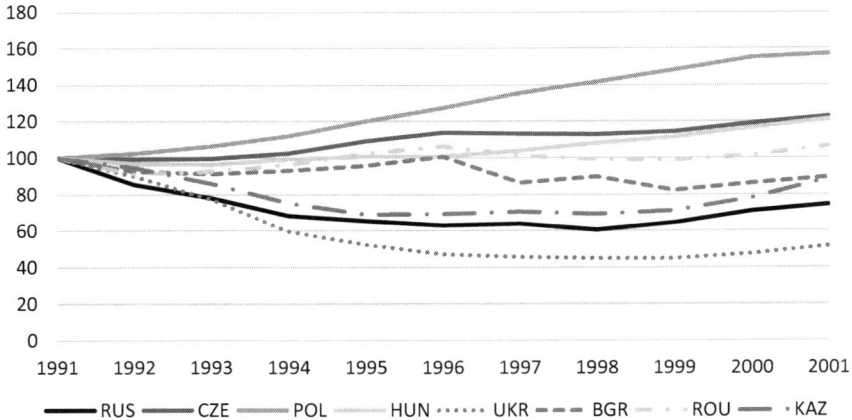

Quelle: Weltbank

Vor diesem Hintergrund der äußerst divergenten Entwicklung der ehemalig planwirtschaftlichen Ökonomien musste ein Wandel in Russland geschehen. Putins Vision im Jahre 1999 war es, Russland in ein neues Zeitalter des Wohlstands zu führen, das auf der Herausbildung einer innovationsbasierten Ökonomie basieren sollte. Dafür hätte Russland einen grundlegenden strukturellen und institutionellen Wandel vollziehen müssen, um die Dominanz des Rohstoffsektors, seit Jahrzehnten die Stütze der russischen Wirtschaft, zu durchbrechen. Nur so wären Investitionen und Wachstum in innovative Sektoren der verarbeitenden Industrie (Luft- und Raumfahrt, Telekommunikation, High Tech) möglich gewesen, die ihre Anteile an der Wertschöpfung bis heute nicht wesentlich steigern konnten.

Eine schnelle Erholung aus der Wirtschaftskrise war zunächst nur durch eine Stabilisierung der Staatsfinanzen und dem schnellen Zulauf von Devisen zu erwarten, was am Ehesten mit den exportstarken Rohstoffsektoren zu erwarten war. Die Rohstoffpreise stabilisierten sich nach einem Tiefpunkt Ende der 1990er Jahre spürbar in den frühen 2000er Jahren und stiegen in den Folgejahren stark an. Parallel dazu verlief die Entwicklung des russischen Bruttoinlandsproduktes, welches nach 2013, als die Energiepreise ihren Hochpunkt bereits überschritten hatten, wieder spürbar an Dynamik verlor (Abbildung 2-6).

Abbildung 2-6: Bruttoinlandsprodukt und Weltmarktpreise wichtiger Exportgüter

Index 2010 = 100

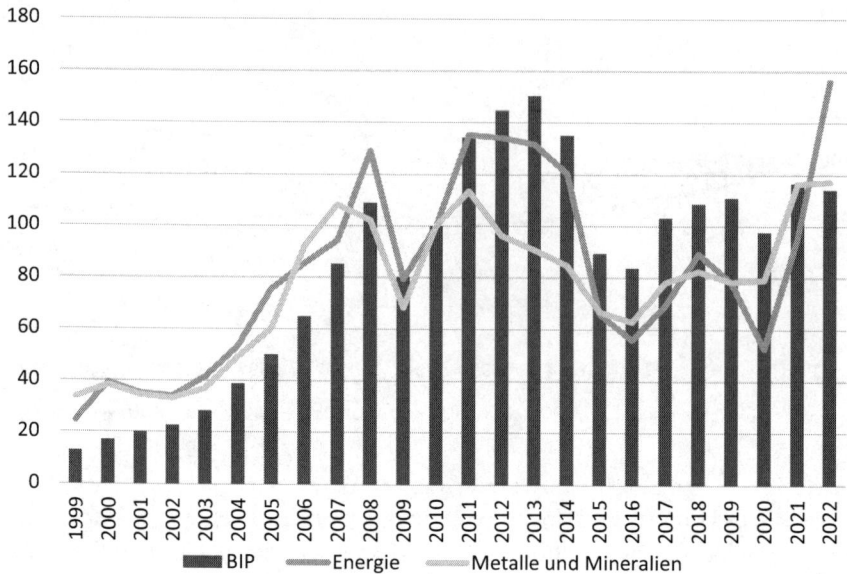

Quellen: Weltbank, UN Comtrade

Die Opportunitätskosten für die Umstellung auf neue Sektoren waren zu diesem Zeitpunkt hoch. Politische Instabilität und wirtschaftlicher Abstieg prägten die 1990er Jahre, sodass die russische Regierung schnelle Lösungen brauchte. Infolge der hohen Rohstoffpreise stiegen die entsprechenden Exporte Russlands zwischen 1999 und 2007 stark an und bescherten dem Land einen enormen Handelsbilanzüberschuss als eine Art Windfall-Profit, der systemstabilisierend wirkte (Abbildung 2-7). Vor dem Hintergrund der besonderen Exportstruktur Russlands waren es vor allem die hohen Preise für Rohstoffe, die das Wachstum der Exportwerte antrieben.[71] Damit kehrte Stabilität in die russische Wirtschaft zurück und der Wohlstand konnte Stück für Stück wiedererlangt werden.

---

71 Tovar-García und Carrasco (2019).

Abbildung 2-7: Außenhandel Russlands

In Mrd. US-Dollar zu konstanten Preisen des Jahres 2015

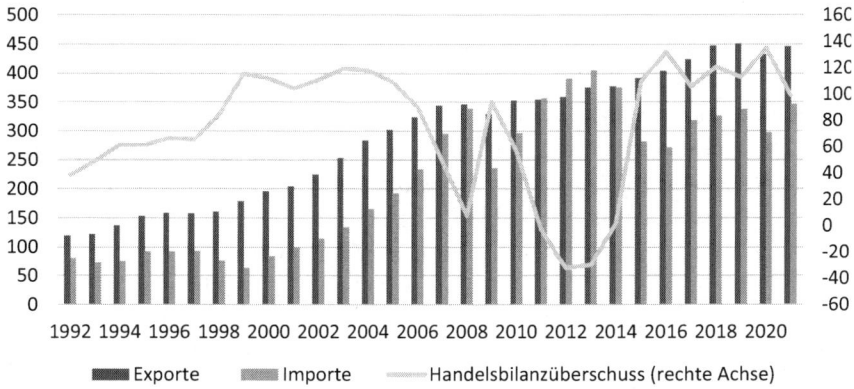

Quelle: Weltbank

Dass Russland auf Rohstoffexporte setzte, um die Wirtschaft und das Land zu stabilisieren, ist nicht überraschend. Der Rohstoffsektor ist der einzige Wirtschaftsbereich in Russland, der bereits in der Sowjetzeit kompetitive Preise auf dem Weltmarkt anbieten konnte. Schon Jahrzehnte zuvor war der Rohstoffexport, insbesondere der Erdölexport, für Russland eine wichtige Einnahmequelle gewesen, nachdem die Erdölförderung zwischen 1945 und 1987 massiv ausgebaut worden war.[72] Der Fokus auf dem Export von Rohstoffen blieb auch nach 1991 bestehen und verstärkte sich ab 1999, sodass sich die heutige Exportstruktur nicht wesentlich von der damaligen unterscheidet. Neben mineralischen Brennstoffen (Erdgas, Erdöl und daraus verarbeitete Produkte) und nachgelagerten Produkten (Chemie, Pharmazeutik) exportiert Russland eine Vielzahl anderer Bodenschätze und (Agrar-) Rohstoffe.

Es wird deutlich: Anders als von Wladimir Putin im Jahre 1999 gefordert, Russland müsse eine innovationsbasierte Ökonomie werden, um sich weiterzuentwickeln, blieben die hergebrachten Strukturen und die Dominanz des Rohstoffsektors bestehen, mit wenig Diversifizierung in anderen Sektoren. Investitionen in innovative Sektoren nahmen zwar von 2008 bis 2013 massiv zu, wie die Steigerung der Investitionsvolumina im Venture-Capital (VC)-Markt in Russland um fast 100 Prozent zeigt. Im Vergleich zu

---

72   Moser (2017).

anderen wirtschaftlich fortgeschrittenen Ländern war das VC-Volumen im Höhepunkt 2013 mit über 26 Mrd. US-Dollar aber stark unterdurchschnittlich.[73] Die Struktur des VC-Marktes zeigt zudem, dass insbesondere in Kommunikations-, Finanz- und Energieunternehmen investiert wurde und die Sektoren der industriellen Ausrüstungen, der Konsumgüterindustrie und die Digitalwirtschaft, die zur Diversifizierung beitragen könnten, einen viel kleineren Anteil aufwiesen.[74] Dies passt zur Prognose der damaligen Wirtschaftsministerin Elwira Nabiullina im Jahre 2008, dass Russland auf absehbare Zeit vom Export von Rohstoffen, Erdöl und Erdgas, aber auch anderen Ressourcen abhängig bleiben dürfte und sich die Volkswirtschaft nur langsam den entwickelten Ländern annähern würde.[75]

Die Zahlen sprechen für sich: Der Anteil der Hightech- und wissensintensiven Industrien in Relation zum BIP ist seit 2005 nicht sonderlich gestiegen und liegt weiterhin bei etwa 22 Prozent.[76] Für den internationalen Exportmarkt der Hightech- und wissensintensiven Industrien spielt Russland trotz seiner Größe kaum eine Rolle – lediglich bei der Nukleartechnik und Chemiewaren kann es einige international konkurrenzfähige Industrieunternehmen vorweisen.[77] Regionale Industriezentren liegen im Gebiet Tula (Zentrum der Rüstungsindustrie), Kaluga (bis 2022 Standort der europäischen Automobilindustrie), Uljanowsk (Automobil und Luftfahrtindustrie, Maschinenbau), Nischni Nowgorod (Automobilindustrie, Luftfahrtindustrie) sowie in der Republik Tschuwaschien (Maschinenbau, Lebensmittelindustrie). Branchenbezogen sind genau jene Branchen wachstumsstark, die bisher auch eine große Rolle in Russlands Geschäftsmodell spielten. Das zeigt die Statistik von Rosstat über die wachstumsstarken Unternehmen: Im Jahre 2021 waren die anteilig meisten Unternehmen mit hohem Wachstumspotenzial in der Elektrizitäts- und Gasversorgung zu finden. Unternehmen aus der Rohstoffwirtschaft und der Wasser-, Abfall- und Umweltwirtschaft sowie Teile des Verarbeitenden Gewerbes sind weitere wachstumsstarke Branchen.[78]

Abseits der starken rohstoffzentrierten Branchen haben es Unternehmen in Russland schwer, Wachstum zu erzielen und international konkurrenzfä-

---

73 OECD (2020).
74 OECD (2015).
75 Dyker (2012).
76 Auf Basis der Daten von Fedstat.
77 Gehrke und Schiersch (2021).
78 Eigene Berechnungen auf Basis von Rosstat.

hig zu werden. Zudem ist Russland stark abhängig von westlicher Technologie und Vorleistungen, insbesondere in strategisch bedeutenden Sektoren, wie der Biotechnologie und der Elektrotechnik, wo der Anteil der Importe aus dem Westen (EU, US, UK) zwischen 65 und 80 Prozent liegt.[79] Die Sanktionen seit Kriegsbeginn im Jahr 2022 werden diesen Branchen weiter schaden.

Die fehlende Diversifizierung der russischen Wirtschaft hat – wie angedeutet – eine Vielzahl von Gründen. Der Export von Öl und Gas sowie anderen Rohstoffen ist nicht nur profitabel, sondern auch im Vergleich zu anderen Gütern relativ preisunelastisch. Die Nachfrage nach diesen Gütern schwankt auf mittlerer Sicht nur sehr wenig in Abhängigkeit der Preisänderung; Ausweichmöglichkeiten seitens der Nachfrager sind aufgrund der speziellen Infrastruktur bei Gas mit Pipelines (zumindest in Friedenszeiten) nur schwer zu realisieren; Substitutionsmöglichkeiten auf andere Brennstoffe kurz- bis mittelfristig nicht möglich. Auch dies macht die Öl- und Gasförderung in Russland so attraktiv und die Opportunitätskosten für eine Diversifizierung hoch. In Zeiten fallender Weltmarktpreise für Rohstoffe ist die russische Ökonomie allerdings besonders anfällig für rezessive Konjunkturschwankungen.

Von Putins Vision eines modernen Russlands mit der Transformation zu einer innovationsbasierten Ökonomie ist wenig realisiert worden. Die für einen solch großen Quantensprung erforderlichen Investitionen in innovative Sektoren, insbesondere in die Luft- und Raumfahrt, die Telekommunikation und High-Tech sind in den zwei Jahrzehnten nach der Veröffentlichung des *Millennium Manifests* – wenn überhaupt – nur ansatzweise erfolgt. Es dominiert weiterhin die rohstoffnahe und rüstungsnahe Wirtschaft. Als Dimitri Medwedew 2008 Präsident wurde, erneuerte er die Forderungen aus dem *Millennium Manifest*, in dem die wirtschaftliche Weiterentwicklung des Landes entlang der vier I – *Institutionen, Infrastruktur, Investitionen und Innovationen* – gelingen sollte. 15 Jahre später steht das Land blank dar. Heute sind keine dieser vier Is weiterentwickelt, stattdessen wurden sie weitestgehend zurückentwickelt, was sich fatal auf die Zukunftsfähigkeit des Landes auswirkt. Inklusive und starke Institutionen gab es in Russland noch nie. Unter Putin ist die Gewaltenteilung ausgehöhlt worden und Rechtssicherheit abhandengekommen. Die Infrastruktur ist weiterhin mangelhaft, Investitionen sind ausgeblieben und Innovationen konnte das Land nicht hervorbringen.

---

79 Marcus et al. (2022).

Dennoch: nach den turbulenten 1990er Jahren stieg der Wohlstand der Russen – gemessen am BIP pro Kopf – im ersten Jahrzehnt des 21. Jahrhunderts deutlich an. Es verdoppelte sich – in konstanten Preisen gemessen – zwischen 1998 und 2008 und wuchs bis zum Jahr 2020 um weitere 15 Prozent an.[80] Die Überwindung des wirtschaftlichen Krisenjahrzehnts ist im kollektiven Gedächtnis der Russen vor allem mit der Person Wladimir Putin verbunden. Daher war es umso wichtiger für die russische Regierung, die negativen Auswirkungen des Krieges und der Sanktionen im Jahr 2022 rasch mit energischen Gegenmaßnahmen unter Kontrolle zu bringen. Propaganda und die Narrativ-Erzählung, der Westen sei schuld, tun ihr Übriges.

Zusammenfassend lässt sich feststellen, dass Russlands Ökonomie heute drei zentrale Charakteristika aufweist: abhängig vom Export von Rohstoffen, abhängig vom Import westlicher Technologie, und geplagt von einem engen und korrupten politisch-ökonomischen Herrschaftskomplex.

> „In short, the picture that emerges of the structure of the modern Russian economy is that of an internally corrupt, western technology-dependent resource behemoth, which provides both the revenue to sustain the Kremlin's foibles while also saddling the country with a natural resource curse accompanied by a self-serving oligarchic elite trying to reap as much economic value as possible from the oil and gas sectors. But this is only the tip of the iceberg when it comes to the insolvable, systemic problems facing the Russian economy".[81]

Diese schonungslose Analyse aus dem Jahr 2022 legt offen, wie tiefgreifend die Probleme der russischen Ökonomie sind. Die Last der Geschichte wiegt schwer und trotzdem steckt das Land in einem zermürbenden Krieg, der die Lage nur noch verschlimmert. Der Antreiber solcher irrationalen Kriegshandlungen ist ein anderes Selbstverständnis von Staat und Nation, das uns im Westen fremd ist und das wir zum Glück längst hinter uns gelassen haben: den Imperialismus.

---

80 Berechnung auf Basis der Daten der Weltbank.
81 Sonnenfeld et al. (2022a).

2.3 Imperialismus ohne Imperium: Der russische Sonderweg

„Patriotismus in seiner einfachsten, klarsten und unzweifelhaftesten Bedeutung ist für die Herrschenden nichts anderes als ein Instrument zur
Erreichung herrischer und egoistischer Ziele, und für die Beherrschten -
der Verzicht auf Menschenwürde, Vernunft, Gewissen und die sklavische
Unterwerfung unter sich selbst diejenigen, die an der Macht sind. So
wird es überall gepredigt, wo Patriotismus gepredigt wird. Patriotismus
ist Sklaverei."[82]

Der skizzierte Befund über die wirtschaftliche Entwicklung Russlands
seit dem Zusammenbruch der Sowjetunion ist mehr als ernüchternd –
gemessen an der erwartbaren Entwicklung nach einer Öffnung zur marktwirtschaftlichen Steuerung, gemessen an der Transformation und den
Fortschritten in anderen früheren kommunistischen Zentralverwaltungs-
wirtschaften, gemessen an den Einschätzungen und Erwartungen Putins
im *Millennium Papier*. Einerseits zeigt sich daran die lange Zeit für Russland prägende Kraft autokratischer Strukturen und der Unterdrückung
von freier Initiative. Extraktive Institutionen dominierten seit dem Beginn
der Industrialisierung in Russland, während im transatlantischen Westen
inklusive Institutionen die Oberhand gewannen und strukturbildend wurden. Dabei hat der imperiale Anspruch die Kompromisslosigkeit der zentralen Steuerung gestärkt. Andererseits wurden in den Jahren nach 1991
viele Fehler bei dem Versuch einer Transformation gemacht, so dass vor
allem großindustrielle und rohstoffbasierte Komplexe in neue Einfluss-
und Machstrukturen überführt werden konnten (ressourcenbasierte Oligarchenökonomie). Eine umfassende marktliche Steuerung ohne *barriers to
entry* und *barriers to exit* bei dezentraler Kapitalbildung und mit hohem
Innovationsgrad ist jedoch bis heute nicht volkswirtschaftlich prägend.

Der Vergleich der wirtschaftlichen Entwicklung und Bedeutung der
Hauptstadtregionen der Ukraine und Russlands zeigt die gravierenden
Folgen unterschiedlicher Wachstumsmodelle. Gelang es in der Ukraine
nach den Maidan-Protesten von November 2013 bis Februar 2014 trotz
der Annexion der Krim und des eingefrorenen Konflikts im Donbas, die
3,5 Millionen Einwohner zählende Hauptstadt Kiew zu einem Technologie-
Hotspot mit mehr als 300.000 IT-Spezialisten zu entwickeln, so lässt sich
das für das mit 12,5 Millionen Menschen rund vier Mal so große Moskau
nicht berichten. Die Abwanderung vor allem bei Hochqualifizierten aus

---

82 Lew Tolstoi (1828-1910), zitiert aus: Patriotismus und Christentum, Kapitel XIV, 1894.

urbanen Milieus seit dem Kriegsbeginn am 24. Februar 2022 und verstärkt nach der Mobilmachung im September 2022 hat hingegen einen massiven Braindrain aus Moskau und anderen russischen Großstädten ausgelöst. Die Divergenz beider Hauptstädte hinsichtlich der ökonomischen Dynamik bestätigt die Bedeutung der urbanen Agglomerationsräume und die Notwendigkeit der dafür wichtigen Bedingungen, nämlich Offenheit, Wettbewerb, hohe Innovationsleistung, kulturelle und soziale Diversität.

Ökonomisch folgt daraus, dass Russland nur bei massiver politischer Umsteuerung überhaupt Perspektiven für ein wettbewerbsgetragenes Wachstum gewinnen kann. Das aber widerspräche dem politischen Allmachtanspruch von Putin und seiner Entourage, die in erheblichem Maße individuelle wirtschaftliche Vorteile aus den extraktiven Institutionen und der damit verbundenen Korruptionswirtschaft erzielen. Da ein Kurswechsel, der unweigerlich einen Verlust an Macht und ökonomischem Ertrag bedeutet, für autokratische Herrscher nicht in Frage kommt, liegt der Gedanke nahe, durch außenpolitische Zuspitzung den Ausweg zu suchen. Das äußert sich in einem imperialen Machtanspruch, der zwar arg aus der Zeit gefallen scheint, aber offenkundig seine innenpolitischen Wirkungen erzielt. Die Umfragen in der russischen Bevölkerung seit dem Beginn des Aggressionskrieges lassen bei aller Einschränkung der Aussagekraft doch erkennen, dass der Rückhalt in Russland nicht gering ist und auch keineswegs im Laufe des immer schwierigeren Kriegsverlaufs abgenommen hat, das Gegenteil ist der Fall.[83] Die Zustimmungsrate zu Putin steigerte sich mit Ausbruch des Krieges im Februar 2022 deutlich und verblieb auf einem hohen Niveau. Auch die Zustimmungsrate zur Regierung – normalerweise deutlich schlechter als die zum Präsidenten – erreichte mit Ausbruch des Krieges langfristige Höchststände (siehe folgende Abbildungen).

---

83 Wie ein Umfrageexperiment in Russland über die Meinung zum Krieg in der Ukraine gezeigt hat, werden die Zustimmungswerte zum Krieg unter der russischen Bevölkerung in vielen Studien wohl überschätzt, denn Repressionen und Propaganda werden effektiv eingesetzt. Versucht man jedoch durch ein spezielles Umfragedesign die wahren Meinungen der Russen zu erfassen, kommt man auf einen etwas niedrigeren Wert als in den Lewada-Umfragen, der aber mit über 50 Prozent Zustimmung zum Krieg immer noch auf hohem Niveau liegt. Zudem war der Anteil, der am Experiment teilnehmenden jungen, urbanen und besser ausgebildeten Personen überproportional hoch. Dass diese Personen tendenziell politisch liberaler eingestellt sind als der Bevölkerungsdurchschnitt muss zusätzlich beachtet werden. Siehe dazu Chapkovski und Schaub (2022).

Abbildung 2-8: Zustimmungsrate in der russischen Bevölkerung zu
Präsident Putin

In Prozent, bis Mai 2023

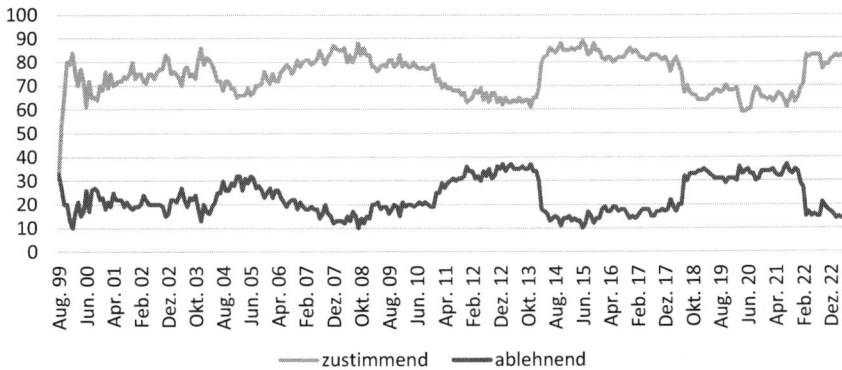

Quelle: Lewada-Institut

Abbildung 2-9: Zustimmungsrate in der russischen Bevölkerung zur
russischen Regierung

In Prozent, bis Mai 2023

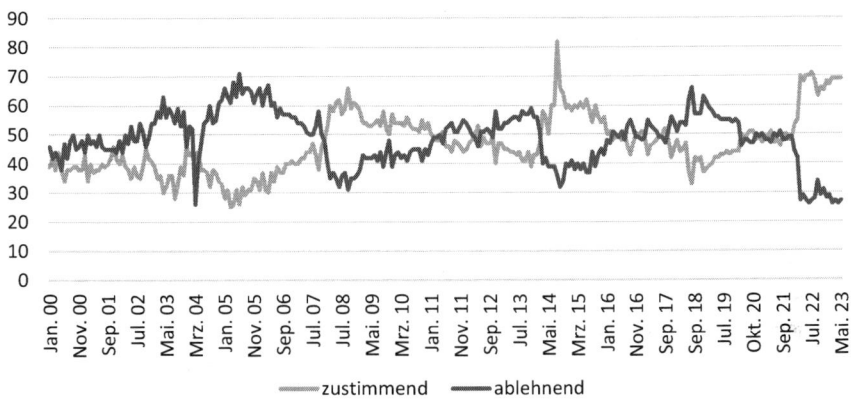

Quelle: Lewada-Institut

Auch die hohe Zustimmungsrate zum verpflichtenden Wehrdienst zeugt
von einer durch und durch militarisierten Gesellschaft (Abbildung 2-10).
Bezeichnend ist, dass der Anteil derjenigen, die einen obligatorischen
Wehrdienst fordern, seit dem Jahr 2014 (Annexion der Krim) stark gestie-

gen ist und auch im November 2022, also nach der Teilmobilisierung, einen sehr hohen Wert erreichte. Obwohl der Anteil der Befürworter des Wehrdiensts im November 2022 immer noch gut die Hälfte der Befragten darstellt, sind es doch deutlich weniger als im Mai 2019, lange vor der Invasion im Ukraine-Krieg. Der Krieg wirkt sich also durchaus auf die Stimmung der Bevölkerung aus.

Abbildung 2-10: Zustimmung zur Wehrpflicht in Russland

Umfrage des Lewada-Instituts: „Was ist Ihre Meinung zum Wehrdienst?", in Prozent, bis November 2022

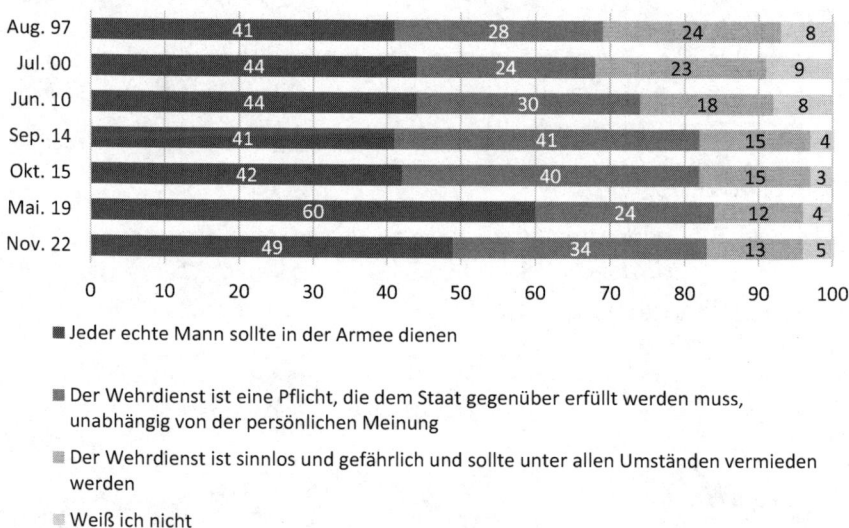

	Jeder echte Mann	Pflicht	sinnlos/gefährlich	Weiß ich nicht
Aug. 97	41	28	24	8
Jul. 00	44	24	23	9
Jun. 10	44	30	18	8
Sep. 14	41	41	15	4
Okt. 15	42	40	15	3
Mai. 19	60	24	12	4
Nov. 22	49	34	13	5

■ Jeder echte Mann sollte in der Armee dienen

■ Der Wehrdienst ist eine Pflicht, die dem Staat gegenüber erfüllt werden muss, unabhängig von der persönlichen Meinung

■ Der Wehrdienst ist sinnlos und gefährlich und sollte unter allen Umständen vermieden werden

■ Weiß ich nicht

Quelle: Lewada-Institut

Die Frage, inwieweit Imperialismustheorien zu diesem politischen Ansatz einen Erklärungsbeitrag leisten können, drängt sich auf. Denn es entsteht gerade nach tieferer Auseinandersetzung mit der politischen Situation in Russland der Eindruck, dass „Putin [...] kein Betriebsunfall der russischen Geschichte" ist.[84] Damit stellt sich „die Frage nach den kulturellen und geschichtlichen Ursachen des Kriegs", genauer nach den Kontinuitäten in „Russlands spezifischer Entwicklung als Imperium".[85] Die robusten Pfadab-

---

84 Schulze Wessel (02.05.2023).
85 Schulze Wessel (02.05.2023).

hängigkeiten aus der russischen Geschichte seit Peter dem Großen, sind geprägt von der Vorstellung, dass „Russland [...] nur als Imperium existieren [kann], wenn es die slawischen Völker assimiliert" und „dass nationale Bewegungen im beanspruchten Machtbereich vom Westen ferngesteuert werden".[86] Solche Prägungen sind angesichts der geographischen Situation einzuordnen: Russland ist – in elf Zeitzonen – das größte Land der Erde, mit einer relativ kleinen Bevölkerung (144 Millionen Einwohner) und einer kurzen landwirtschaftlichen Wachstumsperiode. Die naturräumliche Gliederung ist vor allem von Westen her mit der historischen Erfahrung hoher militärischer Gefährdung verbunden – 1605 durch Polen, 1708 durch Schweden, 1812 durch Frankreich, 1914 und 1941 durch Deutschland, dazu der Krimkrieg 1853-1856. Zugleich entwickelte sich in Russland früh ein Expansionsdrang nach Westen, der sich zum Anspruch einer Großmacht entwickelte, die auf dem Selbstverständnis als Imperium fußte.[87] Russland liegt zwar mit 75 Prozent des Staatsgebiets in Asien, aber nur 22 Prozent der Bevölkerung leben dort.[88] Russland ist eine europäische Macht. Darauf zielt sein Anspruch ab. Und heute scheint die größte territoriale Expansion Russlands unter Zar Alexander III. (darunter das Baltikum, die Ukraine, Moldau, Polen, Finnland, der Kaukasus und die „Stan-Staaten") die Referenz zur Wiederherstellung imperialer Größe zu sein. All das begründet den russischen imperialistischen Sonderweg einer unbestimmten und deshalb fundamental verspäteten Nationsbildung.

Theorien des Imperialismus versuchen Entstehen und Funktion imperialer Machtansprüche systematisch einzuordnen, zu verstehen und zu erklären; sie nehmen dabei regelmäßig eine normativ-wertende Perspektive ein.[89] Dass es überhaupt einen gesonderten Theoriestrang gibt, dürfte mit der Tatsache zu tun haben, dass imperiale Machtansprüche über andere Staaten und Gesellschaften fundamental dem aktuellen westlichen Konzept von Staatlichkeit widersprechen. Dieses Konzept beruht auf der im Westfälischen Frieden von 1648 begründeten Konzeption der Souveränität über das eigene Hoheitsgebiet – Grundsatz der Nicht-Einmischung in die inneren Angelegenheiten eines anderen Landes, Grundsatz der Gleichheit der Staaten im internationalen Recht unabhängig von ihrer Größe und ihrer inneren Verfasstheit – und es resultiert in seiner inneren Ausfüllung der

---

86 Schulze Wessel (02.05.2023).
87 Husieva (2023).
88 Marshall (2017).
89 Münkler (2005).

frühneuzeitlich verankerten Modernisierungsprozesse in Europa („innere Souveränität").[90]

Bei allem Wandel, den der Begriff Imperialismus in den vergangenen drei Jahrhunderten erfuhr, verband und verbindet sich doch damit unverändert ein Machtanspruch, der über den eigenen Souveränitätsbereich hinausgreift und das Selbstbestimmungsrecht anderer Staaten in Frage stellt. Das kann diktatorische Regime mit einem Durchgriff auf alle Lebensbereiche ebenso erfassen wie die Herstellung und Bewirtschaftung von Einflusssphären. In einer abgemilderten Variante verbirgt sich dahinter ein Großmachtanspruch, der darauf abzielt im Konzert der großen Mächte eine gleichberechtigte Stimme und Kraft zu sein. Die strukturbildende Potenz resultiert dann nicht aus dem eigenen hegemonialen Weltmachtanspruch, sondern aus der imperialen Mitgestaltung globaler Strukturen jenseits des eigenen Souveränitätsbereichs. Das Entstehen und die Funktionsbedingungen imperialistischer Politik werden in den Imperialismustheorien unterschiedlich erörtert und historisch verortet. Die verschiedenen theoretischen Ansätze lassen sich grob danach differenzieren, ob sie die kapitalistische Wirtschaftsweise – genauer den Druck zur fortlaufenden Kapitalakkumulation – als Triebfeder (vor allem Rosa Luxemburg, Karl Kautsky) oder ob sie Prestige oder eine entkoppelte Machtdynamik (Max Weber, Joseph Schumpeter) als Ursache bewerten.[91]

Hier geht es um die Frage des passenden Erklärungsmodells für den offenkundigen russischen Imperialismus unter dem Regime Putin. Bei Joseph Schumpeter finden wir in seiner Abhandlung zur „Soziologie des Imperialismus" in dem Abschnitt über den „Imperialismus im absoluten Fürstenstaat der Neuzeit" aus den Jahren 1918/19 folgende Beschreibung über die Absolutheit der Herrschaft und den imperialistischen Anspruch:

> „Je weiter wir nach Osten kommen, um so unbedingter kann der Fürst Staat und Volk als sein privates Eigentum betrachten – [...]. Der absolute Herr, der tun kann, was er will, führt Kriege ebenso wie er auf die Jagd reitet, seinem Funktionsbedürfnis zu genügen – das ist absolutistischer Imperialismus. Sein Charakter ist nirgends deutlicher als in Rußland".[92]

Nach Schumpeter hat dieser Imperialismus seine Funktion eindrucksvoll unter Peter dem Großen zu Beginn des 18. Jahrhunderts erwiesen, der

---

90 Krasner (1995).
91 Mommsen (1977); Münkler (2005).
92 Schumpeter (1919), S. 117.

eine „typisch imperialistische uferlose Expansionstendenz" verfolgte, die sich von den definierten Zielen (räumliche Arrondierung Russlands, Zugang zur Ostsee und zum Schwarzen Meer) entkoppelt hatte („objektloses Weiterlaufen der angekurbelten Maschine"). Diese Erzählung eines begründeten, legitimen Expansionsdrangs wurde in Russland nie aufgegeben. Als Nachfolgestaat der Sowjetunion blieb nach Zusammenbruch des politischen Systems und einer gescheiterten Transformation indes nur die Option übrig, Sicherheitspolitik zu betreiben und einen aus deklarierter militärischer Stärke abgeleiteten Machtanspruch zu formulieren.

Das imperiale Narrativ und die Bereitschaft zur militärischen Auseinandersetzung waren folglich in der Sowjetunion durchweg praktiziert (Invasion Polens 1939, Chinesisch-sowjetischer Grenzkrieg 1969, Afghanistan-Krieg 1979-1989) und unmittelbar nach 1991 weitergeführt worden (Georgisch-Südossetischer Krieg 1991/92, Transnistrien 1992, Tadschikistan 1992-97, Dagestan-Krieg 1999, Tschetschenienkriege 1994-96 und 1999-2009). Dahinter steht die russische Propaganda, der Westen hätte Russland nach 1991 nicht ausreichend in seinen Sicherheitsinteressen ernstgenommen und er sei seinen Zusagen nicht nachgekommen. Dies ist eine Selbsttäuschung, und es reflektiert die Ausblendungen der inneren Schwächen Russlands. Die Abgrenzung Russlands zum Westen ist seit dem 19. Jahrhundert durch einflussreiche chauvinistische Schriften fest in Russland verankert und bekam nach den Enttäuschungen der 1990er Jahre Aufwind.[93] Die institutionellen Voraussetzungen für eine Weiterentwicklung zu Marktwirtschaft und Demokratie waren in Russland nicht vorhanden und sind nie entwickelt worden; das sicherheitspolitische Selbstverständnis, eine imperiale Macht zu sein, wurde nie überwunden. Daher war die schnelle Westbindung zahlreicher Osteuropäischer Staaten mehr als rational und ist insbesondere aus heutiger Sicht auf die Ukraine selbstverständlich. Die Angebote des Westens, beispielsweise über eine Kooperation mit der NATO (Nato-Russland-Grundakte 1997, darauf beruhend der Nato-Russland-Rat) oder die Einbindung in die G8, sind von russischer Seite weder ernsthaft genutzt noch entwickelt worden.

Diese entkoppelte imperialistische Expansionstendenz erklärte sich aus „dem Funktionsbedürfnis des leitenden militärisch disponierten Kreises und dem Prestigebedürfnis der Krone", so Schumpeter 1919. Dieses war

---

93 Husieva (2023).

„aber völlig unverständlich [...] für jeden, der sie rational begreifen will
[...]. Deshalb hat man sich innerhalb und außerhalb Rußlands ex-post-
Erklärungen geschaffen, an die man schließlich selbst glaubte und die
man durch jene sonst unverständliche Expansionstendenz für verifiziert
hielt – ein Beispiel für einen in solchen Dingen in den Sozialwissenschaften sehr häufigen Zirkel: Wunsch nach Vereinigung aller Slaven,
Befreiung der christlichen Völker [...]".[94]

Diese historische Skizze von Schumpeter lässt die von ihm vorgeschlagene
Definition des Imperialismus als sinnvoll und hilfreich erscheinen: „Imperialismus ist objektlose Disposition eines Staates zu gewaltsamer Expansion
ohne angebbare Grenze" und

„Imperialismus ist ein Atavismus. Er fällt in die große Gruppe von Über-
bleibseln früherer Epochen, die in jedem konkreten sozialen Zustand
eine so große Rolle spielen, zu jenen Elementen jedes konkreten sozialen
Zustands, die nicht aus den Lebensbedingungen der jeweiligen Gegenwart, sondern aus den Lebensbedingungen der jeweiligen Vergangenheit
zu erklären sind, vom Standpunkt der ökonomischen Geschichtsauffas-
sung also jeweils aus den vergangenen, nicht aus den gegenwärtigen
Produktionsverhältnissen. Er ist ein Atavismus der sozialen Struktur und
ein Atavismus individualpsychischer Gefühlsgewohnheiten".[95]

Schumpeter eröffnet eine Perspektive, die imperialistisches Verhalten gerade nicht mit konkreten realen Bedürfnissen oder Problemen der Menschen
ursächlich verbindet und zu rationalisieren versucht, sondern allgemeine,
nicht sachlich verankerte, spezifische Motive als treibende Faktoren für
aggressives Verhalten und gewalttätige Expansion identifiziert.[96] Im Mittelpunkt steht das Wirkungsgeflecht politischer, gesellschaftlicher und staatlicher Institutionen. Der Kapitalismus ist für Schumpeter keine treibende
Kraft, im Gegenteil:

„Eine rein kapitalistische Welt könnte daher kein Nährboden für imperialistische Impulse sein. [...] Es darf als unkontrovers betrachtet werden,
dass bei Freihandel für keine Klasse ein Interesse an gewaltsamer Expan-

---

94 Schumpeter (1919), S. 118.
95 Schumpeter (1919), S. 119.
96 Krause (2003).

sion als solcher besteht. [...] Die ‚innere Logik' des Kapitalismus hätte ihn [den Imperialismus] nie evolviert".[97]

Damit nimmt Schumpeter eine klare Gegenposition zu den marxistischen Theorieansätzen ein, die aus dem Drang zur Kapitalakkumulation alles Unheil ableiten, weil erst der Imperialismus die Chance böte, den dominierenden Kapitalismus herrschaftlich robust zu verankern. Schumpeters Blick auf den Kapitalismus ist von seiner inneren Steuerungslogik getragen, die über den effektiven Preiswettbewerb ökonomische Macht bestreitet und immer wieder Innovationsprozesse der schöpferischen Zerstörung in Gang setzt.

Die Position Schumpeters wird durch die empirische Forschung zu internationalen Konflikten unterstützt. Danach verringern „wirtschaftliche Freiheit innerhalb von Staaten, Freihandel und allgemein ökonomische Interdependenz zwischen Staaten [...] die Konfliktgefahr".[98] Verstärkt wird dieser Zusammenhang durch das Ineinandergreifen von Marktwirtschaft und Demokratie; beide sind als Modernisierungsprojekte in besonderer Weise durch die Aufklärung und Ideen von 1789 befördert worden. Demokratie und Marktwirtschaft stehen darüber in einem funktionalen Zusammenhang „normativer Ko-Evolution".[99] Diese offeriert eine systematisch langsame Stabilität der Rahmenordnung, weil alle berechtigten Interessen auf dem Weg der Entscheidung berücksichtigt werden müssen, verfügt aber auch über den notwendigen Raum für verantwortungsvolle Anpassungen.

„Globalization facilitates a capitalist peace by promoting prosperity and, ultimately, democracy. The capitalist peace tends to mitigate balance of power effects. It has been supported by American power for decades because America's alliances promoted free trade by decreasing its risks and transaction costs. [...] Since capitalism and globalization, free trade and foreign investment promote prosperity and thereby democratization, something like a capitalist and democratic civil peace may supplement the capitalist peace between nation-states."[100]

Der russische Angriffskrieg gegen die Ukraine ist vielfach reflexartig als Beleg dafür gesehen worden, dass die Idee »Wandel durch Handel« falsch sei. Tatsächlich liefern weder Demokratie noch Marktwirtschaft die Ge-

---

97 Schumpeter (1919), S. 123.
98 Weede (2017), S. 95.
99 Weizsäcker (2014).
100 Weede (2005), S. 76.

währ dafür, dass es keine militärischen Auseinandersetzungen oder ähnlich geartete Konflikte gibt. Wohl aber gilt, dass die Wahrscheinlichkeit für militärische Auseinandersetzung in dem Maße zunimmt, wie autokratische Regime an Bedeutung gewinnen und diese gerade nicht die machtbedrohliche wettbewerbsintensive Marktwirtschaft zulassen, sondern enge hierarchische Strukturen etablieren, die ökonomische Vorteilspositionen mit autonomer Macht kombinieren. Das galt in Russland doppelt, einmal angesichts der rohstofforientierten Oligarchen und zudem angesichts des geheimdienstlich-militärischen Komplexes um die Siloviki. Diese Netzwerke sind aus sich heraus nur so lange stabil, wie durch extraktive Institutionen so viel fiskalischer Spielraum entsteht, dass sozialpolitische Abfederungen für weite Bevölkerungskreise möglich sind. Das kann aber den Mangel an marktwirtschaftlicher Innovation und Produktivität allenfalls vorübergehend, nie aber längerfristig oder dauerhaft kompensieren.

Der Machterhalt autokratischer Regime stößt dann an seine Grenzen. Darauf zu reagieren, führt zu Verhaltensweisen und Strategien, wie sie Schumpeter analysiert hat. Wenn es dafür gelingt, dem daraus folgenden imperialistischen Handeln einen historisch inspirierten Überbau zu geben, wie es Putin seit geraumer Zeit versucht,[101] dann wird Schumpeters Deutung und Verständnis des Imperialismus überzeugend und wirkt ungemein aktuell. Es sind tatsächlich die Produktionsbedingungen der Vergangenheit, die der Rohstoffökonomie Russland ihre Form geben. Noch einmal: Der russische Imperialismus „ist ein Atavismus der sozialen Struktur und ein Atavismus individualpsychischer Gefühlsgewohnheiten".[102] Der Ausbruch des russischen Imperialismus unter Putin mit dem zweiten Tschetschenienkrieg ab 1999, mit dem Krieg gegen Georgien 2008 und der Krim-Annexion 2014 fand in einem noch vergleichsweise stabilen weltpolitischen Umfeld statt, jedenfalls war der Systemwettbewerb zwischen China und dem transatlantischen Westen noch nicht zum Systemkonflikt ausgereift. Das war jedoch der Fall, als Putin den Angriff gegen die Ukraine befahl.

Dieser Systemkonflikt richtet sich auf die grundlegenden Ordnungsprinzipien des Miteinanders und auf die hegemoniale Potenz für die globale Ordnung. In diesem Umfeld steigender Verunsicherung des Westens musste die imperialistische Aggression besonders passend, wirksam und erfolgreich erscheinen. Auch wenn Russland nicht damit rechnen kann, dauerhaft aus eigenem Anspruch globale Geltung abzuleiten, so bietet doch

---

101 Putin (12.07.2021).
102 Schumpeter (1919), S. 119.

die Gesamtsituation Optionen der machtpolitischen Einflussnahme und Verankerung – und sei es nur die Verlagerung der hegemonialen Funktion von den USA auf China zu befördern. Russland muss dabei mit der Tatsache zurechtkommen, dass es wirtschaftlich – jenseits des Angebots fossiler Energiequellen – kein attraktiver Partner ist und in der eigenen Einflusssphäre der Russischen Föderation kein attraktives Rollenverständnis für erfolgreiche und gleichberechtigte Kooperation liefert. Da die fossilen Energien in ihrer Bedeutung rapide verlieren werden, kann Putin kaum noch auf kalte Winter hoffen, zumal die westlichen Volkswirtschaften sich fortentwickeln und sich sowohl beim Bedarf an fossiler Energie als auch bei der Verfügbarkeit alternativer Quellen anpassen.

Ist der Imperialismus als politische Konzeption zu bewerten und deshalb unweigerlich normativ geprägt, so sind Imperien der Ausgangspunkt einer stärker deskriptiv-analytischen Befassung. Doch was definiert ein Imperium? Eine Frage, die in den zu befragenden Disziplinen so gut wie unbearbeitet geblieben ist.[103] Drei Merkmale ermittelt Herfried Münkler über Distinktionen: (1) Im Gegensatz zum souveränen und institutionellen Flächenstaat seit der Neuzeit kennzeichnen Imperien keine präzisen Grenzen, die keine gleichberechtigten bzw. gleichbewerteten politischen Einheiten voneinander trennen. Stattdessen herrscht eine grundsätzliche Asymmetrie in der Potenz, der Integrationswirkung und der Machtlegitimation zwischen dem Imperium und seinen Nachbarn. Staaten sind – wie in der Tradition des Westfälischen Friedens skizziert – von der Gleichberechtigung und gleichwertigen Legitimation sowie Existenz geprägt. (2) Diese Ungleichheit des imperialen Anspruchs spiegelt sich auch in der Abgrenzung zur Hegemonie, die eine Vorherrschaft in einer Gruppe formal gleichberechtigter Staaten manifestiert. Imperialer Anspruch beruht hingegen prinzipiell auf der These der Ungleichheit und diskriminiert die dominierten Einheiten als Klientelstaaten und Satelliten. (3) Imperien können im Verhältnis von Zentrum und Peripherie in beiden Perspektiven gedacht werden. Historisch hat das Zentrum die prägendere Kraft besessen, aber es gab und gibt auch Entwicklungen, die aus der Peripherie in einem Wettstreit der Mächte imperiale Ansprüche begründen.[104]

Russland unter Putin ist stets mehr Schein als Sein – das gilt für die Spannung zwischen dem militärischen Aufmarsch und Gepränge auf dem Roten Platz sowie dem strategisch-taktisch Versagen der Militärführung

---

103 Münkler (2005).
104 Münkler (2005).

in der Ukraine, für die Präsentation militärischer Ausstattungsgüter und die tatsächliche Verfügbarkeit, für den ökonomischen Anspruch und die Korruptionswirtschaft, für das Leistungsversprechen des Staates an seine Bürger und die eklatanten Mängel in der Grundversorgung z.B. bei der Gesundheit. Wie bereits angedeutet: Das Land bietet – abgesehen von Rohstoffen – wenig attraktive Ausstattungsmerkmale, die es für andere Staaten zum Vorbild, zum akzeptierten Hegemonen oder zum erduldeten Imperium machen. Der Zerfall der Sowjetunion, der von Putin als Jahrhundertdrama bewertet wird, steht für den Zusammenbruch eines Imperiums, das keinerlei Bindungswirkung mehr entfalten konnte, selbst im Bereich des Militärischen nicht. Wie aus dem machtpolitischen Nichts muss deshalb die militärische Aggression der Russen gegen die Ukraine erscheinen.

Der imperialistische Anspruch, der sich mit dem Erklärungsansatz von Schumpeter am besten einordnen und verstehen lässt, beruht nicht auf den Voraussetzungen für ein wirksames Imperium, wenn man von der Tatsache der Atommacht Russlands absieht. Das Land frönt einem Imperialismus ohne Imperium zu sein. Das zeigt sich gerade auch an der extremen wirtschaftlichen Erfolglosigkeit und Aussichtslosigkeit. Autarkie ist keine strategische Option, sondern spätestens seit den infolge des Angriffs auf die Ukraine verschärften Sanktionen ein simpler Beleg für einen Imperialismus ohne Imperium – ein Machtanspruch in der Sackgasse und ohne wirkliche Perspektiven. Der Sonderweg der russischen Geschichte, der durch die robuste Pfadabhängigkeit imperialistischer Politikverortung und der kommunikativen Attraktivität der damit verbundenen martialisch-militanten Aggressivität gekennzeichnet ist, scheint noch lange nicht zu Ende zu sein. Es ist bemerkenswert, wie wenig dieser Sonderweg bisher in der historischen Analyse im Vordergrund stand und wie sehr stattdessen die historischen Brüche – die Oktoberrevolution und der Zusammenbruch der Sowjetunion – betont wurden. Es widerstrebt dem idealistischen Fortschrittsglauben, dass es robust retardierende Elemente und Strukturen, Ideologien und kommunikative Kräfte gibt.

3 Abgehängtes Russland? Strukturwandel, Rohstoffmacht und politische Partnerschaften

„Das Streben nach gleichem globalstrategischem Rang und nach »gleicher Sicherheit« wie die andere Weltmacht [Amerika] war nicht nur verteidigungspolitischer Natur. Es war zugleich die Kompensation für den Inferioritätskomplex der Sowjetunion angesichts ihrer offenkundigen Unfähigkeit, wirtschaftlich mit den westlichen Industriegesellschaften gleichzuziehen."[105]

Die Skizze der wirtschaftlichen Entwicklung Russlands hat aus einem Gemisch von nachwirkenden Strukturen, historischer Rückständigkeit, politischer Tradition, zentral verankerter Gewaltherrschaft, misslungener Transformation nach 1991 und einseitiger ökonomischer Orientierung auf Ressourcen das Bild einer nicht zukunftsorientierten Volkswirtschaft entstehen lassen. Dieser Befund verschärft sich, wenn man bedenkt, dass die Dekarbonisierung der Industrie- und Energieproduktion in den kommenden Jahrzehnten den Bedarf an fossilen Energieträgern in den Transformationsökonomien dauerhaft vermindern wird. Das kann zu zwei für Russland relevanten Entwicklungen führen: Einerseits könnten die Weltmarktpreise für fossile Brennstoffe durch die geringere Gesamtnachfrage langfristig sinken, sofern das Angebot der exportierenden Staaten nicht ebenso stark rückgängig ist. Andererseits könnte kurzfristig die Nachfrage aus weniger oder langsamer dekarbonisierenden Ökonomien angefacht werden, was Russland einen Rebound-Effekt bescheren würde: Geringe Kosten für fossile Energieträger erhöhen die Opportunitätskosten für erneuerbare Energien, sodass die Umstellung in einigen Ländern langsamer ablaufen könnte. Dieser Markt wird allerdings kleiner sein als der bisherige. Bei den auf Pipelines angewiesenen Gasexporten ist die Umlenkung der Ströme besonders kritisch, denn die Option neuer Pipelinesysteme setzt große Investitionen voraus, eine erweiterte LNG-Produktions- und Lieferinfrastruktur ebenfalls. All das bräuchte viele Jahre, wenn nicht Jahrzehnte. Der Fokus auf Erdgas- und Erdölgeschäften dürfte für Russland daher absehbar zu einem Problem werden.

---

105 Schmidt (1987), S. 40.

Es gibt neben dem Rohstoffsegen auch einen Rohstofffluch – man könnte sagen, beides hat seine Zeit. So verbinden sich mit der Rohstoffverfügbarkeit im internationalen Austausch Marktpositionen und Chancen auf Einkommensbildung. Und das erweist sich gerade für nachholende Ökonomien als Option. Doch schwindet diese Chance mit zunehmender Dauer, wenn das Einkommen nicht für die Entwicklung anderer Wirtschaftsstrukturen und der Etablierung einer wettbewerbsfähigen Industrie genutzt wird. Die Fehlentwicklung firmiert in der ökonomischen Literatur als „Holländische Krankheit". Sie birgt die Gefahr der Verstetigung in sich, und dieses Risiko ist für die russische Volkswirtschaft im Lichte der Sanktionen besonders virulent.

Somit präsentiert sich die russische Wirtschaft nicht nur politisch, sondern auch wirtschaftlich als verwundbare Rohstoffmacht. Der Rohstoffhandel ist in bestimmten Sektoren stark auf einzelne Abnehmerländer fokussiert, was durch die Sanktionen verschärft wird. Die Option, durch marktliche Integration in größere Wirtschaftsräume vielfältige Impulse für die eigene volkswirtschaftliche Entwicklung zu erlangen, war für die Sowjetunion nie gegeben und ist für die Russische Föderation seit fast zehn Jahren nicht mehr relevant. Alternative Versuche, bestehende Abhängigkeitsverhältnisse auszunutzen, können das nicht kompensieren. So hat sich Russland nicht erst seit dem Angriffskrieg auf die Ukraine politisch wie wirtschaftlich in Europa isoliert.

3.1 Rohstoffsegen und Rohstofffluch

„The quality of institutions determines whether natural resource abundance is a blessing or a curse."[106]

Der Rohstofffluch und die Holländische Krankheit

Rohstofffunde erscheinen vordergründig als Wohlstandsgewinn, denn ohne eigene Vorleistungen und Kapitalbildung sowie mit geringem Investitionsaufwand resultieren daraus neue Möglichkeiten der volkswirtschaftlichen Einkommensentstehung. Doch in der Ökonomik hat sich der Begriff des *Rohstofffluchs* etabliert, denn – hier gilt die zitierte Binsenweisheit – es

---

106   Mehlum, Moene und Torvik (2006), S. 1119.

kommt darauf an, was man daraus macht. So zeigen die rohstoffexportierenden Länder eine sehr unterschiedliche Wachstumsperformanz.[107] Vor allem seit den frühen 1980er Jahren haben Ökonomen angesichts der spezifischen Erfahrungen der Niederlande das Phänomen der „Holländischen Krankheit" modellhaft skizziert.[108] In den Niederlanden wurden in den 1960er Jahren große Erdgasvorkommen entdeckt, die unmittelbar gefördert wurden. Daraufhin schrumpfte der industrielle Sektor. Diese Deindustrialisierung und der verbundene Strukturwandel verlangten nach einer Erklärung.

Die Mechanik kann im Grundmodell wie folgt beschrieben werden: Der Fund eines Rohstoffvorkommens eröffnet dem Land eine neue Exportmöglichkeit, denn besonders bei fossilen Energieträgern ist dies wegen (regionaler) Knappheit bislang stets mit volkswirtschaftlicher Bedeutung einhergegangen. Der Rohstoffsektor wird über den Export zum boomenden Sektor, dem ein relativ schwächer werdender binnenwirtschaftlicher Sektor mit handelbaren Gütern (in der Regel die Industrie) sowie ein erstarkender Sektor international nicht-handelbarer Güter (Dienstleistungen) gegenüberstehen. Die Exporte generieren zusätzliche Erlöse, die in Form ausländischer Devisen in das Land kommen und durch den Umtausch in die heimische Währung diese unter Aufwertungsdruck setzen. Das wiederum verbilligt die Importe, sodass die Produktion heimischer Güter durch Importsubstitution verdrängt wird. Die Exporterlöse aus Rohstoffen führen zu einem Ausgabeneffekt, indem direkt oder indirekt über die Steuereinnahmen des Staates die Nachfrage nach den nicht-handelbaren Gütern expandiert, so dass deren Preise steigen (reale Aufwertung).[109]

Dies und die verlockend hohen Gewinne im Rohstoffsektor führen dazu, dass die anderen Sektoren an Bedeutung verlieren (Ressourcenallokationseffekt). Es kommt zu einer Verlagerung von Ressourcen und Produktionsfaktoren aus der Industrie, dem Dienstleistungssektor und der Landwirtschaft in den boomenden Sektor der Rohstoffgewinnung. Die Ressourcenbewegung in den boomenden Sektor folgt der dort steigenden Grenzproduktivität der Arbeit und damit höheren Entlohnung. Die Abwanderung von Beschäftigten aus der lahmenden Industrie wird als direkte Deindustrialisierung bezeichnet. Zusätzlich werden Arbeitskräfte im boomenden Rohstoffsektor aus dem Sektor nicht-handelbarer Güter abgeworben, was

---

107 Bardt (2005).
108 Corden (1984).
109 Corden (1984).

dort das Angebotsvolumen verringert, die relative Verknappung verschärft (reale Aufwertung) und dadurch wiederum Arbeitskräfte aus der Industrie abzieht. Dies wird indirekte Deindustrialisierung genannt.

Abbildung 3-1: *Rohstofflast des Exports und Entwicklung des Pro-Kopf-Einkommens*

Streudiagramm und Trendlinie

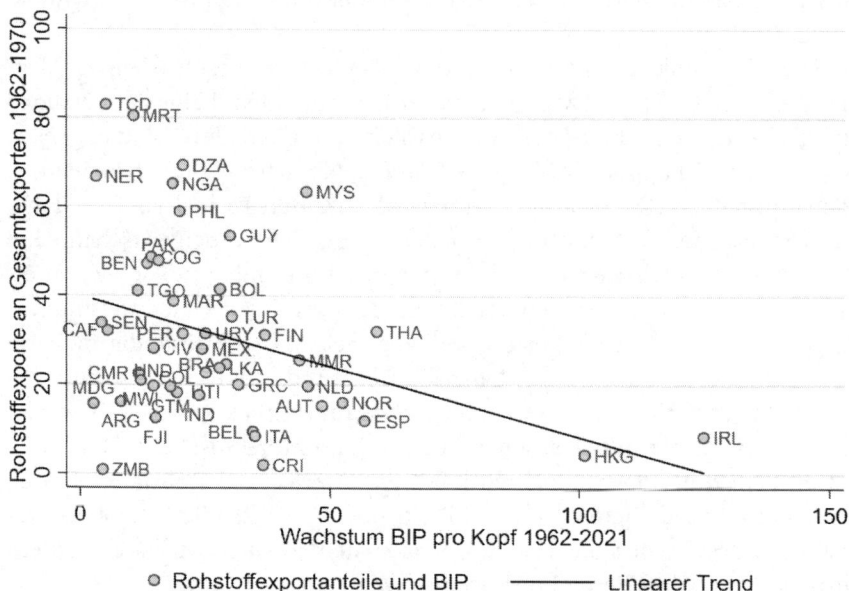

Zusammenhang zwischen den durchschnittlichen jährlichen Rohstoffexporten an Gesamtexporten von 1962 bis 1970 in Prozent und der Wachstumsrate des Pro-Kopf Einkommens von 1962 bis 2021 in Prozent, N = 47 (ohne Berücksichtigung des Ausreißers Südkorea mit sehr hohem BIP-Wachstum von 1962 bis 2021 von über 300 Prozent), Regressionskoeffizient: -0.32, Standardfehler: 0.12; Koeffizient ist signifikant zum Signifikanzniveau von 5 % (p-Wert: 0,013), R-Quadrat: 0,13; Der Robustheitstest ohne die beiden weiteren Ausreißer Hongkong und Irland zeigt auch einen zum 10 Prozent-Niveau (p-Wert: 0,072) signifikanten negativen Zusammenhang (Korrelationskoeffizient: -0,37). Daten für die Sowjetunion liegen für den Zeithorizont aufgrund des Strukturbruchs von 1991 nicht vor. Quelle: UN Comtrade, Weltbank, eigene Berechnungen

Der negative Zusammenhang zwischen dem Anteil von Rohstoffexporten am Bruttoinlandsprodukt und der Entwicklung des realen Pro-Kopf-Einkommens ist empirisch belegt.[110] Abbildung 3-1 zeigt den Zusammenhang

---

110 Sachs und Warner (1995).

zwischen dem durchschnittlichen Anteil von Rohstoffexporten an Gesamt-exporten für den Zeitraum von 1962 bis 1970 und der Entwicklung des Bruttoinlandsprodukts pro Kopf von 1962 bis 2021 für 47 Länder. Es wird ein negativer und statistisch signifikanter Zusammenhang zwischen dem Anteil an vergangenen Rohstoffexporten an den Gesamtexporten und einem langfristigen Pro-Kopf Wachstum ersichtlich.

Die skizzierte Wirkungskette erklärt einen Deindustrialisierungsprozess infolge eines Ressourcenfundes, wie dieser im Falle der Niederlande zu beobachten war. Verstärkt werden kann der Trend einer „indirect de-industrialization" noch dadurch, dass die Exporterlöse entweder direkt als staatliche Einnahmen oder indirekt über die daraus folgenden Steuereinnahmen für konsumtive Zwecke – über den Ausbau des Sozialstaats – statt für Investitionen und Kapitalbildung eingesetzt werden.[111] Die wirtschaftspolitische Antwort auf diesen Ressourcenfluch liegt einerseits darin, die in internationaler Währung fakturierten Exporterlöse nicht in die heimische Währung umzutauschen, sondern direkt für global diversifizierte Portfolio- und Sachinvestitionen zu nutzen. Die Erträge können dann für zusätzliche Investitionen im Inland eingesetzt werden. Andererseits kann darauf geachtet werden, die Erlöse aus dem Rohstoffexport, wenn sie schon in heimische Währung transferiert werden, direkt investiv zu verwenden.

Modernisierung und Strukturwandel

Für die Frage, welche wirtschaftlichen Perspektiven für Russland absehbar sind, kann unabhängig von den historischen Prägungen und den künftigen politischen Bedingungen der Blick auf die relevanten theoretischen Ansätze der Ökonomik hilfreich sein. Die hier vorgenommene Einordnung der wirtschaftlichen Entwicklung Russlands entspricht grundsätzlich den Argumenten und Kriterien der *Modernisierungstheorien*, die eng mit der These „Wandel durch Handel" zusammenhängen. Diese Theorien beruhen auf der Vorstellung, dass ein gesellschaftlicher und wirtschaftlicher Fortschritt infolge von Basisinnovationen, die einen starken und breiten Produktivitätseffekt auslösen, einen Wertewandel hin zu einer breiteren Selbstermächtigung des freiheits- und verantwortungsfähigen Individuums auslöst.[112] Muster der Partizipation und Verfahren der Konfliktlösung entstehen, um die ökonomisch resultierende gesellschaftliche Komplexität zu gestalten.

---

111 Corden und Neary (1982).
112 Inglehart und Welzel (2005).

Dahinter steht die Vorstellung, dass es in allen Gesellschaften ähnliche Prozesse zivilisatorischen Fortschritts gebe, weil gesellschaftlicher Aufstieg und soziale Differenzierung, der Wunsch nach Beteiligung, säkulare Entkopplung von der Gestaltung der Lebenswelt durch die Religion, Steigerung des Pro-Kopf-Einkommens schließlich überall auf der Welt wirksam würden. Die Erfahrungen mit China und Russland in den vergangenen dreißig Jahren machen jedoch deutlich, dass es diesen – westlich (eurozentrisch) gedachten – Automatismus nicht gibt, dass Regressionen vorstellbar sind, und dass autokratische Herrschaft trotz oder gerade wegen der digitalen Welt eine Chance hat. Es sollte auch nicht übersehen werden, dass sogar in Europa Jahrhunderte nach der Aufklärung, den revolutionären Freiheitsbestrebungen und der Ausprägung staatlicher Handlungsfähigkeit mit demokratischer Legitimation immer wieder Rückschritte zu verzeichnen waren, bis hin zum Zivilisationsbruch des Holocausts. Daraus folgt aber nicht, dass die Überlegungen der Modernisierungstheorie keine Erklärungskraft für die Frage besitzen, welche Perspektiven auf plausible Weise aus institutionellen Bedingungen abgeleitet werden können und was dies für den Systemwettbewerb mit „modernen" Staaten bedeutet. Aber die Hinweise sollten vor einer naiven Erwartung auf Besserung warnen.

Die Ernüchterung über die westliche Naivität der Modernisierungstheorie hat die *Dependenztheorien* hervorgebracht. Damit wurde versucht, das Scheitern der Dekolonisation in den 1950er und 1960er Jahren zu erfassen. Als Erklärung für die schwache und enttäuschende Entwicklung ehemaliger Kolonien wurde angeführt, dass die etablierten Handelsbeziehungen den strukturellen und machtpolitischen Nachteil der Entwicklungsländer verfestigt hätten („ungleicher Tausch" zwischen den Rohstofflieferanten und Industrieländern). Die Folge wäre eine fortlaufende Verschlechterung der Terms of Trade der Entwicklungsländer, also deren Wohlstandsposition (Prebisch-Singer-These). Das steht in Verbindung mit dem Konzept der „strukturellen Heterogenität". Dieses Konzept besagt, dass durch die Globalisierung zwar normativ vom transatlantischen Standard distanzierte Länder durch Handel erreicht werden und so an den technischen Entwicklungen sowie Konsummöglichkeiten der Industrieländer teilhaben können, doch zugleich wegen ordnungspolitischer, institutioneller und wirtschaftsstruktureller Diskrepanzen enorme Wohlstandsunterschiede zum Westen verbleiben. Diese Differenzen äußern sich nicht nur im Einkommensniveau, sondern ebenso in der Qualität der Produktionsweisen und der Konsummuster.[113]

Wie bei der Modernisierungstheorie gilt bei der Dependenztheorie, dass weder Eindeutigkeit noch Zwangsläufigkeit der Theorie zu belegen sind. Der Aufstieg der ostasiatischen Staaten macht beispielsweise auch eine gegenteilige Entwicklung deutlich. Allerdings zeigt sich, dass Merkmale von Entwicklungsökonomien – wie der Mangel an Humankapital und Finanzkapital, kulturelle Besonderheiten sowie politisch-institutionelle Beschränkungen – einen hohen Erklärungswert für die wirtschaftliche Performanz besitzen können. Tatsächlich lassen sich aus beiden Theoriesträngen Überlegungen für Russland ableiten, wenn man den Gedanken von Walter Eucken aufnimmt, der eine Konsistenz der Teilordnungen – Gesellschaft, Kultur, Politik, Recht, Ökonomie – als Bedingung einer gedeihlichen Entwicklung benennt.[114]

Russland leidet unter einem Mangel an Modernisierung. Das beinhaltet die Fähigkeit, komplexe Strukturen zu steuern, Partizipation zuzulassen und kooperative Konfliktlösung zu institutionalisieren. Russland leidet zugleich an der Abhängigkeit von Rohstoffexporten, deren Erlöse wiederum nicht zu Innovationsschüben und Produktivitätsgewinnen in anderen Sektoren der Volkswirtschaft führen. Abbildung 3-2 verdeutlicht, wie die Gewinne aus Erdöl- und Erdgasexporten aufgrund steigender Weltmarktpreise wuchsen und welch starke volkswirtschaftliche Bedeutung der Rohstoffsektor für Russland hat. Obwohl volkswirtschaftlich kein Kapitalmangel herrscht, gelingt es nicht, die russische Volkswirtschaft auf einen selbsttragenden, innovationsgetriebenen Pfad zu bringen. Die institutionellen Schwächen konnten nicht behoben werden und der Strukturwandel ist nicht in die gewünschte Richtung gegangen. Stattdessen dominiert in der russischen Volkswirtschaft der Rohstoffsektor und der militärisch-industrielle Komplex (MIK). Mit Letzterem sind das Militär und die Branchen und Bereiche gemeint, die der Rüstungswirtschaft und angrenzenden Branchen sowie Zulieferern nahestehen – oftmals mit enger Verquickung zwischen Staat- und Privatwirtschaft. Als in der Phase hoher Weltmarktpreise für Rohstoffe zwischen 2005 und 2012 das Verarbeitende Gewerbe durchschnittlich knapp über 3 Prozent jährlich wuchs, lagen die Wachstumsraten des MIK substantiell höher: mehr als 11 Prozent wuchs die

---

113 Senghaas (2002).
114 Eucken (1952).

Rüstungsindustrie und über 8 Prozent durchschnittliches Jahreswachstum konnte die Rohstoffindustrie, die für den militärisch-industriellen Sektor produziert, verzeichnen.[115] Der Verteidigungssektor spielt neben dem Rohstoffsektor eine überragende Rolle in Russland und ist dynamischer als andere Branchen.[116] Dies liegt an der staatlichen Forcierung der heimischen Rüstungswirtschaft. Über mehrere staatliche Großprogramme und Ausrüstungsinitiativen („Staatliches Waffenprogramm 2020", „Entwicklung des Verteidigungsindustrie-Komplexes", „Entwicklung der Luftfahrtindustrie 2013-2025", „Entwicklung der Schifffahrt 2013-2030", „Entwicklung der Elektronik- und Radioelektronikindustrie 2013-2025", „Raumfahrtaktivitäten Russland 2013-2020", u.a.) wurde in den vergangenen Jahren eine zusätzliche staatliche Nachfrage geschaffen, die nicht zuletzt durch temporäre Zufallsgewinne aus dem boomenden Rohstoffexport der Staatsunternehmen finanziert werden konnte.

Das verbindende Element in der negativen Kombination von modernisierungstheoretischen Defiziten und dependenztheoretischen Befunden liegt für Russland in dem Erklärungsmodell der „Holländischen Krankheit", die den volkswirtschaftlichen Fluch einer Ressourcenökonomie thematisiert. Dabei ist es für den vorliegenden Fall Russland wichtig, den Begriff breiter zu definieren, als es in den volkswirtschaftlichen Studien bislang gemacht wurde. Denn neben den im Folgenden beschriebenen Wechselkurseffekten, die aus dem Ressourcenexport resultieren, treten in Russland institutionelle Faktoren auf (Monopole, staatliche Verteidigungsausgaben, systemische Korruption), die in anderen westlichen Ressourcenökonomien wie den Niederlanden oder Norwegen nicht zu beobachten waren. Auch hier ist der Sonderweg Russlands unter den Ressourcenökonomien sichtbar. Es schließt sich die Frage an, was die Herausbildung eines dominierenden Wirtschaftssektors – als Resultat der Holländischen Krankheit – langfristig bedeutet. Diese Frage stellt sich weitgehend unabhängig vom industriellen Entwicklungsniveau, das volkswirtschaftlich erreicht wurde, zumal unter den Bedingungen einer offenen, regelbasierten Weltwirtschaftsordnung seit dem Ende des Kalten Krieges partizipationswilligen politischen Regimen die notwendigen Steuerungsoptionen zur Verfügung standen. An-

---

115 Eigene Berechnung auf Basis der Daten von Kurochkina, Ostrovskaya und Lukina (2016).

116 Fal'tsman (2017).

ders gewendet: Der Zustand der russischen Ökonomie ist kein Schicksal, sondern Folge von Fehlentscheidungen und Unterlassungen.

Abbildung 3-2: Rohstoffrenten in Russland

In Prozent des BIP

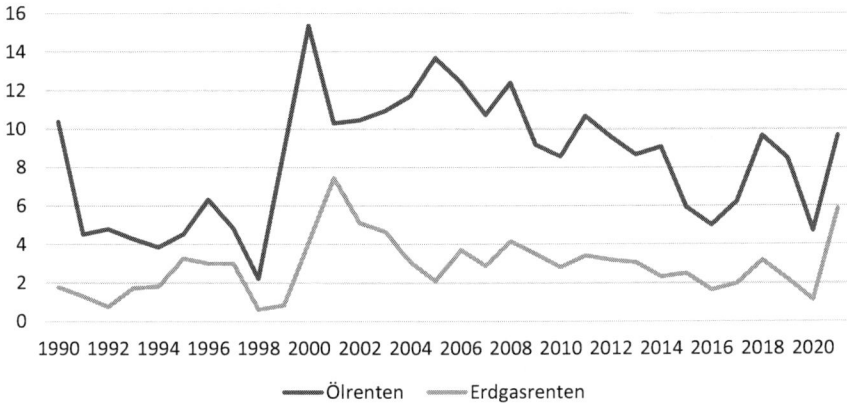

Definition: Die Rente ist die Differenz zwischen dem Wert der Rohölförderung (der Erdgasproduktion) zu regionalen Preisen und den Gesamtförderkosten (den Gesamtkosten der Produktion). Quelle: Weltbank

Dass diese Ursachen historisch weit zurückreichen, wurde bereits in Kapital 2 deutlich. Im besonderen Fall der Ressourcenbewirtschaftung setzte sich nach 1991 fort, was in der Sowjetzeit aus machtpolitischen Erwägungen, handelspolitischen Restriktionen und ökonomischen Fehlanreizen dysfunktional zusammenwirkte. So wurden beispielweise die einzelnen Unternehmen und Arbeitnehmer nicht für die Qualität ihrer Produkte belohnt, sondern für die Mengen, die sie produzierten. Weil sowjetische Industrieerzeugnisse im Westen kaum konkurrenzfähig waren, bedeutete dies auch, dass das Land beim Aufbau der Handelsbeziehungen in der Chruschtschow-Zeit nicht aus dem von früher bekannten Muster der Rohstoffexporte im Gegenzug für westliche Kredite und hochwertige Güter herausfinden konnte. Bestrebungen der Sowjetunion, ihre eigenen Fertigwaren im westlichen Ausland abzusetzen, gab es durchaus, aber diese Geschäfte funktionierten schon deshalb oft schlecht, weil der größte Teil dieses Handels zunächst in Form von Kompensationsgeschäften abgewickelt wurde und keine marktwirtschaftliche Basis hatte. Durch das Außenhandels- und

Devisenmonopol des Staates war eine freie Konvertibilität der Währung nicht möglich und schränkte die freien Handelsmöglichkeiten weit ein.

Die einzigen sowjetischen Erzeugnisse, die im Westen tatsächlich nachgefragt wurden, waren Rohstoffe, darunter das begehrte Erdöl. Mit diesem wurden nicht nur Tauschgeschäfte abgewickelt, sondern die Sowjetunion konnte über den Direktverkauf von Öl auch lebenswichtige Devisen erwirtschaften. Ab den 1970er Jahren intensivierte sich der Handel mit dem Klassenfeind im Westen: Öl und Gas wurden gegen Infrastrukturinvestitionen auf Basis ausländischer Kredite und Technologien gehandelt.[117] Das begann nach dem Ende eines Handelsembargos des Westens (COCOM) gegen die UdSSR 1966 und dem Abschluss des deutsch-sowjetischen Wirtschaftsabkommens im Februar 1970. Im selben Jahr wurde der erste Erdgas-Röhren-Vertrag unterzeichnet, der den Ausbau des Erdgas-Pipeline-Netzes zwischen den RGW-Staaten, aber auch zum Westen ermöglichte. Grundlage war ein Großkredit in Höhe von 1,2 Mrd. D-Mark (Laufzeit 12 Jahre zu inflationsbedingt günstigen Konditionen), der durch ein bundesdeutsches Bankenkonsortium unter Führung der Deutschen Bank vergeben wurde.[118] Solche Konsortialfinanzierungen für Gaspipelines waren selbst nach dem sowjetischen Einmarsch in Afghanistan möglich, als im Jahr 1981 mit internationaler Kooperation das Jamal-Projekt (10 Mrd. D-Mark Finanzierungsvolumen) begann. Mit diesen Finanzierungen boten sich für die deutschen Großbanken neue Geschäftsmöglichkeiten in Russland, die vor allem der mittelständischen Industrie Geschäftsanbahnungen eröffneten.[119] Doch ein Impuls für den volkswirtschaftlichen Strukturwandel in der UdSSR konnte daraus wegen der begrenzten Mengen und der Dominanz der Zentralverwaltungswirtschaft nicht ausgehen.

---

117 Perović (2022).
118 Plumpe, Nützenadel und Schenk (2020).
119 Plumpe, Nützenadel und Schenk (2020).

Exkurs: Privatisierung im Rohstoffsektor in Russland

Der Rohstoffsektor in Russland unterlag drei großen Umbrüchen, die unweigerlich mit der Geschichte des Landes verbunden sind.

Rohstoffsektor im 20. Jahrhundert: Bis zu den Anfängen des 20. Jahrhunderts gehörte ein großer Teil der russischen Ölindustrie privaten Unternehmen. Dies änderte sich mit der Machtübernahme der Bolschewiki ab 1917. Sowohl der russische Öl- als auch der Kohlesektor unterlagen fortan der vollständigen Kontrolle des Staates.

Rohstoffsektor nach dem Zerfall der UdSSR: Mehr als 70 Jahre später führte der Zerfall der Sowjetunion erneut zu einem Umbruch im Rohstoffsektor. Durch mehrere große Privatisierungswellen, die de-facto keine echten Privatisierungen waren, kam es in Russland zu einem „Ausverkauf des Staates".[120] So konnten Oligarchen günstig Rohstofffirmen kaufen. Ein Beispiel: Das Erdölunternehmen *Jukos*, das zu diesem Zeitpunkt ca. 5 Mrd. US-Dollar wert war, kaufte der später in Ungnade gefallene Michail Chodorkowski für nur 310 Mio. US-Dollar. Mit fortschreitender Privatisierung Mitte der 1990er Jahre fiel der staatliche Anteil im Ölsektor von über 80 Prozent auf nur noch 13 Prozent im Jahr 2013 und verteilte sich auf drei Ölunternehmen: *Rosneft* (Russischer Zentralstaat), *Tatneft* und *Baschneft* (Eigentum der Regionalverwaltungen). Die Infrastruktur wie die Erdöl- und Erdgaspipelines für den Export und der Gassektor blieben in staatlicher Hand. Im Jahr 1989 ging aus dem *Ministerium für Gasindustrie* das Erdgasunternehmen *Gazprom* hervor. Größter Anteilseigner der *Gazprom* Aktiengesellschaft mit etwa 40 Prozent war in den 1990er Jahre der Staat. So behielt *Gazprom* auch die Kontrolle über die Pipelines.[121]

Rohstoffsektor unter Putin: Mit der Präsidentschaft Putins kam es zum dritten Umbruch im Rohstoffsektor, mit dem der Staat wieder zunehmend die Kontrolle erlangte. Die Erdölindustrie war zwar weitgehend privatisiert worden, die Rechte an Bodenschätzen und die Kontrolle der Transportsysteme sowie Exportquoten unterlagen jedoch nach wie vor dem Staat.[122] Putins Ziel war es nicht, die Privatisierung rückgängig zu machen, sondern den Einfluss der Oligarchen in der Politik und Wirtschaft zu verringern und im Gegenzug Spitzenposten der Staatsunternehmen

---

120 Perović (2022).
121 Perović (2022).
122 Perović (2022).

mit engen Vertrauten aus KGB-Zeiten zu besetzen.[123] Denn wie Putin in seiner Doktorarbeit vom Jahr 1997 bereits preisgab, ist den Exporten von Erdgas und Erdöl in Russland eine bedeutende Rolle zuzuschreiben, um außenpolitische Ziele durchzusetzen, wofür der Energiesektor aber unter staatlicher Kontrolle stehen müsse.[124]

Auch wenn es anfangs danach aussah, dass Chodorkowski, der zeitweise als reichster Mann Russlands galt, weiterhin seine Machtposition beibehalten könne, änderte sich dies mit seiner kritischen Haltung in der Öffentlichkeit gegenüber Putin sowie seinen Plänen, sein Erdölunternehmen *Jukos* mit *Sibneft* zusammenzuführen und damit noch größeren Einfluss zu erhalten. Chodorkowskis politische Ambitionen sowie seine Unterstützung für die Opposition führten 2003 zu einem Schauprozess und endeten mit einem an ihm statuierten Exempel in einer Verurteilung. Das Erdölunternehmen *Jukos* wurde zerschlagen und an das staatliche Ölunternehmen *Rosneft* verkauft. Dies ließ *Rosneft* zur mächtigsten – und staatlich kontrollierten – Ölgesellschaft werden. In seiner zweiten Amtszeit zwischen 2004 und 2008 nahm Putin vor allem ausländische Beteiligungen ins Visier. So wurde ein russisches Gesetz über das Verbot von ausländischen Mehrheitsbeteiligungen in strategischen Bereichen wie Öl und Gas erlassen.[125] Damit konnten ausländische Beteiligungen zurückgedrängt werden. Zusammen mit der Übernahme *Jukos* von *Rosneft* im Jahr 2005 erhöhte sich somit der staatliche Anteil an der Erdölförderung von 13 Prozent im Jahr 2004 auf 39 Prozent im Jahr 2008. Aktuell erlangt das wichtigste staatliche Ölunternehmen *Rosneft* einen Erdölproduktionsanteil von ca. 50 Prozent.[126]

Russische Symptome der Holländischen Krankheit

Die verschiedenen Effekte einer Ressourcenbasierung auf die volkswirtschaftliche Performanz lassen sich durch die Unterscheidung von Allokationseffekt und Ausgabeneffekt mit Blick auf den Rohstoffsektor, das Verarbeitende Gewerbe und die Dienstleistungen systematisieren (Tabelle 3-1). Die Produktions- und Beschäftigungsgewinne im boomenden Rohstoffsek-

---

123 Belton (2022).
124 Bingener und Wehner (13.03.2023).
125 Perović (2022).
126 Bezogen auf das Jahr 2022. Pleines (2011); Perović (2022).

tor werden überkompensiert durch die Verluste in den Bereichen Industrie und Dienstleistungen (als Sektor der international nicht-handelbaren Güter). Die Ausgabenverschiebungen begünstigen allein die Dienstleistungen, so dass die Folgen für das Verarbeitende Gewerbe eindeutig negativ sind. Der Lohndruck durchzieht die ganze Volkswirtschaft, ebenso zeigen die Preise nach oben, so dass bei gegeben Weltmarktpreisen allein dadurch ein negativer Effekt hinsichtlich der Terms of Trade resultiert.

Tabelle 3-1: Die Symptome der Holländischen Krankheit

Effekte der Primärwirkungen auf *makroökonomische Größen*

	Produktion	Beschäftigung	Lohn	Preiseffekt
Effekt der Ressourcenallokation				
– Ölsektor	+	+	+	gegeben
– Verarbeitendes Gewerbe	-	-	+	gegeben
– Dienstleistungssektor	-	-	+	+
Ausgabeneffekt				
– Ölsektor	-	-	+	gegeben
– Verarbeitendes Gewerbe	-	-	+	gegeben
– Dienstleistungssektor	+	+	+	+
Kombinierter Effekt				
– Ölsektor	unbestimmt	unbestimmt	+	gegeben
– Verarbeitendes Gewerbe	-	-	+	gegeben
– Dienstleistungssektor	unbestimmt	unbestimmt	+	+
Empirische Evidenz für Russland, 2003 – 2021 *				
– Bergbau/Rohstoffwirtschaft	+280 %	+ 230 619	+ 80 %	
– Verarbeitendes Gewerbe	+ 94 %	- 2 885 026	+ 124 %	
– Dienstleistungssektor **	+ 54 %	+ 9 846 548	+ 150 %	

* Die Zahlen zur Produktion beziehen sich auf den Zeitraum 2003-2021, in realen Größen

** Dienstleistung mit unterschiedlichen Definitionen, möglicherweise nicht kongruent zwischen den Kategorien. Beschäftigte: Quelle ILO Datenreihe Beschäftigte in Services; Löhne und Produktion: Quelle Rosstat. In der russischen Statistik wird der Dienstleistungssektor nicht explizit ausgewiesen, sondern muss aus den Mittelwerten einzelner Posten zusammengerechnet werden. Dazu zählen: Groß- und Einzelhandel; Instandhaltung und Reparatur von Kraftfahrzeugen, Motorrädern und Gebrauchsgütern; Hotels und Gaststätten; Transport und Kommunikation; Finanzaktivitäten; Immobilienbetrieb, Vermietung und Dienstleistungen; Bereitstellung von Gesundheits- und Sozialdiensten; Bereitstellung anderer gemeinschaftlicher, sozialer und persönlicher Dienstleistungen; Aktivitäten im Haushalt, Quellen: nach Oomes und Kalcheva (2007), S. 13, Rosstat, International Labour Organization, eigene Berechnungen

Russland weist bezogen auf diese Kriterien viele Gemeinsamkeiten mit den Phänomen der Holländischen Krankheit auf. In einem IMF-Working Paper aus dem Jahr 2007 konnten drei von fünf benannten Merkmalen bestätigt werden. Ähnliches ergab eine Studie aus dem Jahr 2011.[127] Untersucht wurden die Krankheitssymptome (1) Aufwertung des realen Wechselkurses, (2) Verlangsamung des Produktionswachstums (relative Deindustrialisierung), (3) Steigerung des Wachstums im Dienstleistungssektor, (4) Exportverringerung im stagnierenden Sektor, (5) übermäßiges Lohnwachstum (allein im Zeitraum 2003 bis 2021 sind die Löhne in den Bereichen öffentliche Verwaltung und militärische Sicherheit, Sozialversicherung, Bildung real um 102 Prozent gestiegen). Eine reale Aufwertung konnte identifiziert werden, allerdings keine, die über den geschätzten Gleichgewichtswert hinausging. Dies steht in Einklang mit den Ergebnissen einer weiteren Studie: Dabei wurde ein negativer Zusammenhang zwischen der Rubel-Aufwertung und der Wachstumsrate des Verarbeitenden Gewerbe festgestellt, was mit einer Kombination des Effektes der Holländischen Krankheit und der Reorganisation der russischen Wirtschaft im Zuge der Transformation erklärt wurde.[128] Die empirische Evidenz für Russland zeigt eindeutig, dass die Produktion im Verarbeitenden Gewerbe langsamer gewachsen ist als im Bergbau, wohingegen die Beschäftigung in der Industrie stark rückläufig war. Aus den Statistiken lässt sich ableiten, dass die Produktion im Verarbeitenden Gewerbe in realen Größen zwischen 2003 und 2021 moderat anstieg, wobei 2021 bis zu 15 Prozent der Bruttowertschöpfung des Verarbeitenden Gewerbes auf die Koksherstellung und Herstellung von Erdölprodukten entfiel – also eine Verbundindustrie der Rohstoffwirtschaft. Eine jüngere Studie fand für den Zeitraum 2003 bis 2013 den Zusammenhang zwischen wachsender Industrieproduktion und Rohölpreis heraus.[129] Allerdings bleibt dabei der Struktureffekt unberücksichtigt, der sich aus dem plausiblen Anteilsgewinn der Rüstungsindustrie (und der verbundenen Rohstoffindustrie) im gleichen Zeitraum erklären dürfte.

Der Anteil der Bruttowertschöpfung bei der Herstellung von Koks und Erdölprodukten an der gesamten Bruttowertschöpfung des Verarbeitenden Gewerbes ist in Russland von 2003 auf 2021 sogar um drei Prozentpunkte gestiegen. Dies verdeutlicht die Übertragungseffekte des Rohstoffsektors auf das Verarbeitende Gewerbe und relativiert dessen Produktionsanstieg. Im

---

127 Oomes und Kalcheva (2007); Algieri (2011).
128 Mironov und Petronevich (2015).
129 Ito (2017).

Bergbausektor sind die größten Zuwächse zu verzeichnen. Die geringsten Produktionsanstiege sind dagegen im Dienstleistungssektor zu beobachten, der etwas mehr als die Hälfte seines realen Wertes von 2003 gewachsen ist. Die Beschäftigungszahlen zeichnen ein dazu korrespondierendes Bild: Das Verarbeitende Gewerbe verlor zwischen 2003 und 2021 fast 3 Millionen Arbeitsplätze, die Zahlen im Bergbau zeigen eine positive Entwicklung und die Beschäftigung im Dienstleistungssektor boomt mit fast 10 Millionen neuen Arbeitsplätzen.

Im Hinblick auf die zwei denkbaren Mechanismen – Ressourcenallokationseffekt und Ausgabeneffekt – finden Oomes und Kalcheva für die Zeit bis 2007, dass der Ausgabeneffekt dominiert. Dies hängt mit der geringen Mobilität der Arbeit in Russland zusammen, da erstens der Ölsektor als größter Teil der Rohstoffindustrie relativ wenige Arbeitsplätze schafft und zweitens die Arbeitsmobilität in diesem Sektor strukturell gering ist.[130] Dies führt dazu, dass die Profite und Löhne eines boomenden Ölsektors – vor allem in den Phasen hoher Weltmarktpreise für Erdöl wie zwischen 2000 und 2012 – sekundäre Effekte auf die gesamtwirtschaftlichen Produktionsfaktoren haben. Denn die aggregierte Nachfrage – befeuert durch den boomenden Ölsektor – steigert den Bedarf an Dienstleistungen, deren Preis im Inland determiniert wird und dessen Output schließlich ausgeweitet wird. Die Arbeitsmobilität findet vor allem zwischen dem Verarbeitenden Gewerbe und den Dienstleistungen statt. Eine starke Reallohnsteigerung ist im Verarbeitenden Gewerbe und den Dienstleistungen zu beobachten, wobei im Bergbau ein Basiseffekt besteht, da hier schon zuvor die höchsten Löhne gezahlt wurden.[131] Die Preise in der gesamten Volkswirtschaft zeigen nach oben, was aufgrund der Lohn- und Kostensteigerungen nicht überraschend ist. So steht fest, dass „the risk of Dutch Disease exists and warrants close monitoring"[132] sowie „in the future [...] the risk of de-industrialization might be expected to be higher". [133]

Ein solch umfassendes Monitoring hat – jedenfalls offiziell – nicht stattgefunden. Denn wie die Entwicklung in den vergangenen anderthalb Jahrzehnten zeigt, hat es keinen Fortschritt beim Umbau der russischen Volkswirtschaft von der Ressourcenabhängigkeit hin zu einer modernen, technologiebasierten Wertschöpfungsstruktur gegeben. Alle wirtschaftspolitischen

---

130 Oomes und Kalcheva (2007).
131 Gerards Iglesias und Hüther (2022).
132 Oomes und Kalcheva (2007).
133 Ito (2017).

Ansätze sind nach 2008, spätestens nach 2014, versandet oder aufgegeben worden. Die Entwicklung des russischen Exportwertes dokumentiert die robuste Abhängigkeit von Rohstoffexporten, insbesondere vom Erdölexport (Abbildung 3-3).

Abbildung 3-3: Entwicklung des russischen Exportwertes seit 2000

Exporte in Milliarden US-Dollar (linke Achse), Anteile von fossilen Brennstoffen an den Gesamtexporten in Prozent (rechte Achse)

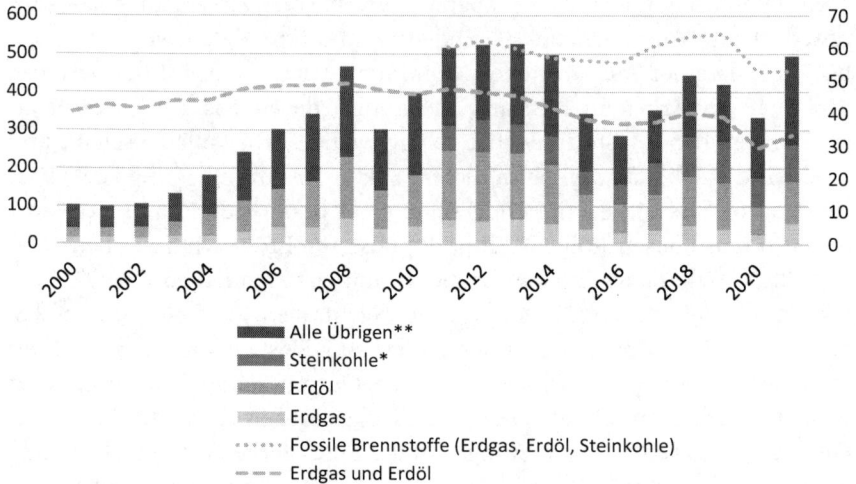

* Ab 2011, ** Beinhaltet bis 2011 ebenfalls Steinkohle. Quellen: Macrobond, Russische Zentralbank, Rosstat, eigene Berechnungen

Das Öl- und Gasgeschäft ist für den russischen Staatshaushalt seit Jahrzehnten der wichtigste Einnahmeposten: 42 Prozent der Gesamteinnahmen im Jahr 2022 waren auf Öl- und Gasexporte zurückzuführen.[134] Diese hohe Abhängigkeit vom Rohstoffexport, der Russland Deviseneinnahmen erbrachte und der herrschenden Politiker- und Oligarchenklasse zu hohen Profiten verhalf, verhinderte eine Diversifizierung der Sektoren, weil die Erlöse seit der Sowjetzeit in den militärisch-industriellen Komplex flossen und dort nicht selten durch Korruption bewirtschaftet wurden. So realisierten sich – nicht unüblich für Entwicklungsökonomien – die theoretischen Prognosen der Holländischen Krankheit, was sich an den Anteilen der Sektoren an der gesamtwirtschaftlichen Bruttowertschöpfung ablesen lässt.

---

134 Fremerey und Gerards Iglesias (2023).

Der Anteil des Dienstleistungssektors an der Bruttowertschöpfung stieg dementsprechend zwischen 2003 und 2021 von 40 auf fast 59 Prozent – maßgeblich getrieben von steigender aggregierter Nachfrage – und der Anteil des Verarbeitenden Gewerbes schrumpfte von 16 auf 13 Prozent, wohingegen der Anteil der Montanindustrie nahezu konstant blieb.

Der Grund für die fehlende Diversifizierung und den unterschiedlichen Ausgängen der Holländischen Krankheit liegt in der institutionellen Schwäche der russischen Volkswirtschaft und des Staatsapparates. Neben den Niederlanden waren auch andere Länder von der „Krankheit" betroffen, wie Norwegen in den 1970er Jahren und Großbritannien in den 1980er Jahren. In diesen Ländern läuteten Erdgas- bzw. Erdölfunde in der Nordsee Deindustrialisierung sprozesse ein und verschärften einen Strukturwandel, der bereits im Gange war. Die Mitgliedschaft in der Europäischen Wirtschaftsgemeinschaft und das dank demokratischer Tradition Vorhandensein von starken Institutionen (Eigentumsordnung, Wettbewerbsrecht, faire Repräsentation und Partizipation, dynamisches Unternehmertum) erleichterten den Ländern die Umstellung auf ein neues Geschäftsmodell, das im Falle von Großbritannien der Finanzsektor war und im Falle der Niederlande der Handels- und Dienstleistungssektor.[135] In Norwegen kann der Wohlstand durch sprudelnde Einnahmen auf eine kleine Bevölkerung großzügig verteilt werden. Eine gut ausgebildete Bevölkerung, offene demokratische Gesellschaften, marktwirtschaftliche Ordnungsstrukturen sowie historische Verwurzelungen des Banken- und Handelswesens ermöglichten die notwendigen Umstrukturierungen der Ökonomien, die sich auf neue Rahmenbedingungen einstellen mussten.

In Russland hingegen dürfte so lange keine Umstellung auf einen neuen dominanten Sektor gelingen, wie es an inklusiven wirtschaftlichen und politischen Institutionen fehlt, die einen solchen Wandel ermöglichen könnten. Dabei ist ein Wandel zu einer diversifizierteren Wirtschaft auch in harten Autokratien möglich, wie die erdölexportierenden Länder Saudi-Arabien und die Vereinigten Arabischen Emirate eindrucksvoll zeigen. Neben der strategisch vorteilhaften Geografie (Handel, Verkehr, Tourismus) sind diese Länder institutionell besser aufgestellt als Russland (Eigentumsordnung, Marktorganisation, Ressourceneffizienz, politische Lenkungs- und Steuerungsfähigkeit) und sind international alles andere als isoliert.[136] Und

---

135 Acemoğlu und Robinson (2012).
136 Im Bertelsmann Transformations Index erreichen Saudi-Arabien und insbesondere die Vereinigten Arabischen Emirate bessere Werte als Russland bei Indikato-

sie zeigen auch im Korruptionsindex von Transparency International eine deutlich bessere Positionierung als Russland (Saudi-Arabien liegt im Ranking von 2022 auf Platz 54, die Vereinigten Arabischen Emirate auf Platz 27 und Russland nur auf Platz 137). In Russland sind die Eigentumsstrukturen der herrschenden Elite oligopolistisch auf den Rohstoffsektor aufgeteilt, was eine effiziente Marktorganisation verhindert. Fehlende politische Lenkungs- und Steuerungsfähigkeiten aufgrund dieser Machtstrukturen erklären die robuste Ausrichtung des russischen Geschäftsmodells auf den Rohstoffexport in den letzten Jahrzehnten. Institutionell spricht heute mehr denn je alles gegen eine Modernisierung der russischen Volkswirtschaft im Strukturwandel. Die Entwicklungen der Anteile der Industrie an der Bruttowertschöpfung bestätigen dies. Während der weltwirtschaftlichen Boomphase der 2000er Jahre, die mit hohen Weltmarktpreisen für Erdöl einherging, wuchs die gesamte Volkswirtschaft um durchschnittlich 20 Prozent (von 2003 bis 2009), wobei auf die ohnehin dominante Rohstoffwirtschaft die höchsten Zuwächse mit 29 Prozent entfielen.

Es ist hier angebracht auf eine Besonderheit der russischen Statistik hinzuweisen. In der offiziellen russischen volkswirtschaftlichen Gesamtrechnung entfällt auf den Posten Bergbau und Gewinnung von Rohstoffen lediglich ein Anteil an der Bruttowertschöpfung von 6,6 Prozent im Jahre 2003 und von 12,7 Prozent im Jahre 2021. Die Herstellung von Koks und Mineralölerzeugnissen – also die unmittelbare Verarbeitung der Rohstoffe – wird allerdings dem Verarbeitenden Gewerbe zugerechnet. Da diese Produktion aber maßgeblich mit dem Rohstoffsektor zusammenhängt und die Verarbeitenden Produkte untrennbar von den Vorprodukten sind, sollten diese Posten zur „Montanindustrie" aggregiert werden, um die Unternehmen mit vertikaler Integration in diesem Bereich zu erfassen.[137] So wird die Dominanz des Rohstoffsektors nochmals verdeutlicht. Der Anteil der Montanindustrie an der Bruttowertschöpfung stieg dementsprechend von 9 Prozent im Jahre 2003 auf 15 Prozent im Jahre 2021 (Abbildung 3-4).

---

ren Marktorganisation, Eigentumsrechte, Ressourceneffizienz, politische Lenkungs- und Steuerungsfähigkeit sowie internationale Kooperation.

137 Solanko und Voskoboynikov (2014).

Abbildung 3-4: Dynamik des Strukturwandels der russischen Volkswirtschaft

Wachstumsbeiträge zur Bruttowertschöpfung im zeitlichen Verlauf, in Prozent

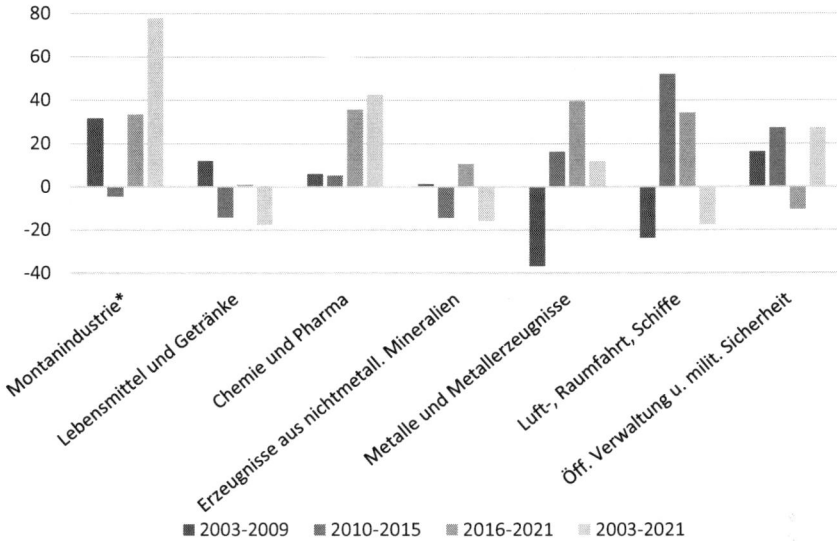

■ 2003-2009 ■ 2010-2015 ▨ 2016-2021 ▨ 2003-2021

* Zur Montanindustrie wurden Bergbau, Herstellung von Koks sowie Mineralölerzeugnisse zusammengerechnet. Quelle: Rosstat

Erschwerend kommt für Russland seit der Annexion der Krim im Jahr 2014 und vor allem seit dem Überfall auf die Ukraine im Jahr 2022 die Wirkung der Wirtschaftssanktionen hinzu (siehe Kapitel 4). Die für einen forcierten Strukturwandel benötigten Technologieprodukte auf Weltniveau sind nur schwer zu erhalten, das Engagement ausländischer Unternehmen hat sich deutlich reduziert. So ist der Abstand der heimischen Industrie zum Weltstandard vielfach größer geworden. Das Decoupling vom Westen schreitet voran und Russland muss sich mit dem Rest der Welt als Handels- und Kooperationspartner zufriedengeben. Für die technologische Ertüchtigung des Landes reicht das aber nicht aus. Die russische Regierung sieht sich angesichts der schlecht verlaufenden militärischen Operationen und der zunehmenden Belastung der heimischen Bevölkerung durch hohe Inflation genötigt, genau jene Maßnahmen zu verstärken, die der institutionellen Form der Holländischen Krankheit weiter Vorschub leisten: die Förderung des militärisch-industriellen Komplexes sowie die soziale Abfederung der Teuerungseffekte für die Privaten.

3.2 Welt- oder Regionalmacht? Die Rolle von Energie- und Rohstoffmärkten für Russland

„The energy industry (especially oil and gas) and the defense industry are the most developed sectors of the Russian economy. Their condition determines the capabilities of the present and future development of the country and its place in the global economy."[138]

Um die Dimension des russischen Rohstoffsegens sowie den damit verbundenen Rohstofffluch besser zu verstehen, muss Russland als Rohstoff-Exporteur im globalen Kontext betrachtet werden. Als wichtigste Einnahmequelle für den russischen Staatshaushalt ist der Handel mit Brennstoffen unerlässlich. Doch wie ist Russland zu einem der größten Rohstofflieferanten geworden? Wie wichtig ist Russland insgesamt als Rohstoff- und Energielieferant für die Welt? Und ergeben sich dabei auch reziproke Abhängigkeiten Russlands von bestimmten Importen und Absatzmärkten?

Der aufstrebende Rohstoffproduzent

Der Fokus der Volkswirtschaft und des Staatsapparates auf den boomenden Rohstoffsektor machte den Rohstoffsegen zu einem Rohstofffluch für Russland – auch wenn dieser Fluch nicht alle Akteure in Russland gleich trifft. Die Geschichte und das Wirtschaftsmodell Russlands sind untrennbar mit Rohstoffen und vor allem mit den Brennstoffen Kohle, Erdöl und Erdgas, verbunden. Daher wird im Folgenden der Aufstieg und aktuelle Stand Russlands als Energielieferant der Welt skizziert.

Der russische Kohlesektor

In den 1920er und 1930er Jahren war Kohle der Haupttreiber der Industrialisierung in der Sowjetunion. Die sowjetische Kohleförderung nahm im historischen Vergleich jedoch langsamer an Fahrt auf als in den USA oder in Deutschland (Abbildung 3-5). Obwohl die Sowjetunion ihre Kohleproduktion im Jahr 1940 im Vergleich zum Anfang des Jahrhunderts verzehnfachte, belief sich die Produktion nur auf 35 Prozent der US-amerikanischen Fördermenge. Für den ersten großen Anstieg der Kohleförderung in der

---

138 Fal'tsman (2017), S. 16.

Sowjetunion um das Jahr 1940 war vor allem das ukrainische Gebiet des Donezbeckens im Donbass (welches 1941 bis 1943 unter deutscher Besetzung stand) verantwortlich. Später erschloss die Sowjetunion auch Fördergebiete in Sibirien oder im Ural.[139] Die durchschnittliche Produktivität der sowjetischen Bergarbeiter – getrieben durch maschinelle Unterstützung – verdoppelte sich zwischen 1929 und 1936, das technische Potenzial wurde aber nicht vollends ausgeschöpft und viele Arbeiten wurden auch weiterhin manuell erledigt.[140] Dies musste die Sowjetunion mit der schieren Masse an Arbeitskräften wett machen. Ein Großteil der Arbeiter baute die Rohstoffe im GULAG-System unter Zwangsarbeit ab. Schätzungen zufolge gab es in den 1970er Jahren insgesamt sechs Mal mehr Beschäftigte in der sowjetischen Kohleindustrie (über 1 Mio. Arbeiter) als in den USA.

Aufgrund des technologischen Fortschritts stieg die Arbeitsproduktivität der Bergleute bis 1975 weiter an und die Sowjetunion schaffte es, ihre Kohleproduktion im Jahr 1970 im Vergleich zu 1940 zu verdreifachen und damit die Fördermenge der USA zu übertreffen.[141] 20 Jahre später, im Jahr 1990, jedoch übertraf die amerikanische Förderung die russische Fördermenge wieder bei weitem. Denn das Ende der Sowjetunion und die damit einhergehenden politischen und wirtschaftlichen Umbrüche wirkten sich negativ auf die Kohleförderung aus. Nach ihrem Tiefpunkt im Jahr 1998 mit 232 Mio. Tonnen stieg die russische Kohleproduktion wieder kontinuierlich an.[142] Trotzdem belief sich die russische Förderung von Kohle im Jahr 2000 auf nur 25 Prozent der US-amerikanischen Fördermenge und lag mit 244 Mio. Tonnen Kohle nur knapp über der von Deutschland. Im Gegensatz zu Deutschland und den USA verringerte Russland seine Fördermenge von Kohle nicht, sondern baute die Förderung stets weiter aus. Mit 191 Mio. Tonnen Kohle im Jahr 2020 ist das Gebiet Kemerovo in Sibirien derzeit Russlands Hauptfördergebiet.[143] Und auch für die Zukunft sieht es für die russische Kohleförderung gut aus: Bei den weltweiten Kohlevorkommen liegt Russland vor Australien, dem aktuell größten Kohlexporteur der Welt.[144]

---

139   Die Kohlenproduktion der UdSSR seit 1945 (02.02.1952).
140   Die Kohlenproduktion der UdSSR seit 1945 (02.02.1952).
141   Congress of the United States - Office of Technology Assessment (1981).
142   Elsner et al. (2009).
143   Federal'noe agentstvo po nedropol'sovaniju (2021).
144   Bp (2022).

Russlands Anteil an der weltweiten Kohleproduktion liegt seit 2016 recht konstant bei 5 Prozent.[145] Im Jahr 2011 betrug der Weltmarktanteil an russischen Kohleexporten noch 10 Prozent, zehn Jahre später sind bereits 17,9 Prozent der weltweiten Kohleexporte russisch.[146] Russland belegt damit aktuell Platz drei unter den Kohle-Exportnationen. Und Russland setzt zunehmend auf dieses Exportgeschäft: Während 1990 nur 15 Prozent der Fördermenge das Land verließen, sind es im Jahr 2020 über die Hälfte.[147] Russland konnte sein Kohle-Exportgeschäft auch weiter ausbauen, da dieser Rohstoff für den heimischen Energiemix immer entbehrlicher wurde: Bis Mitte des 20. Jahrhunderts war in Russland – wie fast überall auf der Welt – Kohle der vorherrschende Energielieferant und nahm im Jahr 1940 rund 75 Prozent der Energieproduktion ein. Dieser Anteil fiel jedoch auf 29 Prozent in den 1970er Jahren, als Erdgas und vor allem Erdöl zunehmend wichtiger wurden, und beläuft sich aktuell im Jahr 2021 auf nur 11 Prozent.[148] Denn Kohle ist bei der Verbrennung weniger effizient als Erdöl und schwerer zu transportieren. Weltweit ist die Nachfrage nach Kohle im Jahr 2022 aufgrund des wachsenden Energiebedarfs angestiegen, sie wird sich langfristig jedoch reduzieren und zum Großteil von Entwicklungs- und Schwellenländern ausgehen.[149] Das meist aus Steinkohle hergestellte Koks verbrennt zwar mit weniger Rauch und Ruß und wird oft in industriellen Hochöfen, z.B. für die Stahlherstellung verwendet, insgesamt ist Kohle als Energieträger jedoch CO_2-intensiver als Erdgas, weshalb Industrienationen, die die grüne Transformation verfolgen, immer weniger auf Kohle setzen werden.[150]

Der russische Erdölsektor

Durch die vielfältigen Nutzungsmöglichkeiten, vor allem als Treibstoff, und infolge der Unentbehrlichkeit bei kriegerischen Auseinandersetzungen stieg die Nachfrage nach Erdöl seit 1900 sukzessive an und übertraf in der zweiten Hälfte des 20. Jahrhunderts erstmals die weltweite Nachfrage

---

145 Daten der International Energy Agency.
146 International Energy Agency (2022); bp (2022).
147 Bp (2022).
148 Perović (2022); bp (2022).
149 International Energy Agency (2022).
150 Hakenes (o.J.); Großklos (2020).

nach Kohle.[151] Der Nachfrageboom nach Öl war zunächst vor allem durch die Industrienationen getrieben, ging aber zunehmend auch von Schwellenländern aus, wie beispielsweise China. So hat sich der weltweite Erdölverbrauch seit 1970 fast verdoppelt.[152] Russland setzte daher zunehmend auf das vielversprechende Erdölgeschäft. Obwohl Russland zu Beginn des 20. Jahrhunderts 10,7 Mio. Tonnen Erdöl und damit mehr als die USA produzierte, sank die russische Ölproduktion zunächst auf 3,9 Mio. Tonnen im Jahr 1920 (Abbildung 3-5). Dies ist auf mehrere Faktoren zurückzuführen, wie die Arbeiterunruhen um das Jahr 1905, die im internationalen Vergleich weniger ausgereiften russischen Bohrtechnologien und die Bolschewistische Revolution von 1917.[153]

Die Sowjets vernachlässigten zunächst die Erdölindustrie und legten den Fokus auf die Kohleförderung und den Bau riesiger Wasserkraftwerke für die Elektrifizierung. Erst in den 1930er Jahren nahm die Bedeutung von Erdöl in der sowjetischen Volkswirtschaft und Politik zu.[154] Die Sowjetunion begab sich damit, wie bei der Kohle, im internationalen Vergleich in eine Nachzügler-Rolle, denn die sowjetische Ölförderung im Jahr 1940 lag mit 31 Mio. Tonnen noch weiter unter der Fördermenge der USA von 182 Mio. Tonnen. Stalin versäumte es zudem weitere Ölfördergebiete zu erschließen, daher konzentrierte sich die sowjetische Ölförderung vor dem Zweiten Weltkrieg auf nur ein Gebiet, den Kaukasus. Als nach dem Angriff der Wehrmacht auf die Sowjetunion 1941 deutlich wurde, dass Hitler diese Ölfördergebiete zu erobern versuchte, ließ Stalin im Eiltempo die Ölindustrie aus dem Kaukasus in die für Erdöl vielversprechende Wolga-Ural-Region verlegen.[155] Die Verlagerung und Ausweitung der Rohstoffproduktion und -industrie nach Osten während des Zweiten Weltkriegs diversifizierte den sowjetischen Ölsektor hinsichtlich seiner Abbauregionen nachhaltig.[156]

Der Aufstieg der Sowjetunion zu einem der Weltmarktführer im Erdölgeschäft erfolgte dennoch spät. Der Erdölsektor litt immer wieder unter den wirtschaftlichen und politischen Umbrüchen des Landes. Während des Zweiten Weltkriegs war die Sowjetunion Nettoimporteur von Öl und durch den wirtschaftlichen Abschwung nach dem Zweiten Weltkrieg erholte sich

---

151 International Energy Agency (2022).
152 Bp (2022).
153 Congress of the United States - Office of Technology Assessment (1981).
154 Perović (2013).
155 Perović (2013).
156 Schönfelder (2022).

die sowjetische Erdölproduktion nur langsam.[157] Hinzu kam das Problem der langwierigen ineffizienten Planung und Bauweise der Rohstoffzentren, denn: „Aus Mangel an Kapital und an Know-how, aber auch an richtiger Planung und an Arbeitseinsatz können die sibirischen Vorräte nicht annähernd so schnell erschlossen werden, wie die Parteipropaganda angekündigt hat."[158] In den 1980er Jahren waren immer wieder Produktionsrückgänge aufgrund veralteter Technik zu erkennen.[159] 1990 lag die Ölförderung mit 524 Mio. Tonnen über der Fördermenge der USA, doch der Erdölsektor litt unter dem Zerfall der Sowjetunion, so dass die Fördermenge im Jahr 1991 im Vergleich zum Vorjahr um 54 Prozent einbrach.[160] Der niedrige Ölpreis und die Nachwehen der Privatisierung in der Russischen Föderation führten zum Tiefpunkt der russischen Ölproduktion Ende der 1990er Jahre. Von da an erholte sich die russische Erdölindustrie mit Fördermengen von jährlich über 500 Mio. Tonnen Erdöl seit 2010.

Aktuell ist Russland einer der führenden Erdöl-Exporteure, denn 10 Prozent der weltweiten Erdölexporte kommen aus Russland.[161] Nur Saudi-Arabien exportierte im Jahr 2021 mehr Erdöl als Russland. Der Anteil der Erdöl-Exporte am Fördervolumen in Russland liegt bei fast 20 Prozent und ist damit doppelt so hoch wie in den USA, welche erst seit kurzem wieder Erdöl-Nettoexporteur sind.[162] Die Erdölexporte sind mit 37 Prozent der gesamten Exporte im Jahr 2021 Russlands bedeutendes Exportgut.[163] Russland hat hinter den USA die größten weltweiten Ressourcen an Erdöl, bei wissenschaftlich belegten oder technisch und wirtschaftlich erschließbaren Reserven liegt das Land auf dem sechsten Platz weltweit.[164] Diese Ressourcen zu bergen und auszuschöpfen wird sich unter dem derzeitigen Sanktionsregime mit dem Importstopp von technologischen Gütern schwierig gestalten (siehe Kapitel 4).

---

157 Glässer (2019).
158 DER SPIEGEL (16.12.1973).
159 Perović (2022).
160 Perović (2022).
161 Franke et al. (2022).
162 International Energy Agency; OPEC; Buschmann (07.12.2018); Enerdata (2022b).
163 UN Comtrade Database.
164 Franke et al. (2022).

Der russische Erdgassektor

War die Sowjetunion international zunächst vor allem als Erdöl-Lieferant bekannt, entwickelte sich das Land durch das Erdgasgeschäft endgültig zur internationalen Rohstoffmacht. Die Fördermenge von Erdgas in Russland befand sich – wie andernorts auch – bis Mitte des 20. Jahrhunderts noch auf einem recht niedrigen Niveau. Erst als sich Erdgas gegen das bis dahin weiterverbreitete, aber giftigere Stadtgas durchsetzen konnte, setzte Chruschtschow ab 1956/1957 mit seiner Energiepolitik auf Erdöl sowie Erdgas und begann die Gasvorkommen in Westsibirien zu erschließen. Infolgedessen wurde das Fördervolumen von Erdgas stetig ausgebaut. Die globale Nachfrage nach Erdgas verdoppelte sich 1965 innerhalb von zehn Jahren, und auch in der Sowjetunion spielte Gas eine immer größere Rolle im Energiemix.[165] Trotzdem war die sowjetische Fördermenge im Jahr 1960 mit 45 Mrd. Kubikmeter Erdgas vergleichsweise gering. Die USA förderte bereits über 360 Mrd. Kubikmeter Erdgas zu dem Zeitpunkt. Der damalige Rückstand der sowjetischen Gasindustrie im Vergleich zu den USA war neben der besonderen geographischen und klimatischen Lage Sibiriens mit der mangelnden Infrastruktur (Pipelines) und den organisatorischen Planungsfehlern in der Gasindustrie zu erklären.[166]

Erst ab den 1980er Jahren wurde Russland auf dem Erdgas-Markt zu einem internationalen Schwergewicht. Als Katalysator für den sowjetischen Erdgashandel mit dem Westen wirkte die Ölkrise von 1973/74. Der unbefriedigte Bedarf an Erdöl ließ die Nachfrage nach Erdgas in Europa steigen. Die Sowjetunion konnte mit ihrer Fördermenge zwar nicht die komplette europäische Erdöl-Nachfrage decken, Europa sah aber das große Potenzial des sowjetischen Erdgases.[167] So steigerte die Sowjetunion bis 1990 ihre Fördermenge an Erdgas um das 13-fache im Vergleich zu 1960. Anders als bei Kohle und Erdöl war die Fördermenge an Erdgas trotz des politischen Umbruchs in den 1990er Jahren recht konstant, denn im Gegensatz zur Erdölindustrie behielt der Staat auch nach dem Zerfall der Sowjetunion die Kontrolle über die Gasindustrie. Die russische Fördermenge übertraf in den 2000er Jahren sogar die der Vereinigten Staaten. Seit 2012 jedoch fördert die USA wieder mehr Erdgas als Russland.[168]

---

165 Bp (2022).
166 Congress of the United States - Office of Technology Assessment (1981).
167 Perović (2013).
168 Enerdata (2022a).

Der weltweite Erdgashandel, Importe und Exporte eingeschlossen, hat sich seit dem Jahr 2000 fast vervierfacht.[169] Russland kann einen Großteil der weltweiten Nachfrage nach Gas decken und hat seine Exportkapazitäten enorm ausgebaut: Im Jahr 1999 wurde die Jamal-Leitung – welche Russland und Europa verbindet – fertiggestellt und somit nicht nur eine der längsten Gas-Pipelines in Europa in Betrieb genommen, sondern auch eines der größten Erdgasfelder der Welt angeschlossen.[170] Der Anteil der geförderten Menge, die Russland exportiert, hat sich von 1990 bis 2000 somit fast verdoppelt und liegt im Jahr 2020 bei 38 Prozent.[171] Mit 17 Prozent der weltweiten Erdgas-Exporte (233 Mrd. Kubikmeter) im Jahr 2020 ist Russland der größte Erdgasexporteur. Dahinter liegen abgeschlagen die USA (150 Mrd. Kubikmeter), Katar (144 Mrd. Kubikmeter) und Norwegen (112 Mrd. Kubikmeter).[172]

---

169 Franke et al. (2022).
170 The Economist (29.01.2022); Dambeck (28.04.2022).
171 OPEC; bp (2022).
172 Franke et al. (2022).

Abbildung 3-5: Förderung von Kohle (Stein- und Braunkohle), Erdöl und Erdgas

Erdöl und Kohle in Mio. Tonnen, Erdgas* in Mio. Kubikmeter

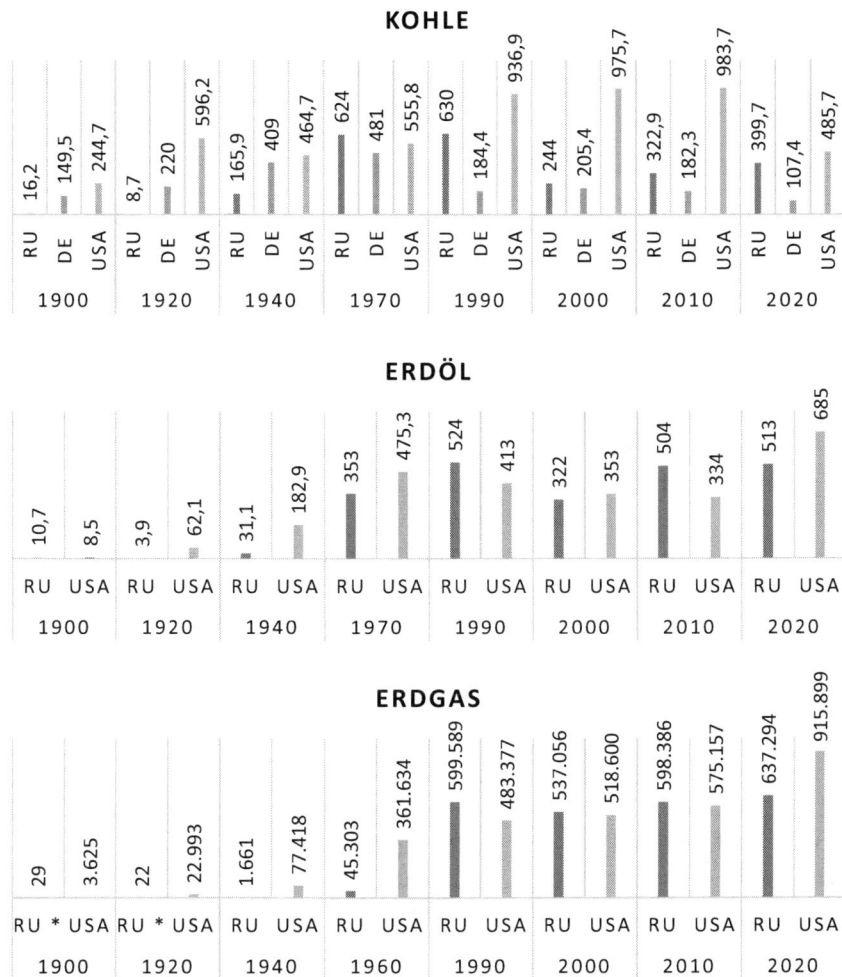

KOHLE

	1900			1920			1940			1970			1990			2000			2010			2020	
RU	DE	USA	RU	DE	USA	RU	DE	USA	RU	DE	USA	RU	DE	USA	RU	DE	USA	RU	DE	USA	RU	DE	USA
16,2	149,5	244,7	8,7	220	596,2	165,9	409	464,7	624	481	555,8	630	184,4	936,9	244	205,4	975,7	322,9	182,3	983,7	399,7	107,4	485,7

ERDÖL

1900		1920		1940		1970		1990		2000		2010		2020	
RU	USA	RU	USA	RU	USA	RU	USA	RU	USA	RU	USA	RU	USA	RU	USA
10,7	8,5	3,9	62,1	31,1	182,9	353	475,3	524	413	322	353	504	334	513	685

ERDGAS

1900		1920		1940		1960		1990		2000		2010		2020	
RU *	USA	RU *	USA	RU	USA	RU	USA	RU	USA	RU	USA	RU	USA	RU	USA
29	3.625	22	22.993	1.661	77.418	45.303	361.634	599.589	483.377	537.056	518.600	598.386	575.157	637.294	915.899

* Bei Erdgas bilden die Zahlen bei der Sowjetunion statt dem Jahr 1900 1913 und statt 1920 1922 ab. Daten zur Erdgas Produktion für das Jahr 1970 liegen nicht vergleichbar vor, daher wurde das Jahr 1960 gewählt. Anmerkungen: Die Daten bis 1970 beziehen sich auf die Sowjetunion. Quellen: International Historical Statistics Europe/America 1750-2005; BP, 2022; Enerdata Crude Oil Production 1990-2021

Die abhängige Rohstoffmacht

Der Aufstieg Russlands als Rohstoffmacht basiert auf der Zusammenarbeit mit dem Westen (vor allem mit Europa) als Russlands Absatzmarkt und Lieferant von Importen. Daher drängt sich die Frage nach den Abhängigkeiten Russlands von ausländischen Technologiegütern und Exportmärkten auf.

Abhängigkeiten von ausländischen Technologiegütern

Es gibt zwei strukturelle Probleme Russlands, die nicht nur, aber vor allem, beim Rohstoffsektor zum Tragen kommen:

– Erstens sind die klimatischen Bedingungen und die großen Entfernungen in den rohstoffreichen Regionen, Sibirien und Ural, ein entscheidender Faktor bei der Rohstoffausbeute. Die Rohstoffvorkommen liegen meist in den entlegenen Gebieten Russlands und machen den Transport der Rohstoffe technisch aufwendig und teuer. Die durch die Kälte verursachten Kosten drücken den Ertrag bei der Rohstoffgewinnung.[173]
– Zweitens ist eines der größten Probleme des Rohstoffsektors, dass die heimische Industrie zwar ausreichend Quantität, aber diese nur in geringer Qualität bereitstellen kann. Dies galt vor allem in Zeiten der Sowjetunion, da die sozialistische Wirtschaft kein korrigierendes Motiv bot, das die Missstände bei der Innovation und Qualität beheben oder in die richtigen Bahnen hätte lenken können oder die Korruption einzudämmen vermochte.

So war die Sowjetunion immer wieder auf westliche Hilfe angewiesen. Im Jahr 1925/26 kam ca. ein Fünftel der Erdölausrüstung der sowjetischen Firmen Grosneft und Asneft aus dem Ausland, vor allem aus Deutschland, den USA und Großbritannien. Der Westen beteiligte sich in dem Zeitraum maßgeblich beim Aufbau von Öl-Raffinerien.[174] Schwächelte die Erdölproduktion noch Anfang der 1920er Jahre aufgrund von Arbeiterunruhen und der Oktoberrevolution, konnte die Sowjetunion bis 1927 ihre Erdölförderung dank der Hilfe ausländischer Firmen wieder ausbauen.[175] Denn im Rahmen von Konzessionsverträgen, die Moskau mit Unternehmen aus

---

173 Schönfelder (2022).
174 Perović (2022).
175 Congress of the United States - Office of Technology Assessment (1981).

westlichen Industrienationen abschloss, erhielt die sowjetische Wirtschaft, darunter auch die Erdölindustrie, technische Ausrüstung und Ausbildung und lieferte im Gegenzug einen Teil der produzierten Güter und geförderten Rohstoffe.[176]

Der Qualitätsmangel bei industriell hergestellten sowjetischen Gütern bezog sich auf Bohrer und Pumpen, die bei der Rohstoffgewinnung notwendig sind, sowie auf die für den Transport durch Pipelines benötigten Röhren.[177] So waren beim Bau der Družba-Erdöl-Pipeline ab 1959 vor allem Deutschland und Großbritannien durch Rohrlieferungen beteiligt. Die USA initiierten daraufhin im Jahr 1963 ein Embargo auf Pipelineröhren.[178] Das Embargo hatte jedoch nur drei Jahre Bestand und der Handel von Ausrüstungsgütern zwischen Deutschland und der Sowjetunion nahm im Zuge des deutsch-sowjetischen Röhren-Erdgas-Geschäfts wieder an Fahrt auf. Dieser Handel war einer der vielen Barter-Deals, die die Sowjetunion für ihren Öl- und Gassektor abschloss. Die Sowjetunion war also nicht nur von der Zusammenarbeit mit westlichen Firmen, sondern auch von westlichen Importen abhängig. Schätzungsweise ein Viertel der Gesamtimporte der Sowjetunion bestand im Jahr 1975 aus energietechnologischen Produkten: ein Großteil für die Erdgas- und Öl-Industrie und meist aus Japan oder Westdeutschland stammend.[179]

Die Abhängigkeit beim Pipeline-Bau scheint sich zumindest aktuell ein wenig gewandelt zu haben: Während bei den beiden Nordstream-Pipelines eine deutsche Firma eine führende Rolle bei der Produktion der Pipeline-Rohre übernahm, kamen die Rohre für die über 3.000 Kilometer lange Pipeline („Kraft Sibiriens") von Russland nach China aus russischer Produktion.[180] Doch Russland ist nach wie vor abhängig von ausländischer Technologie: 2021 machten allgemein Maschinen und Transportmittel mit über 42 Prozent der russischen Gesamtimporte die größte Güterkategorie aus. Die meisten dieser Güter kamen aus China (34 Prozent) und Deutschland (10,5 Prozent aller Importe in dieser Kategorie).[181] In der russischen Öl- und Gas-Industrie stammen sogar 80 Prozent der Ausrüstung bei

---

176 Perović (2022).
177 Congress of the United States - Office of Technology Assessment (1981); Perović (2022).
178 Krempin (2019).
179 Congress of the United States - Office of Technology Assessment (1981).
180 Salzgitter AG (11.03.2016); Gazprom (o. J.).
181 UN Comtrade.

technisch anspruchsvollen Offshore Projekten und über 90 Prozent der Software aus dem Ausland.[182]

Abhängigkeiten von Absatzmärkten

Für Russlands Rohstoffsektor wurde das Exportgeschäft immer wichtiger. Der Anteil der exportierten Fördermenge von Erdöl stieg von 1960 zu 1986 um fast das Doppelte auf 21 Prozent und verharrt seitdem auf diesem Niveau.[183] Auch bei Kohle und Erdgas wurde stetig mehr von der geförderten Menge exportiert: Von 1990 zu 2020 wuchs der Anteil der Exporte an der Fördermenge um mehr als das Dreifache auf über 50 Prozent und bei Erdgas um mehr als das Doppelte auf 38 Prozent.[184] Die Exportstruktur und Zusammensetzung der Abnehmerländer von russischen Brennstoffen wandelten sich jedoch im Laufe der Zeit. Unmittelbar nach dem Zweiten Weltkrieg konzentrierte sich der sowjetische Rohstoffhandel auf die osteuropäischen Länder innerhalb des Rats für Gegenseitige Wirtschaftshilfe (RGW). Beim Handel außerhalb dieser Länder gingen die meisten Exporte nach Finnland, Schweden und Irland, auf die im Jahr 1954 zusammen über 73 Prozent des sowjetischen Gesamtexports in nichtkommunistische Staaten entfielen.[185] Andere Destinationen für russische Brennstoffe waren Länder, mit denen auch vor dem Krieg schon gehandelt wurde, zum Beispiel Italien, Frankreich und Großbritannien. Ab 1973 bezog die DDR und nach den 1972 geschlossenen Ostverträgen auch die Bundesrepublik Deutschland sowjetisches Erdgas.[186]

Insgesamt ging im Jahr 1986 fast ein Fünftel der russischen Exporte in kapitalistische Länder, von denen Deutschland der größte Abnehmer war. Nach dem Zerfall der UdSSR stieg der Handel mit dem nicht-postsowjetischen Raum weiter stetig an. Während im Jahr 1990 nur 37,5 Prozent der Exporte Russlands in Länder außerhalb der Staatengemeinschaft ehemaliger sowjetischer Länder (GUS) gingen, stieg innerhalb von fünf Jahren der Anteil russischer Exporte in nicht ehemalige sowjetische Länder um 44

---

182 Shagina (2020).
183 Gosudarstvennyj komitet SSSR po statistike (1987).
184 Eigene Berechnungen auf Basis von OPEC; bp (2022).
185 Perović (2013).
186 Groot (2020); Museum für Energiegeschichte (16.03.2023).

Prozentpunkte.[187] Zu Beginn der 2000er Jahre importierten vor allem Italien, Deutschland und die Niederlande Kohle, Öl und Gas aus Russland.[188]

Doch wie abhängig ist Russland heute in der Gesamtbetrachtung von seinen Absatzmärkten beim Handel mit Brennstoffen? Eine Analyse der Abhängigkeit der weltweit größten Brennstofflieferanten von ihren Absatzmärkten kann mithilfe eines Konzentrationsmaßes erfolgen, dem sogenannten Herfindahl-Hirschman-Index (HHI).[189] Die Werte dieses Konzentrationsmaßes rangieren zwischen 0 und 1. Ein geringer Indexwert weist in diesem Zusammenhang auf eine Exportstruktur hin, welche gleichmäßig auf alle Länder, mit denen gehandelt wird, aufgeteilt ist. Ein HHI von 1 stellt eine sehr hohe Konzentration auf ein Abnehmerland dar. Der Index wird normiert, damit berücksichtigt wird, dass verschiedene Länder mit unterschiedlich vielen Ländern handeln. Somit ist ein Vergleich der Indexwerte unter den Ländern möglich. Das Konzentrationsmaß kann als Indikator für die Abhängigkeit des Warenhandels von einzelnen Ländern interpretiert werden.[190] Um die Absatzstärke der Europäischen Union als gemeinsamen Binnenmarkt zu berücksichtigen, werden die Mitgliedstaaten der EU als eine Exportdestination gewertet. Die Indexwerte werden im Folgenden absteigend nach dem Exportanteil des jeweiligen Brennstoffs weltweit im Jahr 2021 dargestellt.[191]

---

187 Surubovic und Usakova (1999); Rosstat (2023).

188 Daten von International Trade Centre, Trade Statistics For International Business Development.

189 Die zugrundeliegende Formel für den normierten Herfindahl-Hirschman-Index ist

$$HHI_i = \frac{\left[\sum_{i=1}^{n}\left(\frac{q_i}{\sum q_j}\right)^2\right] - 1/n}{1 - 1/n}$$

Folgender Aspekt bleibt beim HHI unberücksichtigt: Länder, mit denen eine enge politische und wirtschaftliche Partnerschaft besteht, erhalten im Index keine andere Gewichtung als Länder, die politisch und wirtschaftlich instabil sind oder mit denen keine engen politischen Beziehungen besteht.

190 Siehe Fremerey und Gerards Iglesias (2022) für weitere methodische Erläuterungen und Anwendungen.

191 Wagner (23.06.2022); Workman (31.03.2023); bp (2022).

Abbildung 3-6: Konzentration der Kohleexporte auf den jeweiligen Absatzmärkten

Normierter Herfindahl-Hirschman-Index für Kohle, 2021

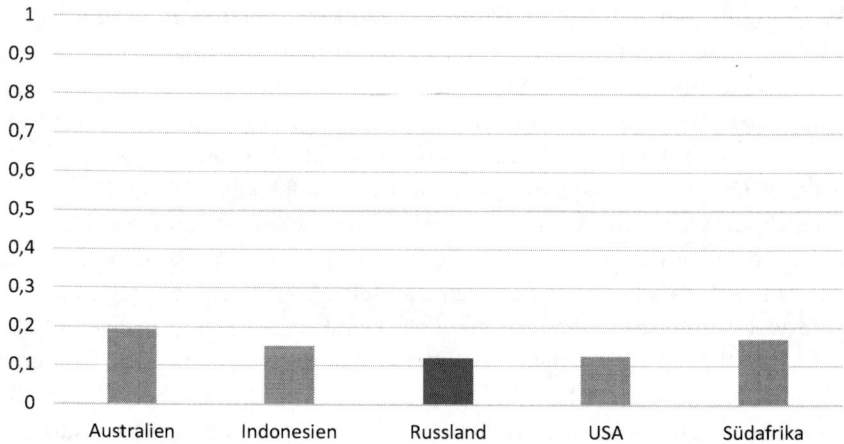

Rohstoffkategorie: HS-Code: 2701 und Auz, Kohlebriketts, Ovoids und ähnliche aus Kohle hergestellte feste Brennstoffe; Koks und Schwelkoks aus Steinkohle, Braunkohle oder Torf, auch agglomerierter Retortenkohle. Die EU wird als ein Absatzmarkt gezählt. Sortierung der Länder nach absteigender Wichtigkeit der jeweiligen Exportnation für den Weltmarkt. Quellen: UN Comtrade, eigene Berechnungen

Abbildung 3-6 zeigt die Konzentrationsmaße der größten Kohleexporteure.[192] Durch die flexiblen Liefermöglichkeiten von Kohle, da es nicht wie Öl oder Gas an Pipelines gebunden ist, fallen die Konzentrationsmaße der weltweit größten Kohleexporteure gering aus. Russland beliefert insgesamt 59 Länder mit Kohle und hat damit doppelt so viele Abnehmerländer wie jeweils die beiden führenden Exportnationen, Indonesien und Australien. Russland exportierte 2021 nur geringfügig mehr Kohle nach China als in die EU (jeweils ca. 22 Prozent aller russischen Kohleexporte). Da Russland somit seine Kohleexporte gleichmäßig auf seine Abnehmer verteilt, hat es unter den fünf größten Kohleexporteuren den geringsten Indexwert.

---

192 Franke et al. (2022).

Abbildung 3-7: *Konzentration der Erdölexporte auf den jeweiligen*
Absatzmärkten

Normierter Herfindahl-Hirschman-Index für Erdöl, 2021

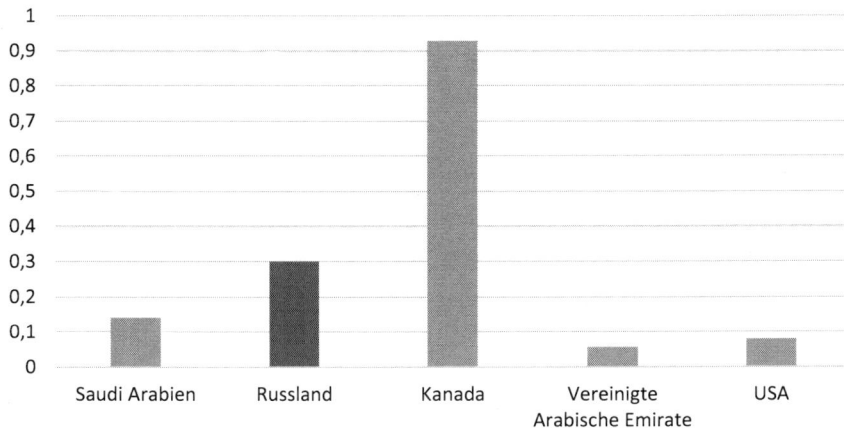

Rohstoffkategorie: HS Code: 271020 und 271019, 2709: Erdöl und Öl aus bituminösen Mineralien, ohne Gehalt an Biodiesel, nicht roh, nicht zubereitete Altöle, a.n.g., mit einem Gehalt an Erdöl oder Öl aus bituminösen Mineralien von 70 GHT oder mehr, nicht leichte Öle und Zubereitungen; Erdöle und Öle aus bituminösen Mineralien, die Biodiesel enthalten, nicht roh, nicht Altöl; Erdöl und Öl aus bituminösen Mineralien, roh; keine Daten für Irak verfügbar; Die EU wird als ein Absatzmarkt gezählt. Sortierung der Länder nach absteigender Wichtigkeit der jeweiligen Exportnation für den Weltmarkt. Quellen: UN Comtrade, Workman (n.d.), eigene Berechnungen

Die höchste Konzentration beim Erdölhandel hat die Exportnation Kanada aufgrund des hohen Ausfuhranteils mit 96 Prozent in die USA (Abbildung 3-7). Im Vergleich dazu hat Russland, das nach Saudi-Arabien weltweit der zweitgrößte Erdölexporteur ist, einen recht geringen Indexwert und damit eine schwache Konzentration auf einzelne Absatzmärkte. Da Russland viele Handelspartner im Erdölgeschäft hat – Russlands Ölgeschäft fußte im Jahr 2021 auf 127 Handelspartnern – fällt die Abhängigkeit von einzelnen Absatzmärkten in der Gesamtbetrachtung moderat aus. Schaut man sich allerdings die Abnehmerstruktur genauer an, wird deutlich, dass die EU mit der Hälfte der Gesamtexporte von russischem Öl der größte Abnehmer ist, gefolgt von China mit 22 Prozent. So war Russland im Jahr 2021 zwar abhängig von der EU als Absatzmarkt, was sich aufgrund der Sanktionen als Problem für die russische Erdölindustrie erweisen könnte, insgesamt ist Russland aber in seiner Exportstruktur bei Erdöl recht breit aufgestellt. Hinzu kommt, dass bei Erdöl im Vergleich zu Erdgas aufgrund des einfacheren Transports mit Tankern leichter alternative Abnehmer gefunden werden können und Russland schon vor dem Krieg in der Ukraine einen Großteil seiner Erdölgeschäfte mit China abschloss. Diese Tendenz weitete sich nach Februar 2022 weiter aus, sodass Russland Chinas größter Öl-Lieferant wurde und die Importe von russischem Öl nach China im Jahr 2022 verglichen mit dem Vorjahr um fast 50 Prozent stiegen. Auch Indien wurde im Jahr 2022 zu einem der Hauptabnehmer russischen Öls, während es zuvor kaum Erdöl aus Russland importierte (Exporte nach Indien machten 2021 nur ein Prozent der gesamten russischen Erdöl-Exporte aus). Doch die Einnahmen Russlands aus dem Erdölgeschäft werden durch Rabatte, die es seinen verbliebenen Abnehmern gewährt, und durch den im Rahmen des Sanktionsregimes beschlossenen Ölpreisdeckel geschmälert (Kapitel 4).

Abbildung 3-8: Konzentration der Erdgasexporte auf den jeweiligen Absatzmärkten

Normierter Herfindahl-Hirschman-Index für Erdgas, 2021

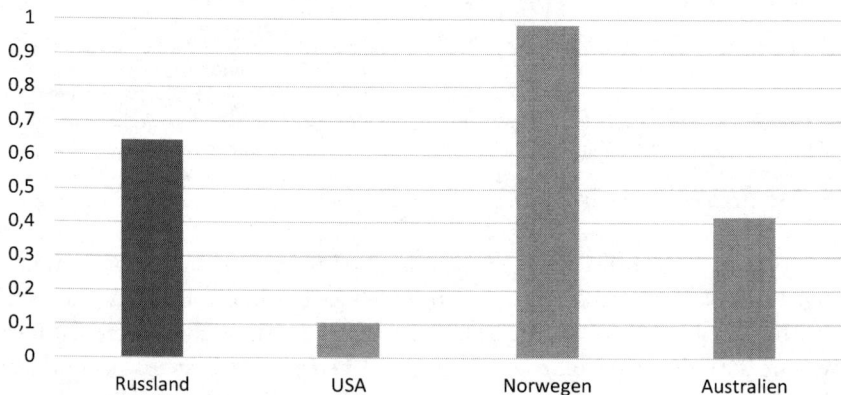

Rohstoffkategorie: HS Code: 271121 und 271111, Erdgas in gasförmigem Zustand und Erdgas, verflüssigt; Berechnung auf Basis von Handelswerten; keine Daten für Katar verfügbar. Die EU wird als ein Absatzmarkt gezählt. Sortierung der Länder nach absteigender Wichtigkeit der jeweiligen Exportnation für den Weltmarkt. Quellen: UN Comtrade, BP (2022), eigene Berechnungen

Abbildung 3-8 zeigt die Konzentrationsmaße der weltweit größten Exporteure von Erdgas. Die Exporte beinhalten flüssiges Erdgas (sogenanntes LNG) sowie gasförmiges Erdgas. Nur Norwegen hat eine höhere Konzentration auf einzelne Abnehmer als Russland, das im Jahr 2021 weltweit das meiste Erdgas exportierte. Aufgrund der Größe und Nähe der EU als Absatzmarkt, hat Norwegen de facto nur zwei Exportziele, die EU und das Vereinigte Königreich, was das hohe Konzentrationsmaß erklärt. Im Vergleich zu Kohle und auch Erdöl verzeichnet Russland bei Erdgas die größte Abhängigkeit von einzelnen Absatzmärkten. Die Konzentration auf einzelne Erdgas-Abnehmer ist in Russland mehr als sechsmal so hoch wie in den USA, die als weltweit größter Exporteur von Flüssiggas im Jahr 2021 mehr als doppelt so viele Absatzmärkte wie Russland bedienen konnten. Russland beliefert – größtenteils durch Pipelines – 12 Exportdestinationen mit Erdgas, wobei im Jahr 2021 über drei Viertel aller russischen Erdgas-Exporte in die EU gingen. Diesen Hauptabnehmer wird Russland nun aufgrund der Sanktionen verlieren. Auch wenn Russland mit dem Bau von *Nordstream 2* seine eigene Abhängigkeit selbst weiter in Richtung EU vorantrieb, versuchte das Land gleichzeitig seine Abnehmerstruktur Richtung China auszubauen. Dadurch, dass bislang hauptsächlich russisches Gas über Pipelines exportiert wurde, benötigt eine solche Transformation jedoch Zeit. Die Gas-Pipeline *Kraft Sibiriens*, die Russland mit China verbindet, wurde zwar im Jahr 2019 in Betrieb genommen, liefert derzeit aber nur ca. 16,5 Mrd. Kubikmeter von den möglichen 38 Mrd. Kubikmeter Gas nach China.[193] Für die Pipeline nach China wurde das Gasfeld Kovykta in Betrieb genommen. Russlands größtes Gasfeld liegt aber auf der Jamal-Halbinsel. Daher wird derzeit *Kraft Sibiriens 2* mit einer weiteren Kapazität von 50 Mrd. Kubikmeter Erdgas geplant.[194] Das entspricht etwa dem Lieferumfang von Nordstream 2 (55 Mrd. Kubikmeter). Über beide Pipelines könnten zwar so bis zu 46 Prozent der im Jahr 2021 exporteren Gesamtmenge an Gas von Russland nach China transportiert werden, der Baustart der zweiten Pipeline ist aber erst für 2024 geplant.

Der verwundbare Rohstoffgigant

Mineralische Brennstoffe sind die wichtigsten Exportgüter für Russland (Abbildung 3-9). Durch die Steuern für Erdöl und Erdgas auf den Exportpreis und die zusätzliche Steuer auf die Produktion schöpft der Staat erhebliche Gewinne aus den Energieexporten ab. Mit über 42 Prozent der staatlichen Gesamteinnahmen ist das Öl- und Gasgeschäft eine der Haupteinnahmequellen des russischen Staates.[195] Das Öl- und Gasgeschäft

---

193 Aizhu (14.06.2023).
194 Zeit Online (16.09.2022).
195 Perović (2022).

ist sogar so wichtig, dass diese Einnahmequelle eine eigene Kategorie im Staatshaushalt innehat.[196]

Abbildung 3-9: Exportgüter Russlands

Anteile an Gesamtexporten, in Prozent, 2021

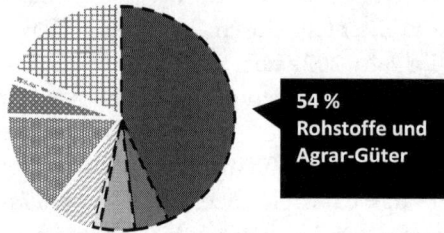

54 %
Rohstoffe und
Agrar-Güter

◪ Mineralische Brennstoffe, Schmiermittel und verwandte Materialien

◪ Rohmaterialien, ausgenommen Brennstoffe

◖ Lebensmittel und lebende Tiere

◗ Tierische und pflanzliche Öle, Fette und Wachse

▨ Chemische Erzeugnisse, a.n.g.

▨ Bearbeitete Waren

▧ Maschinenbauerzeugnisse und Fahrzeuge

▨ Verschiedene Fertigwaren

⸱⸱ Getränke und Tabakwaren

✦ Waren und Warenverkehrsvorgänge, anderweitig

Quellen: UN Comtrade, eigene Berechnungen nach SITC-Klassifikation

Zusammen mit Brennstoffen machen Exporte von Rohstoffen und Argar-Gütern (Lebensmittel, Tiere, Tierische/ pflanzliche Öle, Fette und Wachse) 54 Prozent der gesamten russischen Exporte aus (Abbildung 3-9). So ist Russland nicht nur seit Jahrzehnten der weltweit größte Palladiumproduzent (42 Prozent der weltweiten Palladium-Produktion findet in Russland statt), sondern auch Exportweltmeister dieses Rohstoffes mit fast 20 Prozent der weltweiten Gesamtexporte (Abbildung 3-10). Palladium wird zum Beispiel beim Bau von Autokatalysatoren verwendet. Durch die Verwendung des Rohstoffs in der chemischen Industrie und der Elektrotechnik ist Palladium für Zukunftstechnologien äußerst relevant.[197] Nickel wird

---

196 Fremerey und Gerards Iglesias (2023).
197 Bähr et al. (2022).

ebenfalls in Zukunft an Bedeutung gewinnen, denn das Metall ist bei der Herstellung für die in der Elektromobilität benötigten Batterien unerlässlich.[198] In den vergangenen zehn Jahren lag der Weltmarktanteil von Russland bei Nickel-Exporten immer über 10 Prozent, damit konnte sich Russland stets einen Platz unter den drei bestplatzierten Nickel-Exportnationen sichern.[199] Bei Chrom belegt Russland den vierten Platz unter den weltweiten Exportnationen mit einem Anteil von 6 Prozent der weltweiten Exporte. Deutschland ist bei Nickel, Palladium und Chrom sehr abhängig von Russland und sucht daher nach alternativen Lieferanten.[200]

Metalle der Gruppe Seltene Erden sind unerlässlich für zahlreiche Hoch- und Energiespartechnologien und damit zentrale Rohstoffe für die Umsetzung der grünen und digitalen Transformation. Auch hier hat Russland Optionen: Russland besitzt eine der größten Reserven an Seltenen Erden.[201] Bisher hat Russland dieses Potenzial jedoch nicht genutzt und ist bei der Gewinnung dieser Bodenschätze eines der Schlusslichter. Obwohl das russische Ministerium für Industrie und Handel bereits 2014 eine Strategie zum Abbau Seltener Erden ausrief, mit dem Ziel, diese Metalle bis 2020 zu exportieren, erfasst die russische Minenproduktion von Seltenen Erden im Jahr 2022 nicht einmal ein Prozent der weltweiten Produktion.[202]

---

198 Al Barazi et al. (2021); Vereinigung der Bayerischen Wirtschaft e.V. (2021).
199 International Trade Centre.
200 Bähr et al. (2022).
201 U.S. Geological Survey (2023).
202 U.S. Geological Survey (2023); Umann (11.05.2014).

Abbildung 3-10: Bedeutung russischer Rohstoffe für den deutschen und weltweiten Markt

In Prozent, 2019

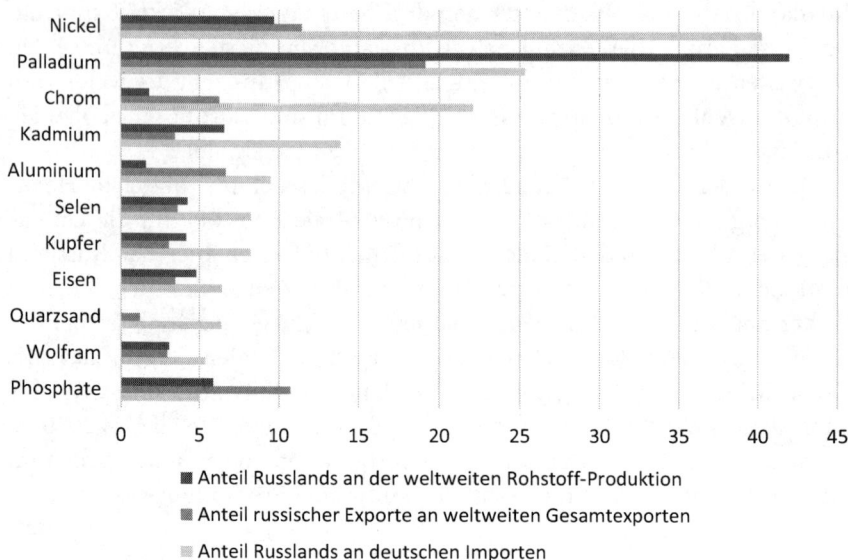

Quelle: Bähr et al. (2022)

Dagegen ist Russland ein wichtiger Lieferant von Aluminium, Uran, Gold und Diamanten.[203] Bei Phosphat erreicht Russland die dritthöchste Produktion weltweit, kann damit über 10 Prozent des Weltmarktes bedienen und sichert sich somit Rang vier unter den Phosphat-Exporteuren.[204] So kommt Russland eine wichtige Funktion auf den Exportmärkten für Düngemittel zu, denn es belegt bei Kali und Stickstoff die ersten drei Plätze bei der weltweiten Produktion.[205] Auch bei Holz ist Russland einer der führenden Rohstoffexporteure und mit 10 Prozent am internationalen Handelsgeschäft im Jahr 2021 hinter Kanada der zweitgrößte Holzexporteur.[206]

---

203 Bähr et al. (2022); World Nuclear Association (2022); U.S. Geological Survey (2023).
204 Bähr et al. (2022); U.S. Geological Survey (2023).
205 The Economist (2022).
206 Wagner (15.06.2022).

Die hohe Düngemittelproduktion und die großen agrarisch nutzbaren Flächen ermöglichen es Russland, einer der größten Getreide-Exporteure zu sein. Die Spannungen auf den Weltmärkten für Weizen und Düngemittel infolge des Ukraine-Krieges im Frühjahr und Sommer 2022 zeigen Russlands strategische Bedeutung im Welthandel bei der Versorgung mit diesen Gütern. Die Weltmarktpreise für Weizen und Düngemittel stiegen zwischen Jahresbeginn und Juni 2022 um 39 bzw. 30 Prozent.[207] Seit 2016 steht Russland an der Spitze des Weltmarktes für Weizen und belegt mit 39 Mio. exportieren Tonnen im Jahre 2021 den ersten Platz. Zusammen mit der Ukraine (17 Mio. Tonnen Weizen-Export) weist Russland einen Anteil von 28 Prozent des Welthandels auf.[208] Für fast 50 Länder haben beide eine unentbehrliche Rolle bei der Lieferung von Weizen und anderen Getreidearten inne. Gemessen am Gesamtexportwert hat Weizen aber nur einen äußerst geringen Anteil von unter 2 Prozent an allen Exportgütern Russlands.

Wenn auch in einem viel geringeren Ausmaß als beim Öl- und Gasgeschäft, partizipiert der russische Staat vom Rohstoffreichtum durch starke Kontrollen bei der Rohstoffförderung und dem Handel, denn bei Edelmetallen und Erzen ist jeweils nur ein Unternehmen – häufig der staatseigene Konzern oder die Aktiengesellschaft mit staatlichem Mehrheitsanteil – zum Export autorisiert. So ist der russische Staat nicht nur Mehrheitseigentümer bei dem Gas-Monopolisten Gazprom und Hauptaktionär bei einem der bedeutendsten Diamantenproduzenten der Welt, Alrosa, sondern unterhält auch Raffinerien, wie zum Beispiel bei Palladium.[209]

Die Befunde in diesem Kapitel zeigen, dass sich Russland vor allem in den letzten Jahrzehnten zu einer führenden Exportnation von Rohstoffen etabliert hat. Russland beliefert die Welt nicht nur mit fossilen Brennstoffen, sondern auch mit anderen wichtigen Bodenschätzen. Dies lässt Russland als starke Rohstoffmacht im Welthandel erscheinen. Zugleich leidet aber Russland durch den Fokus auf den Rohstoffhandel nicht nur binnenwirtschaftlich an den Symptomen der Holländischen Krankheit (Kapitel 3.1), sondern zeigt außenwirtschaftlich deutlich eine Abhängigkeitsstruktur. Denn die Rohstoffindustrie benötigt Importgüter und ist von bestimmten Absatzmärkten abhängig. Diese Abhängigkeit hängt bei Erdgas vor allem an der starren Lieferstruktur. Das russische Geschäftsmodell des Gas-Ex-

---

207 Weltbank.
208 Observatory of Economic Complexity.
209 Gazprombank (2022); Kraus (27.10.2022).

ports basiert bisher auf Pipelines, denn bei Flüssiggas (LNG) ist der russische Exportanteil am Weltmarkt mit 4 Prozent verglichen mit dem Vorreiter, USA, die 45 Prozent des Weltmarktes bedienen, sehr gering.[210] Durch seinen Preisvorteil bei der Aufbereitung und dem Transport beim Gas aus Pipelines, welches dadurch deutlich günstiger als LNG ist, konnte sich Russland Europa als Absatzmarkt sichern. Dieser Abnehmer fällt durch die Sanktionen und Embargos jetzt jedoch weg (siehe Kapitel 4). Die Umorientierung in Richtung China wurde zwar in den Blick genommen, benötigt aber weiterhin viel Zeit und vor allem Investitionen, welche in der derzeitigen russischen Kriegswirtschaft schwer zu realisieren sind.

Aufgrund der Konzentration der russischen Wirtschaft auf einzelne fossile Brennstoffe verschlief das Land zudem mehrmals die technologische Transformation. Russland setzte viel länger auf die günstigeren, aber klimaschädlicheren Brennstoffe, wie Kohle. Daher war Russland beim Erdöl- und später Erdgasgeschäft immer ein Nachzügler verglichen mit den USA, was sich im Energiemix des Landes zeigt. Und auch aktuell legt Russland innenpolitisch keinen Fokus auf die grüne Transformation: 2021 machen fossile Brennstoffe 87 Prozent der russischen Energiequellen aus, während Erneuerbare Energien, wie Solar und Wasserkraft nicht über 6,4 Prozent im Energiemix hinauskommen.[211] In den entwickelten Volkswirtschaften wird die zukünftige Nachfrage nach fossilen Brennstoffen aufgrund des Umstiegs auf erneuerbare Energien zurückgehen. Dies wird die Zusammensetzung und die Struktur der Absatzmärkte, die Russland bedient, verändern. Der weltweite Bedarf an Kohle wird bis 2050 sinken. Auch wenn die weltweite Nachfrage nach Erdöl und Erdgas bis 2050 schätzungsweise weiterhin konstant bleiben wird, wird diese Nachfrage hauptsächlich aus Schwellen- und Entwicklungsländern kommen.[212] Die Auswirkungen des Krieges in der Ukraine mit den Energiesanktionen und Energieembargos und der dadurch vermehrten Abnahme russischer Brennstoffe Indiens und Chinas beschleunigen diese Verschiebung innerhalb der Abnehmerstruktur Russlands. Inwieweit diese Länder die von Russland benötigten technologischen Importe, auch für die Rohstoffindustrie, ersetzen werden, ist fraglich.

Alles in allem gilt: Russland erscheint als verwundbarer Brenn- und Rohstofflieferant der Welt, denn das Land benötigt Importe technischer Güter und sichere Absatzmärkte. Um dies zu gewährleisten, sind stabile

---

210 Bp (2022).
211 Ritchie, Roser und Rosado (2022).
212 International Energy Agency (2022); OPEC (2022).

politische und wirtschaftliche Partnerschaften unerlässlich. Dass Russland den Kurs stabiler politischer und wirtschaftlicher Bündnisse nicht immer verfolgte, wird nicht erst seit dem Angriffskrieg auf die Ukraine und der sich damit manifestierenden multipolaren Weltordnung deutlich, sondern zeigte sich bereits in dem ungenutzten Potenzial der russischen außenpolitischen und wirtschaftlichen Zusammenarbeit mit der Europäischen Union und seinen Nachbarländern. Hier spielte Russland immer wieder seine politischen und wirtschaftlichen Machtverhältnisse aus, auch im Hinblick auf Rohstofflieferungen.

3.3 Ungenutzte Optionen: Zusammenarbeit mit der EU und Nachbarstaaten

„У России есть только два союзника – её армия и флот“,
„Russland hat nur zwei Verbündete – die Armee und die Marine.“[213]

Russland unternahm immer wieder den Versuch, über seine Macht bei Rohstoffen politisch an Geltung zu erlangen. Die Mängel des sozialistischen Systems und der Niedergang der sowjetischen Wirtschaft schwächten jedoch das außenpolitische Potenzial des Landes. So wurden Optionen der Zusammenarbeit kaum ausgeschöpft, was sich beim Staatenbund der RGW, der GUS oder an der Eurasische Wirtschaftsunion zeigt und sich in den Beziehungen zwischen der Russischen Föderation und der Europäischen Union widerspiegelt. Russland hat nie in der Breite und Tiefe binnenwirtschaftliche Entwicklungen geschafft. Genauso verhielt es sich außenwirtschaftlich; das Land nutzte zwar die Optionen seines Ressourcenreichtums, verharrte dabei aber in einer Monostruktur.

Die Ausbeutung von Menschen und Natur hat in Russland eine lange, imperialistisch geprägte Tradition. Der Anspruch eines schonenden, effizienten Umgangs mit seinen Ressourcen war scheinbar nie notwendig und wurde nie gelernt. Die Versuche der Politik, durch Marktintegration und Partizipation inklusive Institutionen zu ermöglichen sind bestenfalls halbherzig gewesen und haben stets den langen Atem vermissen lassen, der erforderlich ist, um aus etablierten historischen Pfaden auszubrechen. Besonders deutlich wird dies an den Bemühungen, die starren hierarchischen Strukturen wirtschaftlicher Kooperation in der GUS aufrechtzuerhalten, und an den Widerständen, sich auf wettbewerbliche Bedingungen im volkswirtschaftlichen Miteinander – etwa über gemeinsame Märkte – einzulassen.

---

213 Inschrift des Denkmals für Alexander III. in Liwadija/Krim, errichtet 2017.

RGW, GUS, EAWU: Russlands Vormacht ohne Erfolg

Russlands Anspruch auf Vormachtstellung lässt sich in vielen seiner wirtschaftlichen Bündnisse mit seinen Nachbarländern feststellen. Der Rat für gegenseitige Wirtschaftshilfe (RGW) war eine erste Institutionalisierung der politischen Vorherrschaft Moskaus bei den sozialistischen Staaten nach dem Zweiten Weltkrieg. Das Bündnis, zu dem neben der UdSSR zunächst Polen, Rumänien, Bulgarien, Ungarn und Tschechoslowakei und später Albanien (dessen Mitgliedschaft ab 1961 ruhte), die DDR und weitere Staaten wie die Mongolei, Kuba und Vietnam gehörten, wurde 1949 als Art kommunistischer Gegenentwurf zum US-amerikanischen Marshallplan etabliert. Hauptziel des RGW bestand in der Koordination der nationalen, in der Regel fünfjährigen, Produktionsplanung für langfristige Handelsabkommen, die meist bilateral zwischen den RGW-Ländern ausgehandelt wurden. Zunächst scheint der RGW für die Sowjetunion vielversprechend gewesen zu sein: Der sowjetische Handel mit den RGW-Staaten verdreifachte sich von 1946 bis 1950 und machte fast 60 Prozent des gesamten sowjetischen Handels aus.[214] Die Sowjetunion nutzte die Abhängigkeit der osteuropäischen RGW-Staaten vom sowjetischen Rohstoffreichtum in der Anfangszeit des RGW taktisch aus, denn sie verkaufte Erdöl an die RGW-Staaten schätzungsweise zwei Drittel unterhalb des Weltmarktpreises. Somit band sie ihre sozialistischen Partnerstaaten – treffender Vasallenstaaten – geschickt an sich und verhinderte die Einmischung westlicher Unternehmen im osteuropäischen Absatzmarkt.[215]

Die Erdöl-Deals sollten zu einer Disziplinierung und Vormachtstellung der UdSSR innerhalb des Bündnisses führen.[216] Es ging sogar soweit, dass die Sowjetunion ihre Rohstofflieferungen an die Bedingung knüpfte, dass sich die Interessenten aus den RGW-Staaten an den Investitionen in der sowjetischen Förderindustrie beteiligen sollten.[217] Die symbolträchtigen Namen der Pipelinesysteme zwischen der Sowjetunion und den RGW-Staaten wie Freundschaft, Union, Brüderschaft und Fortschritt untermauern die engen Rohstoffbeziehungen, konterkarieren aber das wahre Bild der Beziehungen, die äußerst ungleich waren. Der komplette Erdölverbrauch in Bulgarien im Jahr 1982/83 fußte auf Lieferungen aus der Sowjetunion. Ungarn dagegen war mit

---

214 Perović (2022).
215 Perović (2022); Krempin (2019).
216 Danos (1988).
217 Ahrens (2000).

72 Prozent sogar das Land mit den geringsten Brennstoff-Importen aus der Sowjetunion.[218] Schon damals war für die Sowjetunion klar: Rohstoffabhängigkeiten schaffen politische Abhängigkeiten.

Seit den 1970er Jahren spielte der westliche Absatzmarkt eine immer größere Rolle für die Sowjetunion. Dies erhöhte die Opportunitätskosten für die Lieferung der Brennstoffe in die RGW-Staaten, denn die Brennstoff-Exportmengen waren durch die langfristigen Lieferverpflichtungen innerhalb des RGW zu viel geringeren Preisen fest gebunden. Die RGW-Staaten konnten mit ihren Exporten im Austausch für die Rohstoffe die Nachfrage der Sowjetunion nicht ausreichend bedienen und keine Devisen im Austausch zahlen. Das sozialistische sowjetische System hatte sein eigenes Grab geschaufelt: Während in kapitalistischen Marktwirtschaften der Preis über das Angebot und die Nachfrage bestimmt wird, benötigte es im RGW eine Verständigung über einheitliche Kriterien zur Preisbildung. Man einigte sich auf festgeschriebene Preise mit loser Orientierung am Weltmarktpreis für eine gewisse Zeitperiode (von meist fünf Jahren), wollte sich aber vom Weltmarkt abschotten, um eine höhere Planungshoheit für die nationalen Produktionspläne zu gewährleisten.[219] Der damit fehlende Wettbewerb sowie der Mangel an Innovation und Effizienz waren die negativen Begleiterscheinungen dieses Systems.

Obwohl die Sowjetunion Preiserhöhungen innerhalb der RGW-Abkommen vermehrt durchsetzen konnte (und damit die Terms of Trade der osteuropäischen RGW-Staaten mit der Sowjetunion weiter verschlechterte) forderte sie die RGW-Staaten dazu auf, sich nach anderen Rohstofflieferanten umzusehen.[220] Die Sowjetunion wollte als zuverlässiger Brennstofflieferant für den Westen gelten, nicht nur weil dort die Brennstoffe auf dem Weltmarkt zu höheren Preisen verkauft werden konnten, sondern auch weil damit Deviseneinnahmen und technische sowie qualitativ hochwertige Importe aus dem Westen zu realisieren waren. Die Bestrebungen des Kremls, ein zuverlässiger Brennstofflieferant für den Westen zu sein, gingen sogar so weit, bei Lieferschwierigkeiten der ukrainischen Teilrepublik die Erdgas-Exporte zu streichen, sodass dort im kalten Winter 1973/74 die Heizungen ausblieben.[221]

---

218 Danos (1988).
219 Ahrens (2000).
220 Danos (1988).
221 Perović (2022).

Im RGW sowie gegenüber kleineren europäischen Ländern und Entwicklungsländern wurde Öl und Gas zunehmend als politisches Druckmittel eingesetzt. Finnland bezog im Jahr 1950 bis zu 90 Prozent seines Erdöls aus der Sowjetunion sowie anderen sozialistischen Ländern und war daher eines der europäischen Länder, auf die der Kreml politisch Druck ausüben konnte. So drosselte Moskau seine Öllieferungen nach Finnland im Jahr 1958, als das Land sich dem Westen annähern wollte, verhängte aber auch Erdölembargos gegen Jugoslawien im Jahr 1948 oder gegen Israel im Jahr 1956 im Zuge von politischen Spannungen und Konflikten.[222] Gleichzeitig belieferte die Sowjetunion die RGW-Länder Mongolei und Vietnam sowie weitere Entwicklungsländer mit günstigen Brennstoffen, um in diesen Regionen ihren Einfluss gegenüber dem kapitalistischen System zu behaupten. Inwieweit politische oder ökonomische Motive für die sowjetischen Lieferungen von Rohstoffen in bestimmte Länder überwogen, kann von Region zu Region unterschiedlich gewesen sein und ist in der Literatur umstritten.[223] Man darf die Strategiefähigkeit diktatorischer Regime jedoch nicht unterschätzen, zumal in diesen Korruptionsbeziehungen wichtige Instrumente der politischen Steuerung für den Machterhalt der Führungselite waren.

Die Fokussierung des RGW auf bilaterale Handelsbeziehungen ohne wirtschaftliche Integration – anders als bei der Europäischen Wirtschaftsgemeinschaft – gepaart mit dem sozialistischen System und das Bestreben der Sowjetunion, zunächst seine hegemoniale Rohstoffmacht auszuspielen und dann anderweitig Absatzmärkte zu bedienen, besiegelten das Ende des RGW. Bei der Tagung des RGW im Jahr 1991 wurde beschlossen, den gegenseitigen Handel auf konvertible Währungen zu aktuellen Marktpreisen umzustellen (während zuvor der Handel innerhalb des RGW über die nicht frei konvertierbare Verrechnungswährung, dem Transferrubel, abgerechnet wurde).[224] Mit dem Zerfall der Sowjetunion kam es zur endgültigen Umorientierung der russischen Außen- und Handelspolitik: Während für die Sowjetunion im Rahmen der RGW die osteuropäischen Länder im Fokus standen, versuchte Russland mit der Gemeinschaft Unabhängiger Staaten (GUS) ein Bündnis mit Staaten aus dem postsowjetischen Raum aufrecht zu erhalten. Dass nicht alle sowjetischen Staaten Teil der GUS wurden, war der Orientierung der osteuropäischen Staaten gen Westen und hin zur EU

---

222 Perović (2013).
223 Glässer (2019).
224 Ahrens (2000).

geschuldet, getragen von dem Willen der unbedingten Loslösung von der Sowjetunion als Hegemonialmacht.[225]

Abbildung 3-11: Leistungsbilanzsaldo (ehemaliger) GUS mit Russland

In Mio. US-Dollar

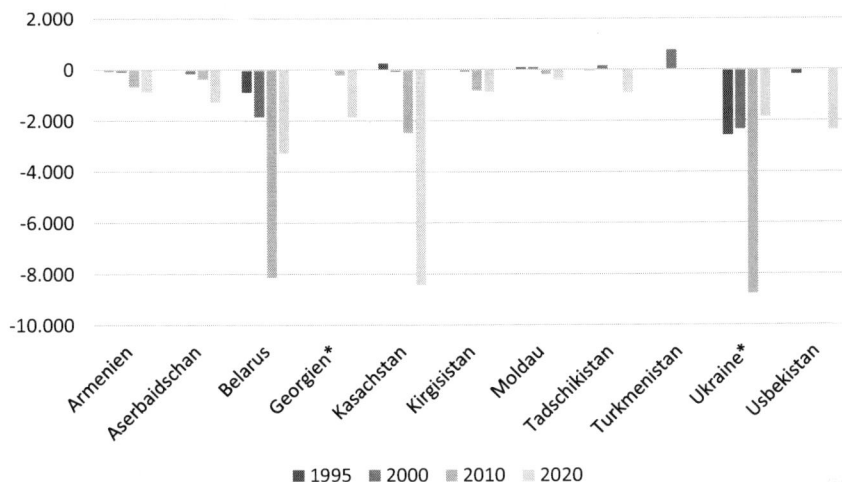

* Georgien und Ukraine sind seit 2009 bzw. 2018 nicht mehr Mitglied der GUS. Anmerkung: Fehlende Werte bei Tadschikistan (2010), Turkmenistan (2010, 2020), Usbekistan (2020, 2010). Quellen: Surubovic und Usakova (1999); UN Comtrade, eigene Berechnung

Innerhalb des Zusammenschlusses der GUS war Russland immer das wirtschaftliche und politische Schwergewicht, wobei sich nur wenige Länder innerhalb der GUS politisch und wirtschaftlich emanzipieren konnten und andere Staaten sich stärker an Russland banden. Dieser Trend zeigt sich in den Handelsdaten: Nach dem Umbruch 1991 musste die Außenpolitik neu ausgerichtet und die Wirtschaftsbeziehungen umgestaltet werden, daher brach die Produktion in den Staaten zunächst ein und der Handel zwischen den (ehemaligen) GUS und Russland schrumpfte von 1991 bis 1997 auf ein Fünftel.[226] Der Handel Russlands mit Belarus, der Ukraine und Kasachstan brach jedoch weniger ein als der russische Handel mit Aserbaidschan, Georgien und Armenien, bei diesen Ländern reduzierte sich der Handel

---

225 Schattenberg (2022).
226 Surubovic und Usakova (1999).

mit Russland um das 20-fache im Zeitraum 1991 bis 1997.[227] Im Zeitverlauf
überstiegen die Importe der GUS aus Russland immer mehr die Exporte
der Länder nach Russland, so erhöhte sich beispielsweise das ukrainische
Leistungsbilanzdefizit mit Russland von 1994 zu 1997 um fast das Doppelte
auf 4,2 Mrd. US-Dollar und steigerte sich bis 2010 weiter auf 8,7 Mrd. US-
Dollar (Abbildung 3-11). Nach aktuell verfügbaren Daten haben im Jahr
2020 alle (ehemaligen) GUS ein Leistungsbilanzdefizit mit Russland zu verzeichnen, meist mit steigender Tendenz.

Abbildung 3-12: Exporte Russlands in (ehemalige) GUS

Anteile an russischen Gesamtexporten, in Prozent

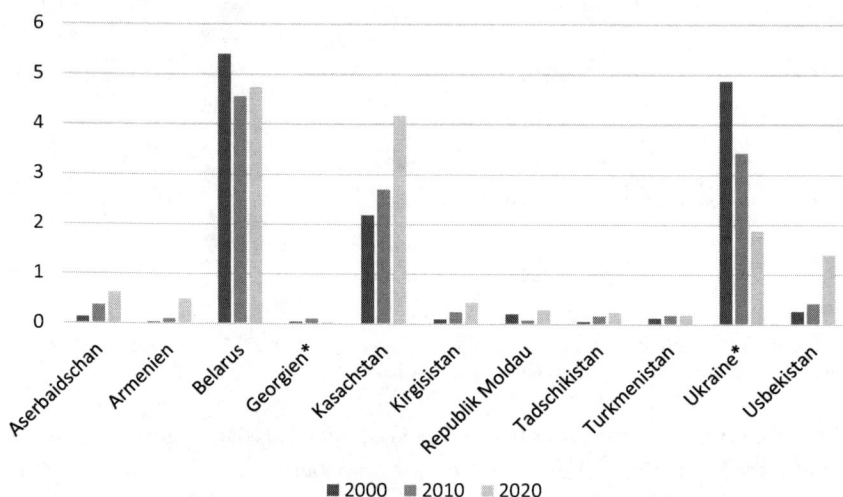

■ 2000   ■ 2010   ■ 2020

* Georgien und Ukraine sind seit 2009 bzw. 2018 nicht mehr Mitglied der GUS. Quelle: UN
Comtrade

Gleichzeitig war Russland aufgrund seiner Rohstoffgeschäfte das Land innerhalb der GUS, das die höchste Exportquote mit Staaten außerhalb der
GUS verzeichnete. Im Jahr 1995 gingen 82 Prozent der russischen Gesamtexporte in Länder außerhalb der GUS und nur 18 Prozent in die GUS.[228] Im
Jahr 2000 reduzierte sich der Anteil der GUS an den russischen Exporten
auf 13 Prozent.[229] Durch den Austritt der Ukraine und Georgiens aus der

---

227 Surubovic und Usakova (1999).
228 Surubovic und Usakova (1999).
229 UN Comtrade Database.

GUS aufgrund der kriegerischen Angriffe Russlands auf seine Nachbarstaaten wurde die GUS zunehmend unwichtiger für Russlands Exportgeschäft. Den höchsten Anteil an russischen Exporten verzeichneten im Jahr 2020 Belarus und Kasachstan mit jeweils 4 bis 5 Prozent an den russischen Gesamtexporten (Abbildung 3-12). Bei den Importen hatten die GUS früher einen beträchtlichen Anteil, denn im Jahr 2000 importierte Russland 34 Prozent seiner Waren aus GUS-Ländern (inklusive Ukraine und Belarus). Im Jahr 2020 – auch aufgrund des Wegfalls der Ukraine und Georgiens – sind es lediglich noch 9 Prozent und Belarus ist das einzige Land der GUS, das unter den fünf wichtigsten Importländern Russlands rangiert.[230] So schwand die wirtschaftliche Bedeutung der GUS für Russland deutlich.

Abbildung 3-13: Politische Bündnisse der Sowjetunion und Russlands

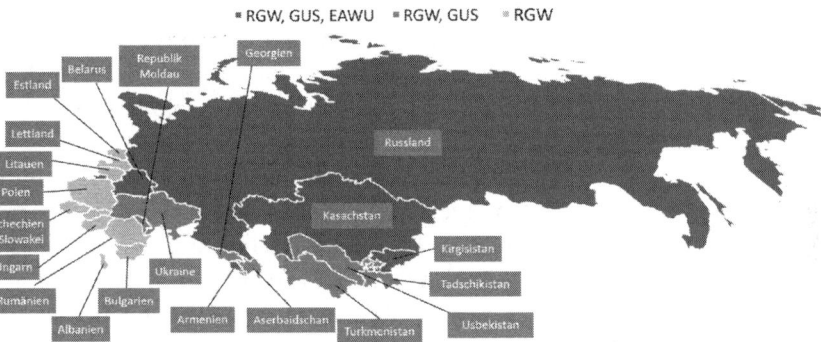

Anmerkungen: Grenzen entsprechen dem heutigen Stand der Länder. Ehemalige Tschechoslowakei auf dem Gebiet der heutigen Staaten Tschechien, Slowakei und Ukraine. DDR (Teil des RGW) nicht in der Grafik enthalten. Quelle: eigene Darstellung

Wie im RGW versuchte Russland seine wirtschaftliche Macht in der GUS politisch zu festigen und entsprechende Integrationsschritte durchzusetzen. Die Austritte des GUS-Gründungsmitglieds Ukraine im Jahr 2018 und von Georgien im Jahr 2008 schwächten das Bündnis nicht nur wirtschaftlich, sondern auch politisch. Durch den schrittweisen Bedeutungsverlust hat die GUS heute nur noch Symbolcharakter. Den Plan einer Freihandelszone und Zollunion konnte man nicht mit allen GUS durchsetzen. Für die Umsetzung solch eines Vorhabens blieben Russland nur die Partner Kasachstan, Kirgisistan, Armenien und Belarus übrig. Wie Abbildung 3-13

---

230 UN Comtrade Database.

zeigt, nahm die Anzahl der Mitglieder in den Bündnissen von Russlands Nachbarländern im Zeitverlauf ab. Während die Sowjetunion im RGW noch über weitreichende, wenn auch bilaterale, Partnerschaften mit vielen Staaten verfügte, war die Anzahl der Länder, die im Rahmen der GUS verbunden waren, dezimierter und beinhaltet in der Eurasischen Wirtschaftsunion derzeit nur noch vier Partner Russlands.

Unter Präsident Boris Jelzin vertrat die russische Regierung die Ansicht, die anderen postsowjetischen Staaten würden ohne Russland scheitern und dann Russland als Partner wieder suchen. Dies war ein naiver Blick, der in Moskau schon seit der der Zeit Breschnews bestand, der ebenfalls die nationale Frage in der Sowjetunion ignoriert hatte und kein Gefühl für das Entfremden der Teilrepubliken mit Moskau hatte.[231] Gerade der Blick auf die Ukraine und Georgien zeigt das. Mit Putin im Amt wurde der postsowjetische Raum wieder außenpolitisch wichtiger für Russland, und er griff die Idee der Eurasischen Wirtschaftsunion (EAWU) auf, die bereits 1994 vom kasachischen Präsidenten, Nursultan Nasarbajew, formuliert wurde.[232] Die EAWU ist das Bündnis, welches die höchste Integrationsstruktur von russischen oder sowjetischen Bündnissen zeigt: Die EAWU ging 2015 aus der Eurasischen Wirtschaftsgemeinschaft hervor, die eine Zollunion beinhaltete. Seit 2012 wurden langsam supranationale Strukturen wie eine Eurasische Wirtschaftskommission und ein Gerichtshof eingerichtet. Ziel der EAWU ist der freie Verkehr von Waren, Dienstleistungen, Kapital und Arbeit.[233] Dabei verfolgen die fünf Mitgliedsländer (Armenien, Belarus, Kasachstan, Kirgisistan, Russland) jedoch zum Teil unterschiedliche Ziele. Russland wurden weniger ökonomische, sondern viel mehr geostrategische Ziele mit der EAWU unterstellt. Manche sahen in der EAWU sogar ein Projekt Russlands zur Wiederherstellung der Sowjetunion.[234] So oder so sieht man - wie in allen bisherigen Bündnissen Russlands mit seinen Nachbarstaaten - auch in der Struktur der EAWU Russlands Übermacht: Russland ist der bedeutendste Zahler des Budgets der EAWU und Moskau ist der Hauptsitz der EAWU.[235] Zudem verfolgt Russland mit der EAWU das Ziel, die wirtschaftlichen Aktivitäten Chinas in Zentralasien einzudämmen.[236]

---

231 Schattenberg (2022).
232 Satpajew (2014).
233 Satpajew (2014).
234 Dornblüth (2014a).
235 Satpajew (2014).
236 Satpajew (2014).

Exkurs: Russland und China – vom Feind zum Freund?

Während Russland und China derzeit den Anschein einer Freundschaft erwecken, galten beide Länder lange als Feinde. Von Mitte des 17. bis Mitte des 20. Jahrhunderts war die Beziehung von Feindseligkeit und kriegerischen Auseinandersetzungen geprägt. Trotz eines abgeschlossenen Freundschaftsvertrags 1950 und der darauffolgenden Entwicklung der Volksrepublik Chinas zum wichtigsten Handelspartner der UdSSR, blieben Spannungen zwischen den beiden sozialistischen Bruderstaaten bestehen.[237] Nach dem Zerwürfnis zwischen Mao und Chruschtschow über die großen Linien der kommunistischen Strategie kam es in der Breschnew-Ära 1969 sogar zu militärischen Kampfhandlungen am Ussuri. 1980 schloss sich die Volksrepublik China dem Boykott der Sommerolympiade in Moskau an und unterstützte mit den USA und Pakistan die afghanischen Mudschahedin. Nach Ende des Kalten Krieges besserten sich die Beziehungen und es folgten mehrere Partnerschaftsabkommen.[238] Seit der Krim-Annexion 2014 sowie dem Angriff auf die Ukraine 2022, und den damit einhergehenden Sanktionen, orientiert sich Russland politisch stärker nach China als zuvor und baut die Wirtschaftsbeziehungen nach China aus.[239]

Russland als Gaslieferant Chinas: Nach langjährigen Verhandlungen zwischen Russland und China über Erdgaslieferungen kam es im Mai 2014 – zwei Monate nach der Krim-Annexion – zu einem Vertragsabschluss. China erhielt dabei günstigere Konditionen als Deutschland für russische Gaslieferungen. Während China für 1.000 Kubikmeter Gas etwa 350 US-Dollar zahlt, zahlte Deutschland 365 US-Dollar.[240] 2019 wurden die Bauarbeiten der Erdgaspipeline *Kraft Sibiriens* abgeschlossen. Diese soll laut dem Vertrag zwischen Gazprom und der China National Petroleum Corporation (CNPC) 30 Jahre lang jährlich bis zu 38 Mrd. Kubikmeter Erdgas nach China liefern.[241] Nachdem *Nord Stream 2* aufgrund des Angriffs auf die Ukraine nicht in Betrieb genommen wurde, soll die Pipeline *Kraft Sibiriens 2* (Baustart 2024) den Gasexport nach China befähigen. Russland ist auch noch lange nicht größter Erdgaslieferant Chinas; im Jahr 2022 lag Australien (63 Mio. Tonnen) vorne, gefolgt von

---

237 Schmidt (10.03.2023); Urbansky (11.05.2018).
238 Urbansky (11.05.2018).
239 Stölzel (19.02.2022).
240 Hecking (21.05.2014).
241 Gazprom (o. J.).

Katar (22 Mio. Tonnen) und Malaysia (16 Mio. Tonnen). Russland liegt mit ca. 7 Mio. Tonnen Erdgas auf Platz vier.[242]

Abhängigkeit Chinas von Russland im Rahmen der Seidenstraße: Mit dem bestehenden Risiko des chinesischen Einmarschs in Taiwan sowie den verhängten Sanktionen gegenüber Russland müsste China besonders den Warentransport durch die *Seidenstraße* im Auge behalten. Denn Russland gilt als wichtiges Transitland für den Warentransport zwischen China und Europa. Ebenso könnten Europa oder Russland durch Sanktionen den Warentransport über die *Seidenstraße* einschränken. Auch wenn Russland zwar Transitkosten erhält, sind diese sehr gering im Vergleich zu den Exporteinnahmen für Öl und Gas. Eine alternative Route wäre der mittlere Korridor, welcher durch Kasachstan, Aserbaidschan, Georgien sowie die Türkei führt, allerdings gilt dieser Weg als weniger entwickelt, länger und umständlicher.[243] Sollte es zu Störungen der Seewege kommen würde dies China erheblich treffen, da Chinas Außenhandel im Jahr 2022 bis zu 90 Prozent über Seewege ging.[244] In diesem Falle wäre die Aufrechterhaltung des Warenverkehrs über die Seidenstraße wichtig, wofür gute politische Beziehungen zu Russland unerlässlich sind.

Das Abhängigkeitsverhältnis geht zulasten Russlands: China ist für Russland ein wichtiger Handelspartner, insbesondere seit dem Angriffskrieg auf die Ukraine. Während 2021 China für Russland das wichtigste Importland mit einem Anteil von 24,8 Prozent war, lag der Exportanteil Russlands nach China im Jahr 2021 bei 2,9 Prozent.[245] Die technologische Abhängigkeit wird durch Sanktionen verstärkt. Auch auf geopolitischer Ebene sind beide Länder keine Verbündeten, sondern Partner. So teilen beide Staaten einen Argwohn gegenüber den USA, beäugen sich aber gegenseitig kritisch, wie Henry Kissinger zusammenfasst: „I have never met a Russian leader who said anything good about China. And I've never met a Chinese leader who said anything good about Russia."[246]

---

242 International Trade Centre.
243 Lebedew (14.01.2023).
244 Klein (2022).
245 International Trade Centre, Trade Statistics For International Business Development.
246 The Economist (17.05.2023).

Da Russland vermutlich nicht vorrangig ökonomische Ziele mit der EAWU verfolgt, bleibt der Erfolg der wirtschaftspolitischen Integration der Länder gering. Der Binnenhandel unter den EAWU-Staaten ist seit 2017 nur marginal angestiegen und ist recht gering verglichen mit dem Außenhandel der EAWU, bei dem die EU als wichtigster Handelspartner bis 2021 auftritt.[247] Die EAWU ist auch in ihrer weltpolitischen Bedeutung und Wirtschaftskraft der Europäischen Union weit unterlegen (Abbildung 3-14). Der Anteil des BIP pro Kopf in der EAWU entsprach im Jahr 2000 gerade einmal 19 Prozent des BIP der EU und macht im Jahr 2021 weiterhin nur 30 Prozent des BIP der EU aus. Für bilaterale Handelsabkommen der EAWU mit anderen Ländern ist es außerdem ein Hindernis, dass eines der zentralen Mitglieder, Belarus, kein Teil der WTO ist. Somit ist Russland ein übermächtiges Mitglied einer integrierten Wirtschaftsunion, doch die weltpolitischen und -ökonomischen Einflüsse des Bündnisses sind gering.

Abbildung 3-14: Wirtschaftliche Entwicklung der EU und der EAWU

BIP pro Kopf in konstanten US-Dollar 2015

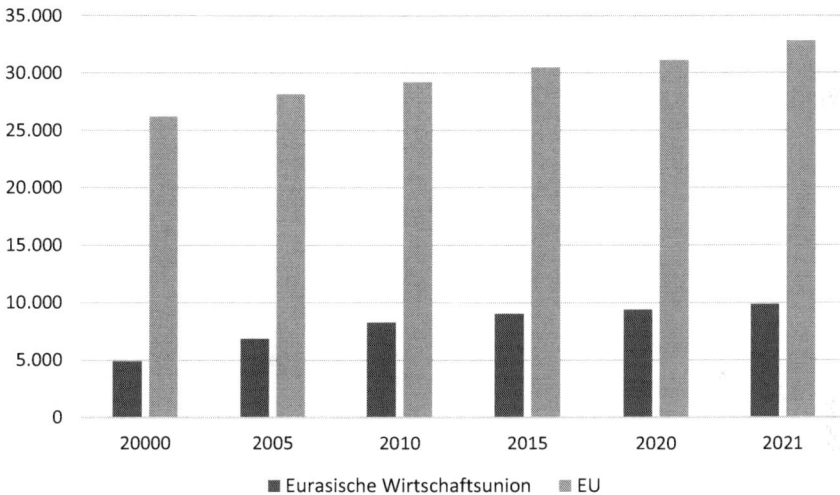

Quellen: Weltbank, eigene Berechnungen

---

247   Ebel (06.07.2022).

Die EU und Russland: Eine schwierige Zusammenarbeit

Die Beziehung zwischen Russland und der EU kann in drei Phasen einge-
teilt werden, die eine grundsätzlich schwierige und zunehmend erodieren-
de politische Gemeinsamkeit skizzieren. Dabei waren nach dem Zerfall
der Sowjetunion mit der Partnerschaft zwischen Europa und Russland
hohe Erwartungen verbunden – und tatsächlich gab es große Potenziale,
wie sich am Beispiel der mittelosteuropäischen Beitrittsstaaten erkennen
lässt. Bereits 1991 schlossen die EG und die GUS ein Abkommen über die
technische und finanzielle Zusammenarbeit, immerhin mit einem Volumen
von 7,5 Mrd. Euro. Damit wollte die Europäische Gemeinschaft die GUS
bei der Transformation hin zu Demokratie und Marktwirtschaft unterstützen.[248] Der Handel der EU mit Russland stieg von 2000 bis zum Jahr 2010
um das Vierfache, wobei sich das Leistungsbilanzsaldo der EU gegenüber
Russland mehr als verdoppelte (Abbildung 3-15). Die Mitgliedsländer der
EU, insbesondere Deutschland, gehörten zu den bedeutendsten russischen
Handelspartnern. Denn mit 12 Prozent der russischen Importe, die aus
Deutschland kamen, und 9 Prozent der gehandelten russischen Waren (vor
allem Brennstoffe), die nach Deutschland exportiert wurden, war Deutsch-
land bereits im Jahr 2000 bei Importen wie bei Exporten der wichtigste
Handelspartner Russlands.[249]

---

248 Bundeszentrale für politische Bildung (2023).
249 UN Comtrade Database.

Abbildung 3-15:   Handel zwischen Europa und Russland

In Mrd. US-Dollar

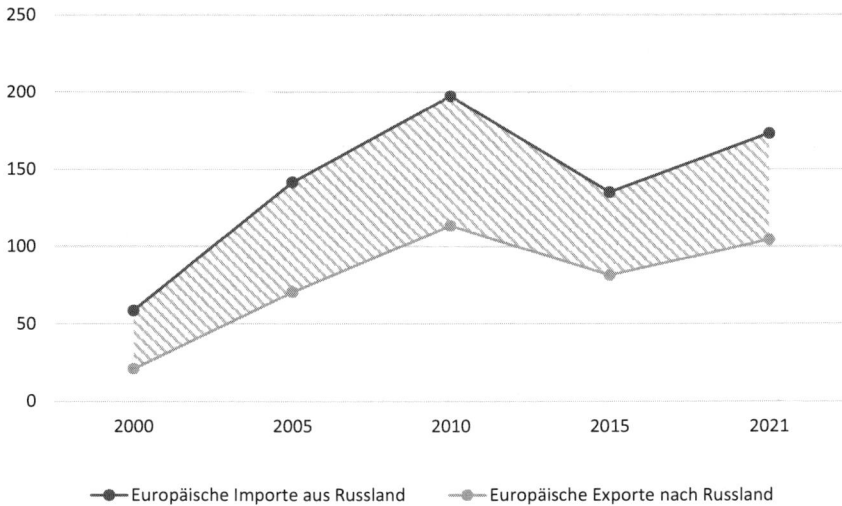

—●—Europäische Importe aus Russland   —●—Europäische Exporte nach Russland

Quelle: UN Comtrade

Die Rechtsgrundlage für die bilateralen Beziehungen zwischen der EU und Russland ist das im Jahr 1994 geschlossene Partnerschafts- und Kooperationsabkommen, das regelmäßige Konsultationen und Gipfeltreffen vorsieht.[250] Als Höhepunkt der Partnerschaft kann das auf dem Gipfeltreffen im Jahr 2003 formulierte Programm für vier gemeinsame Räume der Zusammenarbeit gesehen werden. Diese Räume sollten die Wirtschaft, Freiheit, Sicherheit und das Recht umfassen und wurden fünf Jahre später unter anderem um die Bereiche Bildung, Kultur, Handel, Investitionen, Energie erweitert.[251] Auch Putin trug zu den hohen Erwartungen an die Beziehung zwischen Russland und der EU bei, denn in einem Gastbeitrag im Jahr 2010 in der Süddeutschen Zeitung forderte er die „Gestaltung einer harmonischen Wirtschaftsgemeinschaft von Lissabon bis Wladiwostok".[252] Putin sah sogar Potenzial für eine noch engere Partnerschaft, denn „in Zukunft kämen eventuell auch eine Freihandelszone, gar noch fortgeschrit-

---

250   Die Gipfeltreffen werden derzeit aufgrund der politischen Spannungen nicht mehr ausgeführt.

251   Csaszi (2022).

252   Putin (25.11.2010).

tenere wirtschaftliche Integrationsformen in Frage".[253] Um solch eine Freihandelszone umzusetzen, musste Russland jedoch erst einmal Mitglied in
der WTO werden. Russland wurde nach 16 Jahren Verhandlungen erst im
Jahr 2012 in die WTO aufgenommen und damit viel später als China, das
bereits 2001 beigetreten war. Dies verdeutlicht die Distanz Russlands zur
vom Westen geprägten globalisierten Ordnung und seinen Institutionen.
Von einer tiefgreifenden Freihandelszone zwischen der EU und Russland
würde vor allem Russland enorm profitieren: Laut einer Studie aus dem
Jahr 2016 könnte das Pro-Kopf-Einkommen infolge einer Freihandelszone
in Russland um jährlich 3 Prozent wachsen, was einem Einkommenszu-
wachs von 235 Euro pro Kopf und Jahr in Russland entspräche.[254] Zum
Vergleich: In Deutschland läge der Einkommenseffekt bei 91 Euro pro Kopf
pro Jahr. Trotzdem wäre wohl Russland aufgrund seiner historischen Lasten und Unfähigkeit, Demokratie und Rechtsstaatlichkeit durchzusetzen,
ein unpassender Partner für die EU gewesen, auch damals schon.

Bei der Zusammenarbeit der EU mit Russland nimmt Deutschland aufgrund seiner historischen Beziehung zu Russland eine Sonderrolle ein. So
hob Putin in seinem Gastbeitrag Deutschlands Führungsrolle hervor, und
machte deutlich, dass er auf die „Lokomotive der europäischen Integration"
auch bei den Verhandlungen zu den europäisch-russischen Beziehungen
setze.[255] Putin benötigte einen Verbündeten innerhalb der EU, denn seine
Vorschläge zur Beziehung Russlands mit der EU waren noch viel weitrei-
chender: Neben einer Wirtschaftsgemeinschaft schlug er eine gemeinsame
Industriepolitik mit gemeinsamen Förderprogrammen, einen gemeinsamen
Energiekomplex und die Kooperation in den Bereichen Bildung und Forschung sowie die Visafreiheit vor.[256]

Die Vorschläge Putins zur Partnerschaft zwischen Brüssel und Moskau
wurden aufgrund politischer Differenzen nie umgesetzt, denn die zweite
Phase der Beziehung zwischen Russland und der EU war von enttäuschten
Erwartungen und einer entfremdeten Partnerschaft geprägt. Die während
der Präsidentschaft Medwedews (2008-2012) angestrebte, aber nicht umge-
setzte, Modernisierung des Landes war mit der Hoffnung auf eine bessere
Rechtstaatlichkeit und größere Offenheit des Landes verbunden. Diese
Hoffnung wurde enttäuscht. Es gab viele Differenzen um die grundlegen-

---

253 Putin (25.11.2010).
254 Felbermayr, Rahel und Gröschl (2017).
255 Putin (25.11.2010).
256 Putin (25.11.2010).

den Werte, wie Menschenrechte und Pressefreiheit, weshalb die EU fehlende Rechtsstaatlichkeit und vorherrschende Korruption in Russland immer wieder anprangerte. Und auch die Interessen divergierten: Deutschland wollte mit der Modernisierungspartnerschaft vor allem einen politischen und gesellschaftlichen Wandel in Russland bewirken. Russland hingegen war vor allem an Technologietransfers für eine wirtschaftliche Modernisierung des Landes interessiert.[257]

Weitere immer wiederkehrende Streitpunkte zwischen der EU und Russland waren die Visafreiheit und die Energiecharta. Zwar gab es mit dem Visaerleichterungs- und Rückübernahmeabkommen aus dem Jahr 2010 eine Annäherung, Putins Vision der Visafreiheit zwischen der EU und Russland wurde jedoch nie umgesetzt. Auch unterzeichnete Russland zwar den Energiecharta-Vertrag, der eine Zusammenarbeit im Energiebereich bei Investitionen, Handel und der Durchleitung vorsah, doch hat es diesen Vertrag nie offiziell ratifiziert und stieg letztendlich aus dem Energiecharta-Prozess im Jahr 2009 aus. Die verkrusteten Institutionen Russlands verhinderten wieder einmal die Zusammenarbeit mit der EU, denn Russland befürchtete, es müsse bei einer Umsetzung des Energiecharta-Vertrags seine staatsmonopolitische Struktur im Energiesektor aufbrechen oder Schadensersatz für Enteignungen zahlen.[258] Die konstante Basis der Energiepartnerschaft zwischen Russland und der EU wurde somit auf die Probe gestellt. Zuvor hatte der Einmarsch Russlands in Georgien im Jahr 2008 die politischen Beziehungen zwischen Russland und der EU bereits stark belastet. Die Streitigkeiten um das Freihandels- und Assoziierungsabkommen der Ukraine mit der EU im Jahr 2013 offenbarten schlussendlich die großen Gegensätze zwischen Russland und der EU.

Mit der völkerrechtswidrigen Annexion der Krim durch Russland kam es zur dritten Phase in der Beziehung der EU und Russland. Diese aktuelle Phase ist von offener Ablehnung und Sanktionen gekennzeichnet (siehe Kapitel 4) und spiegelt sich auch in den Handelsdaten wider. Infolge der Krim-Annexion und der russischen Wirtschaftskrise brach der Handel zwischen der EU und Russland im Jahr 2015 ein (Abbildung 3-15). Auch wenn die Importe und Exporte im Jahr 2021 im Vergleich zu 2015 wieder um 28 Prozent stiegen, richtete Russland seinen Fokus ab 2015 stärker auf die EAWU. So rutschte Deutschland auf Platz 6 der Importnationen im Jahr

---

257 Meister und Staron (2012).
258 Knelz (2006); Wilson (2017).

2021 ab, während es im Jahr 2015 nach China noch der bedeutendste Importeur für Russland war. Auch bei den Exporten ergibt sich ein ähnliches Bild: Waren die Niederlande im Jahr 2015 mit Italien und Deutschland neben China noch die wichtigsten Abnehmer russischer Waren (vor allem von Brennstoffen), rangieren diese Länder sechs Jahre später nur noch auf Platz 6, 7 und 10 in der russischen Handelsstatistik. Stattdessen wurden die Mitglieder der EAWU, vor allem Kasachstan und Belarus, wichtigere Handelspartner für Russland. Die EU wiederum reduzierte das politische Verhältnis mit Russland deutlich. Denn bereits sechs Jahre nach Putins Vision einer engen Zusammenarbeit stellt die EU fest: „Die Gestaltung der Beziehungen zu Russland stellt eine entscheidende strategische Herausforderung dar"[259]. Mit dem Angriffskrieg auf die Ukraine sind alle partnerschaftlichen Kooperationen zwischen Russland und der EU am Ende. Russland ist eine sicherheitspolitische Bedrohung für die Europäische Union geworden und von einem Partner zum strategischen Gegner für die EU geworden. Die nationale Sicherheitsstrategie der Bundesregierung und die Sicherheitsstrategie der EU-Kommission, die im Juni 2023 vorgestellt wurden, verweisen ausdrücklich auf diese sicherheitspolitische Zeitenwende, die Russlands Angriffskrieg ausgelöst hat. Russland wird darin „auf absehbare Zeit [als] die größte Bedrohung für Frieden und Sicherheit im euroatlantischen Raum" bezeichnet.[260] Es besteht wenig Hoffnung, dass sich dies in naher Zukunft ändern wird.

Russlands schwindende politische Partnerschaften

Durch seine politische Vormachtstellung in Bündnissen mit seinen Nachbarstaaten, seiner unzureichenden politischen und gesellschaftlichen Modernisierung und mit seinen imperialistischen Bestrebungen manövrierte sich Russland selbst in eine politische Isolation in Europa. Und das bereits vor dem Angriffskrieg auf die Ukraine.

Dieses Verhalten ließ sich schon bei der Sowjetunion erkennen, die vor allem auf Basis des Rohstoffhandels ihre außenwirtschaftlichen Partnerschaften aufbaute. Zudem instrumentalisierte sie ihre Rohstoffmacht politisch und setzte die Lieferung von fossilen Brennstoffen als politisches Druckmittel ein. Nachdem sie den Rohstoffhandel von ihren Nachbarlän-

---

259 Rat der Europäischen Union (2016).
260 Die Bundesregierung (2023).

dern im RGW vermehrt nach Mitteleuropa umsteuerte, verlor die Sowjetunion diesen Trumpf und den Rückhalt bei den osteuropäischen Staaten. Nach dem Zerfall der Sowjetunion konnte Russland im post-sowjetischen Raum nicht alle Staaten des RGW unter dem Dach der GUS und unter seiner politischen Vormachtstellung vereinen. Spätestens durch die Angriffe Russlands auf seine Nachbarstaaten verlor das Land wichtige Partner in der bereits geschwächten GUS. In der EAWU hat Russland zwar enge Verbündete, doch das Bündnis hat nur einen geringen weltpolitischen und ökonomischen Stellenwert. Zudem wurden die Konflikte bezüglich des Werteverständnisses und der Rivalitäten im post-sowjetischen Raum mit der EU stärker. Russland war jedoch lange Zeit auf den Westen angewiesen, denn nur hierher konnte es die qualitativ hochwertigen und technischen Güter bekommen, die es benötigte. Mit dem Aufschwung Chinas gab es zwar eine Alternative, aber auch hier gab es Rivalitäten in Zentralasien. Eine Umorientierung Russlands Richtung China erfolgte daher erst spät.

So stand Russland schon lange vor den verhängten Sanktionen aufgrund seiner Angriffe auf die Ukraine in Europa politisch isoliert dar. Außer seiner Rohstoffmacht hat Russland kein Druck- und Lockmittel, das es politisch einsetzen könnte. Dabei darf jedoch nicht außer Acht gelassen werden, dass Russland nicht nur einer der größten Lieferanten von fossilen Brennstoffen ist, sondern auch von Rohstoffen, die für die digitale und grüne Transformation unerlässlich sind. Es besteht die Gefahr, dass Russland seinen Einfluss auf dem Weltmarkt strategisch nutzen könnte und nicht nur Getreide und Erdgas, sondern auch andere Rohstoffe als politisches Erpressungsmittel einsetzt.

Eine Chance für Russland seine politische Isolation mittelfristig aufzubrechen, stellen die zahlreichen Staaten dar, die auf die russische Aggression nicht so kritisch und ablehnend reagieren wie der Westen (Abbildung 3-16). Dazu gehören die politisch engen Verbündeten Belarus sowie Nordkorea, Eritrea, Mali und Nicaragua. Im Frühjahr 2022 unternahm Außenminister Sergej Lawrow Reisen nach Brasilien, Venezuela, Nicaragua und Kuba. Länder, die sich bei der UN-Abstimmung über den Abzug russischer Truppen aus der Ukraine enthalten haben, sind unter anderem China, Indien, Iran und Südafrika. Diese Staaten teilen mit Russland den Argwohn und teilweise die Feindschaft gegenüber den USA, die zunehmend Schwierigkeiten hat, internationale Bindungskraft im Globalen Süden auszuüben. Zwischen Brasilien, Russland, Indien, China und Südafrika (BRICS) gibt es seit Anfang der 2010er Jahre ein fest etabliertes Austauschformat. Nachdem der BRICS-Zusammenschluss die Hoffnung auf schnellen weltpolitischen und wirtschaftlichen Aufstieg mit Ausnahme Chinas nicht erfüllen konnte, wurde es ruhiger um das Bündnis. Nun erwägt die Allianz neue Mitglieder, wie den Iran oder Saudi-Arabien, aufzunehmen, um damit einen noch stärkeren Gegenpol zu den G7 darzustellen.[261]

Abbildung 3-16: Abstimmungsergebnis zur Resolution der UN zum vollständigen Abzug russischer Truppen aus der Ukraine

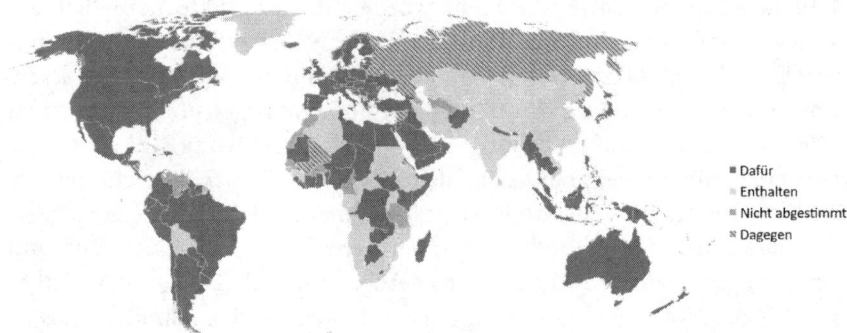

- Dafür
- Enthalten
- Nicht abgestimmt
- Dagegen

Anmerkungen: 141 Staaten dafür, 32 Staaten enthalten; 13 Staaten nicht abgestimmt und 7 Staaten dagegen. UN-Resolution zum Ukraine-Krieg: „Principles of the Charter of the United Nations underlying a comprehensive, just and lasting peace in Ukraine" am 23.02.2023. Quelle: UN

Anzeichen für zukünftig gute bilaterale Beziehungen innerhalb der BRICS-Länder – trotz des Ukraine-Kriegs – gibt es einige: Anfang des Jahres 2023 war Chinas Parteichef Xi auf Staatsbesuch in Moskau. Südafrika erwog sogar aus dem Internationalen Strafgerichtshof auszusteigen, damit Putin – für den ein Haftbefehl beim Internationalen Strafgerichtshof vorliegt – nach Südafrika reisen könnte, ohne von der südafrikanischen Regierung verhaftet werden zu müssen.[262] Für viele afrikanische Regierungen, den Nahen Osten und Indien ist Russland ein wichtiger militärischer Kooperationspartner und Waffenlieferant. Die Türkei, Indien und China profitieren darüber hinaus davon, dass Russland seine Rohstoffe unter dem westlichen Sanktionsregime derzeit günstig am Weltmarkt verkaufen muss. Doch die möglichen Verbündeten, vor allem China, können kaum ein Interesse an den imperialistischen Bestrebungen Russlands und den damit aufkommenden handelspolitischen Verwerfungen auf dem Weltmarkt haben. Der Krieg

261 Maihold (27.07.2022).
262 Dörris (26.04.2023).

birgt zudem immer noch die Gefahr einer nuklearen Eskalation, was einer weltpolitischen Katastrophe gleichkäme. Wie sich die politischen Bündnisse und Partnerschaften Russlands in Zukunft gestalten, bleibt abzuwarten und ist abhängig von der weiteren Entwicklung der zunehmend multipolaren Weltordnung. Die politische und wirtschaftliche Isolation Russlands von den einflussreichen westlichen Staaten ist jedoch gewiss.

4 Entwicklungen unter Marktbeschränkungen

„Die Folgen von Sanktionen sind nie einfach zu kalkulieren, da im ökonomischen Kontext nicht nur stets mit einer gewissen, unter Umständen
schweren Selbstschädigung gerechnet werden muss; Sanktionen bzw. die
Reaktionen auf sie können zudem als Beschleuniger von ökonomischen
Wandlungsphänomen (Regionalverschiebung, Importsubstitution) wirken, die in einer multipolaren Welt wie der Gegenwärtigen kaum ab-
schätzbar sind."[263]

Nach dem langen Blick zurück in die unterschiedlichen Zeiträume, die den
(Sonder-)Weg Russlands politisch und ökonomisch markieren, werden nun
die aktuellen Bedingungen für die wirtschaftliche Entwicklung des Landes
in den Blick genommen. Die historische Analyse hat deutlich gemacht,
dass Russland sowohl im politischen wie auch im ökonomischen Kontext
von Pfadabhängigkeiten geprägt ist und die Strukturbrüche jeweils nicht
die Kraft besaßen, diese eingeschlagenen Pfade zu verlassen. Der russische
Sonderweg ist weiter intakt; mediale Inszenierung, Kommunikation und
Indoktrination sind wirksam und prägen das gesellschaftliche Leben.

Die politische Konstituierung des Landes ist frühneuzeitlich in einer imperialistischen Weise erfolgt und trägt bis heute dieses Erbe mit sich. Vom
Zarenreich über die Oktoberrevolution und Sowjetunion stalinistischer
Prägung bis zum gescheiterten Aufbruch als demokratischer Rechtsstaat
nach 1991 und einem bereits ab der Jahrtausendwende schrittweise rekon-
struierten Autoritarismus: Immer wieder drängte die politische Klasse in
eine imperialistische Grundhaltung, die der Größe des Landes und seinem
Ressourcenreichtum geschuldet scheint. Demokratische Partizipation, zivilgesellschaftliche Selbstermächtigung, willkürfreier Rechtsstaat waren –
wenn überhaupt – nie von Dauer und konnten sich gegen den repressiven
Staatsapparat nicht durchsetzen. Jahrhunderte der Erfahrung und Prägung
in totalitären Regimen mit imperialistischem Anspruch haben aus dem kurzen demokratischen Aufflackern nach 1991 keine dauerhaften Strukturen
entstehen lassen.

---

263 Plumpe (11.03.2022).

„Aus Pfadabhängigkeiten der russischen Politik gab es keinen einfachen Ausweg. Die Antwort auf die selbst herbeigeführten Aporien war eine trotzige Ideologieproduktion, die von der Staatsspitze ausging, aber in der Gesellschaft aufgegriffen und langfristig wirksam wurde. Abgesehen von den mächtepolitischen Traditionen war es Beharrungskraft von Identitätsideen, die Russland auf einem bestimmten Pfad hielt".[264]

Gleichermaßen sind für die wirtschaftliche Expansion seit dem verspäteten Aufbruch zur Industrialisierung am Ende des 19. Jahrhunderts und die Versuche in der Sowjetzeit, Grundstoffproduktion und Schwerindustrie auszubauen (*Tonnenideologie* mit Tonnagevorgaben für die industrielle Fertigung), die Ausbeutung der fossilen Rohstoffe sowie der Eisen- und Nichteisenmetalle bestimmend. Diese Ausbeutungspotenziale bestimmten spätestens seit den 1950er Jahren zunehmend die Wirtschaftspolitik und Wirtschaftsentwicklung. Den autokratischen Strukturen im Politischen entsprachen die extraktiven Institutionen im Ökonomischen. Beide Pfade vermochten sich gegenseitig zu stabilisieren und gar zu verstärken, weil die Quasimonopole der Ressourcenwirtschaft den Machtansprüchen der politischen Führungsklasse entsprachen und beides sich wechselseitig stabilisierte.

Wirtschaftliche Leistungsfähigkeit und Dynamik sind aus beiden Kontexten, die sich durch eine lange Tradition der Korruptionswirtschaft zusätzlich verweben, mit schweren Hypotheken belastet, was sich an der Einkommensentwicklung und der relativ geringen Lebenserwartung der Menschen festmachen lässt. Solche Befunde, die das Wohlstandsversprechen moderner Staaten konterkarieren, kann auch ein autoritäres Regime nicht dauerhaft ignorieren; der Ausweg liegt in einer dramatischen Verlagerung der Perspektiven: auf eine Bedrohung von außen. Der völkerrechtswidrige Angriff gegen die Ukraine lässt sich so einordnen. Tatsächlich hat Russland damit nicht nur eine Verantwortung für Kriegsverbrechen und Menschenrechtsverletzungen zu tragen, sondern auch für eine stark belastete wirtschaftliche Entwicklung, deren innenpolitische Folgen vermutlich erst mit größerem zeitlichen Abstand zu erkennen sein werden. Der transatlantische Westen jedenfalls wollte und will sich seiner Verantwortung nicht entziehen, er hat unerwartet deutlich und einheitlich reagiert: mit umfangreicher militärischer Unterstützung der Ukraine und durch weitreichende Sanktionen gegen Russland. Die Sanktionen belasten die russische

---

264 Schulze Wessel (02.05.2023).

Wirtschaft, indem Handelsbeschränkungen wirksam werden und die wirtschaftliche Desintegration fortschreitet. Wirtschaftliche Sanktionen sind etablierte Instrumente der nicht-militärischen Konfliktbeeinflussung; es gibt dazu historische Muster und Erfahrungen. Was besagen diese? Welche Erwartungen daran sind realistisch? Und was folgt daraus für Russland?

4.1 Sanktionen gegen eine widerstandsfähige Ressourcenökonomie

„Die Strafe zu fürchten ist der beste Weg ihr zu entgehen"[265]

Historische Erfahrungen mit Sanktionen

Sanktionen stellen seit jeher Maßnahmen dar, um einen verfeindeten Staat neben oder abseits der militärischen Konfrontation ökonomisch zu schaden. Seit Ende des Ersten Weltkrieges sind wirtschaftliche Sanktionen zur Bestrafung von Aggressoren Teil des Völkerrechts.[266] Anders als das militärische Eingreifen stellen Sanktionen keinen Verstoß gegen die territoriale Unversehrtheit von Staaten dar und können daher aus rechtlicher Sicht als legitime Maßnahmen gegen ein unrechtmäßiges staatliches Handeln bewertet werden. Wie der Internationale Gerichtshof 1986 feststellte, verletzen selbst umfassende Handelsbeschränkungen nicht das Interventionsverbot von Staaten, sie sind daher völkerrechtlich legitime Mittel, um Staaten bei völkerrechtswidrigen Verhalten zu schaden und den sanktionierten Staat zur Unterlassung seiner Handlungen zu bringen.[267]

Die Wirtschaftsgeschichte zeigt aber, dass Sanktionen nie das in der gewünschten Zeit erreichen können, wozu sie ursprünglich erlassen wurden, doch je nach Umfang und Dauer erhebliche intendierte und nicht intendierte Konsequenzen für beide Seiten haben. So sollte die napoleonische Kontinentalsperre gegen das Vereinigte Königreich von 1806 bis 1813 die Vormachtstellung der Briten im Handel und in den Kolonien brechen sowie Napoleons Herrschaftsanspruch auf dem Kontinent absichern. Das Embargo britischer Waren durch Frankreich und seine verbündeten Staaten schadete zwar kurzfristig den Briten, die insbesondere von Getreideim-

---

265 Chinesisches Sprichwort.
266 Asschenfeldt und Trecker (2021).
267 Neubert (2021).

porten vom Kontinent abhingen, hatte aber nicht den erhofften Effekt, den Feind wirtschaftlich zu ruinieren. Ganz im Gegenteil, Frankreich als sanktionierender Staat bekam die negativen Folgen des Embargos von britischen Waren zu spüren, in dem der Bezug wichtiger Güter eingeschränkt war und die Preise für bestimmte Waren wie Zucker, Baumwolle und Textilien stark anstiegen. Der Importschock war für Frankreich besonders groß.[268] Zugespitzt formuliert hatte die Kontinentalsperre auf dem europäischen Kontinent insgesamt fatale Wirkungen und trug zur Desintegration der europäischen Wirtschaften bei.[269]

Auch die totale Seeblockade Deutschlands durch die Engländer im Ersten Weltkrieg führte zwar zu Hunger und Leid bei der deutschen Zivilbevölkerung, konnte aber wenig zur Niederlage des Kaiserreiches beitragen. Denn Deutschland fand alternative Bezugsquellen für Rohstoffe und betrieb eine erfolgreiche Importsubstituierung. Es wurden sogar kompensatorisch einige technische Innovationen wie das Haber-Bosch-Verfahren hervorgebracht. Die Niederlage musste Deutschland auf dem militärischen Schlachtfeld hinnehmen, nicht als Folge der Sanktionspolitik. Der Erste Weltkrieg bildet allerdings einen Wendepunkt in der Geschichte der Sanktionen, weil zum ersten Mal moderne Sanktionsregime erprobt wurden, die dem Gegner großen wirtschaftlichen Schaden zufügen sollten, auch abseits des Militärischen.[270] Mit dem *Trading with the Enemy Act* von 1917 weiteten die USA den Weltkrieg aufs Ökonomische aus, in dem sie ein scharfes Exportkontrollregime einführten, das den Handel auch mit nicht-militärischen Gütern mit den Mittelmächten untersagen sollte.

Zuvor war eine Vielzahl von deutschen oder deutschnahen Firmen im Ausland auf britische und US-amerikanische *Schwarze Listen* gesetzt worden, was nicht zuletzt opportunistisches Verhalten nichtdeutscher Firmen ermöglichte, um marktbeherrschende Stellungen aufzubrechen und Marktanteile zugunsten der heimischen Wirtschaft umzuschichten. Das Ziel, die Mittelmächte militärisch zu besiegen, wurde flankiert mit dem Anspruch, Deutschland als ökonomische Weltmacht zurückzudrängen. Die Sanktionen selbst waren Teil der Kriegsführung und standen nie für sich allein. Der deutschen Außenwirtschaft konnte in den Kriegsjahren und im unmittelbaren Nachgang des Krieges großer Schaden zugefügt werden. Dennoch gelang es über transnationale Netzwerke deutscher Unternehmer,

---

268 O'Rourke (2007).
269 Ellis (2015).
270 Coates (2018).

Banker und Händler nicht nur nach 1919 den Außenhandel wieder rasch aufzunehmen, sondern auch während des Krieges durch ein komplexes Geheimnetz den Sanktionen ihre volle Schlagkraft zu nehmen.[271] Auch dies ist eine Lehre für die Gegenwart.

Aus den Erfahrungen der Embargos gegen die Sowjetunion im Kalten Krieg im Rahmen der gemeinsamen Exportkontrolle der westlichen Staaten lässt sich ableiten, dass die punktgenaue Wirkung von Sanktionen selten eintritt, deren längerfristige Bedeutung aber komplex und jedenfalls kaum absehbar ist. Das *Coordinating Committee on Multilateral Export Controls*, kurz COCOM, war während des Kalten Krieges eine Organisation zur gemeinsamen Exportkontrolle westlicher Länder gegen die RGW-Staaten. Vor allem sollte der Zugang der RGW-Staaten zu westlicher Technologie verhindert werden. Re-Exporte aus westlichen Ländern wurden untersagt, vor allem sollte der Zugriff der RGW-Staaten auf westliche Militärtechnologie verhindert werden. Dies war der Grund für das Ausfuhrverbot sogenannter Dual-Use-Güter, zivile Güter, für die eine militärische Verwendung nicht ausgeschlossen werden kann. Der Wissenstransfer sollte unterbunden werden, um die wirtschaftliche und technologische Ertüchtigung der Sowjetunion und ihrer Verbündeten so weit wie möglich zu verzögern.[272]

Ein Novum der COCOM war, dass Exportkontrollen erstmals in Friedenszeiten auf unbestimmte Zeit aufrechterhalten wurden. Das Druckmittel auf westliche Unternehmen war hoch, denn sie konnten infolge der Sanktionierung von öffentlichen Ausschreibungen und Aufträgen ausgeschlossen werden. Aber es gab Möglichkeiten und Strategien zur Umgehung der Sanktionen über den Handel mit mehreren Drittländern. Zudem führten Unstimmigkeiten zwischen den COCOM-Ländern dazu, dass das Exportkontrollregime durch Ausnahmen stückweise verwässert wurde und die USA ab 1969 das Totalembargo auf Druck der Wirtschaft aufgaben.[273] Trotz alldem gelang es der Sowjetunion im Bereich der Militärtechnik den USA viele Jahre lang ebenbürtig aufzutreten, insbesondere in den 1950er und 1960er Jahren mit den Sputnik-Missionen. Dies war nicht zuletzt aufgrund von Wissenstransfers westlicher, insbesondere deutscher Wissenschaftler im unmittelbaren Nachgang des Zweiten Weltkrieges gelungen. Das Exportkontrollregime griff hier zu kurz, denn es konnte den Faktor Humankapital nicht umfassen.

---

271 Gerards Iglesias (2019).
272 Daniels (2013).
273 Aoi (o.J.).

Theoretische Grundlagen wirksamer Sanktionsregime

Die Erfahrungen mit Sanktionen haben zu Lerneffekten darüber geführt, welche Bedingungen zum Erfolg solcher Maßnahmen beitragen können. Grundsätzlich muss dabei zwischen kurz- und langfristigen Wirkungen unterschieden werden, und zwar im Lichte der Zielsetzung der Sanktionen. Je konkreter das Ziel formuliert und je eindeutiger der genutzte Wirkungsmechanismus ist, desto höher ist die Wirksamkeit. Die Sanktionen gegen den Iran aufgrund seines Atomprogramms ab dem Jahr 2006 haben gezeigt, dass ein Ölembargo wirkungsvoll wurde, als ausbleibende Einnahmen aus dem Erdölexport die Stabilität des Regimes ernsthaft bedrohten und das Regime kurzfristig Zugeständnisse bei seinem Atomprogramm machte. Ein Unterschied zu den Russlandsanktionen war beim Iran, dass ein lückenloser Ausschluss aus dem Zahlungsabwicklungssystem SWIFT erfolgte, gepaart mit dem Ausschluss aus Clearing-Systemen der Korrespondenzbanken, bei denen das US-basierte CHIPS-System das wichtigste ist.[274] Sekundärsanktionen bestraften zudem jede Bank, die weiterhin Geschäfte mit iranischen Instituten tätigte. Infolge war keine Bank, die vom US-amerikanischen Finanzplatz abhängig war, mehr bereit, Zahlungsabwicklungen mit dem Iran zu tätigen, was einen Einbruch im Handel verursachte. Allerdings führten die westlichen Sanktionen auch dazu, dass der Iran sich mit den Beschränkungen arrangierte und alternative – wenngleich weniger leistungsfähige – Technologien sowie alternative Geschäfts- und Absatzmodelle fand.[275] Als die USA im Jahr 2018 aus dem Atomdeal wieder ausstiegen und erneut Sanktionen einführten, konnte das Regime deren Wirkung besser abfedern. Eine Sanktionierung mit dem Ziel eines Regimewechsels ist noch viel unwahrscheinlicher zu erreichen, wie die Beispiele Nordkorea, Syrien oder Venezuela eindrücklich zeigen. Diktatorische Regime nehmen Wohlstandsverluste für die eigene Bevölkerung in Kauf und setzen zweifellos massive Repression ein, um die Unzufriedenheit der Bevölkerung und Aufstände infolge negativer Effekte von Sanktionen zu unterdrücken.

Die Wirkung von Sanktionen hängt von vielen Faktoren ab. Entscheidend ist, ob ein sanktioniertes Land demokratisch oder autokratisch verfasst und seine politische Machtarchitektur personalistisch oder pluralistisch aufgestellt ist. Es hat sich gezeigt, dass Sanktionen in Demokratien besser wirken als in Autokratien und in personalistischen Regimen weni-

---

274 Nölke (2023).
275 Van Bergeijk (2022).

ger schlagkräftig sind als in pluralistischen Regimen. Autokratische Regierungen sind eher in der Lage, individuelle Schäden zielgenauer zu kompensieren, weil meist eine kleinere Gruppe sanktioniert wird.[276] Das gilt insbesondere für individuelle Sanktionen gegen Schlüsselakteure, die für den Machterhalt der regierenden Elite in autokratischen Systemen sorgen. Sanktionen wirken hier zwar, aber verfehlen ihre Intention. Wie die Erfahrungen aus dem Ersten und Zweiten Weltkrieg gezeigt haben, waren es die Eliten und deutsche Unternehmer, die sanktioniert wurden und sich folglich noch enger an die Reichsleitung banden. Denn ihre Befürchtung war, nach einer Kriegsniederlage nicht nur wirtschaftlich zugrunde zu gehen, sondern auch aufgrund der Kollaboration mit dem Regime von den Kriegsgegnern später zur Rechenschaft gezogen zu werden. Um das zu verhindern, versuchte man alle Kräfte zu bündeln. Ähnliche Mechanismen kann man für gegenwärtige Fälle in Nordkorea, Kuba und Venezuela beobachten, wo es hochsanktionierten personalistischen Autokratien gelingt, eine kleine Machtelite ausreichend zu alimentieren, um den Fortbestand des Regimes zu sichern.

Eine klar aufgezeichnete Exit-Strategie der Sanktionen mit realistischen und moderaten Zugeständnissen, die vom sanktionierten Staat als Gegenleistung verlangt werden, bilden eine weitere wichtige Bedingung für den Erfolg von Sanktionen. Je breiter ein Sanktionsregime aufgestellt ist und je klarer das Ziel der Sanktionen ist, desto eher wirken sie. Sanktionen sind nach dem westlichen Verständnis ein Bestandteil der wertegeleiteten Außenpolitik, deren Wirkung aber nie voraussetzungslos sein kann. Es ist wichtig, die Bedingungen zur Wiederherstellung der Normalität zu nennen, indem Ziele klar kommuniziert werden und ein Weg aus den Sanktionen aufgezeigt wird.

Die Fähigkeit eines Landes, auf Sanktionen zu reagieren, muss von den sanktionierenden Parteien einkalkuliert werden. Sanktionen sind ein Instrument, das auf Asymmetrie zwischen Sanktionierenden und Sanktioniertem angewiesen ist, um Substitutionsmöglichkeiten zu verhindern oder wirksam zu begrenzen.[277] Sanktionen gegen Großmächte sind wirkungsloser als gegen kleinere Staaten, weil Großmächte zum einen bessere Ausweich- und Retorsionsmöglichkeiten haben.[278] Zudem beruhen solche Mächte häufig auf machtpolitischen Identitätsvorstellungen, durch die eine

---

276 Deutsche Stiftung Friedensstiftung (2022); Peksen (2021).
277 Deutsche Stiftung Friedensstiftung (2022).
278 Peksen (2021).

interne Bindungskraft entsteht. Diese Bindungskraft ermöglicht es, selbst den völkerrechtswidrigen Angriffskrieg als kulturell-normatives Projekt zu rechtfertigen und eine diskursive Deutungshoheit im eigenen Land aufrechtzuerhalten.

Bei der Ausgestaltung der Sanktionspolitik muss sichergestellt werden, dass deren humanitäre Folgen begrenzt sind, um ihre Legitimation im internationalen Kontext sowie der nationalen Debatte in den sanktionierenden Staaten nicht zu schwächen. Sanktionen gegen den Irak (1990-91) und Jugoslawien (1993-99) führten zu hohen zivilen Kosten und Tragödien. Eine hungernde und verarmte Bevölkerung trägt nicht unbedingt zum Sturz des Regimes bei, sondern kann durch das Regime instrumentalisiert werden, um die leidende Bevölkerung gegen das Ausland zu mobilisieren, sodass Konsumeinschränkungen in Kauf genommen werden. Effektive Propaganda ist in der Lage, ein Land zu einer anti-westlichen Allianz zu einen und die Lage weiter zu eskalieren, wie es Russland bereits 2014 nach der Krim-Annexion gelang.[279]

Besonders effektiv sind Sanktionen, wenn sie die Kraft besitzen, Multiplikatoreffekte auszulösen. Die Geschichte der Wirtschaftssanktionen hat gezeigt, dass der private Sektor eine entscheidende Rolle spielen kann, insbesondere dann, wenn für die wirtschaftliche Entwicklung ausländische Direktinvestitionen erforderlich sind. Nachdem westliche Regierungen (darunter die USA, EG, Japan) im Jahre 1985 gegen das Apartheit-Regime in Südafrika Wirtschaftssanktionen verhängt hatten, zogen sich daraufhin massenweise Bankhäuser und multinationale Unternehmen aus dem Land zurück, da sie die politischen Risiken von Kreditvergaben und Investitionen als zu hoch bewerteten. Das führte zu einem gewaltigen Divestment und stürzte das Land in eine Schuldenkrise.[280] Dies war ein wichtiger Grund für das Ende der Apartheit in Südafrika.

---

279 Van Bergeijk (2022); Astrov et al. (2022).
280 Van Bergeijk (2022).

Solidarische Sanktionsmehrheit in Deutschland

Oft können Sanktionen erst in der mittleren bis langen Frist ihre volle Wirkung entfalten. Daher ist es unerlässlich, dass die Bevölkerung in den sanktionierenden Ländern das Sanktionsregime langfristig mitträgt, auch bei wirtschaftlichen Schäden des eigenen Landes. Gemäß einer Befragung nach dem ersten Kriegsjahr im Februar und März 2023 glaubt der Großteil (84 Prozent) der 4.899 Befragten in Deutschland, dass die Sanktionen ihren Zweck erfüllen, der russischen Wirtschaft zu schaden. Allerdings denken 71,5 Prozent der Deutschen, die eingeschränkten Handelsbeziehungen schadeten Deutschland wirtschaftlich mehr als Russland. Trotzdem sind deutschlandweit 71 Prozent der Befragten dazu bereit, die Sanktionen mitzutragen oder gar zu verschärfen. Dass sich mittelfristig an den Handelsbeschränkungen etwas ändern wird, denkt nur eine Minderheit, denn 86 Prozent der Deutschen geben an, dass Russland auch in den nächsten zehn Jahren kein verlässlicher Handelspartner sein wird.[281]

Auch wenn der Anteil mit 56 Prozent im Osten Deutschlands geringer ist (Westen: 73 Prozent), gibt es mit 71 Prozent in ganz Deutschland eine klare Mehrheit an Sanktionsbefürwortern unterschiedlicher Couleur. 46 Prozent der Befragten befürworten die Sanktionen oder wollen sie gar verschärfen, verorten jedoch gleichzeitig einen höheren Schaden in Deutschland (ideologische Sanktionsbefürworter). 25 Prozent der Deutschen unterstützen die Sanktionen und attestieren den Sanktionen ihre volle Effektivität mit einem höheren Schaden für die russische Wirtschaft (ökonomische Sanktionsbefürworter). Dieser Befund zeigt, dass ein Großteil der Sanktionsbefürworter bereit ist, Sanktionen mitzutragen, obwohl sie einen höheren Schaden für die heimische Wirtschaft als für das sanktionierte Land befürchten (Abbildung 4-1). Sanktionskritiker, die die Sanktionen ablehnen, ohne dass sie die intendierte Wirkung der Sanktionen in Frage stellen, sind in Deutschland äußerst selten (nur 2,5 Prozent der Deutschen sind ideologische Sanktionsgegner). Doch gut ein Viertel aller Deutschen (42 Prozent im Osten und 24 Prozent im Westen) denkt, die deutsche Wirtschaft leidet mehr unter den Sanktionen als die russische, und sind für eine Lockerung der Sanktionen (ökonomische Sanktionsgegner). Die Ablehnung dieser Sanktionsgegner ist jedoch nicht nur rein ökonomisch motiviert, da diese Gruppe der Teil der Bevölkerung ist, der Russland gegenüber am freundlichsten eingestellt ist. Denn

---

281 Diermeier und Fremerey (2023).

ein Drittel dieser vermeintlichen ökonomischen Sanktionsgegner gibt an, Russland sei ein verlässlicher Handelspartner.[282]

Abbildung 4-1: *Einstellungen zu Sanktionen in Deutschland*

In Prozent

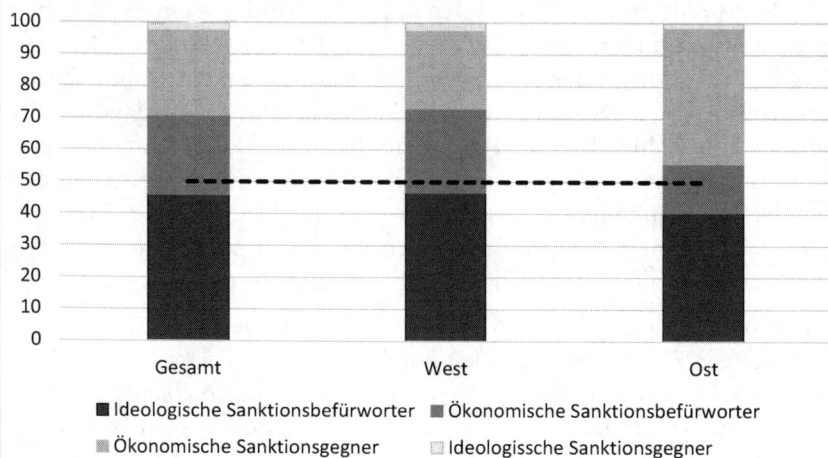

■ Ideologische Sanktionsbefürworter   ■ Ökonomische Sanktionsbefürworter
▨ Ökonomische Sanktionsgegner   ▢ Ideologissche Sanktionsgegner

Der Kategorisierung zugrundeliegende Fragen: Zustimmung (latent und explizit) zur Aussage „die eingeschränkten Handelsbeziehungen schaden der deutschen Wirtschaft mehr als der russischen Wirtschaft" sowie der Anteil, der auf einer Skala von 0 (lockern) bis 100 (verstärken) zur Aussage: „der Staat sollte die Russlandpolitik ..." mindestens 50 (beibehalten) angibt. Quelle: IW-Personenbefragung Frühjahr 2023, N = 4.899

Ein Sanktionsregime ist wirksamer, wenn es von vielen Ländern mitgetragen und umgesetzt wird, da sich so weniger Ausweichmöglichkeiten auf andere Drittstaaten als Handelspartner bieten. Doch was sind die Bedingungen dafür, dass sich möglichst viele Staaten am Sanktionsregime beteiligen? Schaut man sich diese Frage aus einer spieltheoretischen Perspektive an, müssen zwei Bedingungen für die Mitglieder eines Sanktionsregimes gegeben sein: Es müssen die Teilnahmebedingungen und die Anreizbedingung stimmen. Sanktionierende Staaten nehmen an einem Sanktionsregime teil, wenn der Nutzen aus diesem höher ist als eine Situation ohne Mitwirkung an Sanktionen. Dieser Mehrwert des Sanktionsregimes liegt zum Großteil in der politischen Motivation, dem Sanktionierten zu schaden

---

282 Diermeier und Fremerey (2023).

bzw. ihn zu einem anderen Verhalten zu bewegen. Die Anreizbedingung ist gegeben, wenn es sich für die Sanktionierenden nicht lohnt, aus dem Sanktionsregime auszuscheren. Diese Bedingung ist schwieriger zu erfüllen. Sanktionierende Staaten können durch eigene wirtschaftliche Einbußen oder aus ganz anderen Gründen ein Interesse haben, aus den beschlossenen Sanktionen auszusteigen, diese lax anzuwenden oder deren Umgehung stillschweigend zu akzeptieren. Bei Nicht-Kooperation innerhalb des Sanktionsregimes müsste es daher im Sinne der Anreizbedingung ebenfalls zu Sanktionen gegen den Abweichler kommen, sodass sich das Abweichen nicht lohnt. Zumindest eine glaubwürdige Androhung einer Bestrafung bei Abweichung könnte die Disziplin im Sanktionsregime stärken.

Die EU-Kommission plant Sekundärsanktionen einzuführen, um gegen ausländische Unternehmen vorzugehen, die Russland beim Krieg indirekt durch Lieferungen bestimmter Waren unterstützen. Dies würde vor allem chinesische Unternehmen treffen.[283] Für die Einhaltung der vereinbarten Sanktionen ist darüber hinaus wichtig, dass sich die Sanktionspartner gegenseitig überwachen können und die damit verbundene Transparenz gegeben ist. Inwiefern die Sanktionen eingehalten werden, sollte somit für alle beteiligten Partner transparent sein. Ein Alignment zum Sanktionsregime kann zudem positive Anreize setzen, etwa durch privilegierte Marktzugänge im Club der sanktionierenden Länder. Dies würde insbesondere kleineren und Entwicklungs- oder Schwellenländern entgegenkommen.

Damit rückt das Territorialitätsprinzip des Rechts und der Rechtsanwendung in den Fokus. Die moderne Staatlichkeit beruht seit dem Westfälischen Frieden von 1648 auf den Grundsätzen der Nicht-Einmischung in die inneren Angelegenheiten eines anderen Landes sowie der Gleichheit der Staaten im internationalen Recht unabhängig von ihrer Größe und ihrer inneren Verfasstheit.[284] Tatsächlich lässt sich dagegen in den letzten Jahrzehnten – gerade im Zusammenhang mit Wirtschaftssanktionen – der „exterritoriale Durchsetzungsanspruch nationalen Rechts" beobachten.[285] Vor allem die Vereinigten Staaten von Amerika setzen darauf. Das tritt in Konflikt mit dem Territorialitätsprinzip aufgrund der völkerrechtlichen Souveränität (Rechtsetzung und Rechtsanwendung). Die dazu bekannten Rechtsfälle führten dazu, dass nationale Gerichte Auflagen an ausländische Rechtssubjekte in deren Heimat verfügten, weil es im Ausland zu einem

---

283 Busse (08.05.2023).
284 Krasner (1995).
285 Meng (1997).

Rechtsverstoß gegen das exterritoriale nationale Recht gekommen war. Bekannt ist in diesem Kontext das Auswirkungsprinzip (Effects Doctrine) im Wettbewerbsrecht, wonach nationale Behörden Fusionen im Ausland wegen der Auswirkungen auf die heimische Marktstruktur untersagen können. In einer längeren Tradition der Rechtsprechung wurde davon ausgegangen, dass eine exterritoriale Wirkung nationalen Rechts nur zulässig sein sollte, soweit ihnen kein völkerrechtliches Verbot entgegensteht sowie ein genügender und überwiegender Anknüpfungspunkt vorliegt.[286] Konfliktlösend im Falle konfligierender juristischer Grundsätze oder Ansprüche ist dieser Grundsatz freilich nicht.

Im Fall der Sanktionspolitik setzen die Vereinigten Staaten seit langem auf die exterritoriale Durchsetzung ihrer Gesetze.[287] Das beruht darauf, dass die US-Verfassung dem Kongress keine Grenzen für die exterritoriale Anwendung von US-Gesetzen setzt, während im bundesdeutschen Grundgesetz das Völkerrecht als Bestandteil des Bundesrechts und als diesem vorangehend fixiert wird (GG-Artikel 25). So existieren in den USA bestimmte Behörden in der Verantwortung unterschiedlicher Ministerien für die exterritoriale Durchsetzung nationalen Rechts. Das *Office of Foreign Assets Control* (OFAC) des Finanzministeriums verwaltet – auf Grundlage eines der über 30 länder- oder themenbezogenen Sanktionsprogramme – die berüchtigte *Specially Designated Nationals and Blocked Persons List*. Auf dieser werden derzeit über 15.000 natürliche und juristische Personen geführt, was die Sperrung ihres unter US-Jurisdiktion stehenden Vermögens zur Folge hat. Natürlichen und juristischen US-Personen ist es untersagt, mit diesen gelisteten Personen geschäftliche Beziehungen auszuüben. Insofern besitzen die USA ein scharfes Schwert zur Durchsetzung von Sanktionen in anderen Ländern, was deren Wirksamkeit tendenziell stärken dürfte.

Alles in allem folgt aus den historischen Erfahrungen und gegenwärtigen Bedingungen, dass der Erfolg von Sanktionen vom passenden institutionellen Rahmen abhängt. Ist dieser nicht vollständig gegeben, wird es schwer, ein Land mit effektiven Sanktionen zu belegen. Angelehnt an die Klassifikation von Peksen (2021) hängt es erstens davon ab, welcher Regimetyp beim sanktionierten Land vorliegt; zweitens, welche Machtverhältnisse im Land bestehen; drittens, wie viele Länder die Sanktionen mittragen; viertens, ob freundschaftliche oder rivalisierende Beziehungen zwischen den Ländern

---

286 Merkli (2002).
287 Lohmann (31.05.2019).

bestehen; fünftens, wie eng die wirtschaftliche Verflechtung ist; sechstens, ob das Sanktionsregime mit klaren Zielen verbunden ist und siebtens, wie hoch die wirtschaftlichen Kosten ausfallen (Tabelle 4-1). Darüber hinaus zeigen die historischen Erfahrungen, dass Sanktionen als ein Instrument unter mehreren gesehen werden sollte, das gegen einen verfeindeten Staat zur Erreichung bestimmter politischer Ziele eingesetzt wird.[288]

Tabelle 4-1: Erfolgsbedingungen von Sanktionsregimen

	Variable	Effektiv	Weniger effektiv	Russland 2022
1	**Regimetyp**	Demokratien	Autokratien	Autokratie
2	**Machtverhält-nisse**	Personalistisch, starke Patronage	Pluralistisch	Personalistisch, kleine Machtelite
3	**Internationale Kooperation**	Multilaterale Sanktionen, Einbindung von IOs	Unilaterale Sanktionen	Westliche Allianz, mit Einschränkungen
4	**Politische Be-ziehungen**	Verbündete	Rivalen	Rivalen
5	**Wirtschaftliche Verflechtung**	Hohe Konzentration der Lieferketten, kritische Abhängigkeiten qualitativer Güter	Diversifizierte Verflechtungen, geringere Integration in Weltmarkt	Teils, teils
6	**Zielsetzung**	Moderate Zugeständnisse	Umfangreiche Zugeständnisse	Umfangreiche Zugeständnisse / Ziel unklar
7	**Wirtschaftliche Kosten im Zielland**	Hoch	Gering	Kurzfristig gering; langfristig: Hoch

Quellen: nach Peksen (2021), Deutsche Stiftung Friedensstiftung (2022)

Das westliche Sanktionsregime gegen Russland

Nach der Annexion der Krim im Jahr 2014 verhängten zahlreiche westliche Staaten im Verbund Sanktionen gegen Russland. So war Russland bereits vor dem Angriffskrieg gegen die Ukraine mit über 2.600 Sanktionen gegen sich hinter dem Iran das meistsanktionierte Land weltweit.[289] Neben der EU und den USA sanktionierten vor allem Kanada, Australien, Norwegen

---

288 Mulder (2022).
289 Daten von Castellum.AI.

und Japan den Aggressor Russland. Die EU fror Vermögen ein und erließ Einreisebeschränkungen. Die USA erteilte ebenfalls Einreiseverbote gegen Einzelpersonen und Sanktionen gegen Unternehmen wie Rosneft, Novatek und die Gazprom-Bank. Zusätzlich wurden Ende des Jahres 2014 spezifische Exportbeschränkungen für Technologien der Ölförderung von den USA erlassen.[290] Insgesamt waren meist Einzelpersonen und Institutionen, nicht aber die gesamte russische Volkswirtschaft sanktioniert, doch gab es auch 2014 schon einzelne Handelsbeschränkungen, meist für Waren, die aus der Krimregion stammten.[291] Die Sanktionen nach der Krim-Annexion waren zum damaligen Zeitpunkt zwar zahlreich, doch recht vage formuliert und wiesen Lücken auf, wie z.B. die Ausnahme russischer Gasunternehmen aus den EU-Sanktionen. Die europäische Abhängigkeit von russischen Brennstoffen wurde von den USA immer wieder angeprangert, nicht zuletzt von Donald Trump („Germany is a captive of Russia", 11.7.2018).[292] Doch die strategische Abhängigkeit beim Gas wurde von der deutschen oder europäischen Politik nicht reduziert, sondern durch den Bau der Pipelines Nordstream 1 und 2 weiter ausgeweitet. Dies führte dazu, dass vor allem Deutschland die späteren Sanktionen nach Februar 2022 schwerer verkraften konnte und der Öl- und Gas-Sektor auch nach der rechtswidrigen Annexion der Krim dem russischen Staatshaushalt noch erhebliche Einnahmen bescherte.

Das Sanktionsregime ab 2014 beinhaltete Export- und Importbeschränkungen in den Bereichen Handel, Waffen, Militär und enthielt Finanzrestriktionen gegen russische Großbanken oder den russischen Anleihenmarkt.[293] Obwohl die EU im Rahmen der Gemeinsamen Außen- und Sicherheitspolitik die Ausfuhr von Rüstungsgütern einschließlich Waffen, Munition und sonstiger militärischer Ausrüstung sowie von Dual-Use Gütern – welche eine doppelte Verwendung im zivilen, aber auch militärischen Sinne haben können – ab 2014 verbot, konnte weiterhin europäische Technologie in den russischen Verteidigungssektor gelangen.[294]

Auch wenn nicht vollumfängliche wirtschaftliche Sanktionen umgesetzt wurden, so wurden doch politische und diplomatische Zeichen gesetzt. Die Institution der G8-Länder wurde nach 16 Jahren wieder auf das Format

---

290 Wissenschaftlicher Dienst des Bundestages (2017).
291 Wissenschaftlicher Dienst des Bundestages (2017).
292 Diamond (11.07.2018).
293 Syropoulos et al. (2022).
294 Schäfer (02.05.2022).

G7 reduziert. Russland wurde von der Wertegemeinschaft der USA, Groß-britannien, Frankreich, Deutschland, Japan Italien und Kanada im Jahr 2014 ausgeschlossen. Bei der Resolution der Generalversammlung zur Ter-ritorialen Unversehrtheit der Ukraine im Frühjahr 2014 konnte Russland 11 Länder auf seiner Seite zählen – bei der Abstimmung im Februar 2023 waren es nur sieben. Während bei der UN-Abstimmung im Jahr 2014 noch Kuba, Venezuela, Bolivien, Simbabwe, Sudan und Armenien das russische Regime unterstützten, enthielten sich diese Länder nach dem Angriffskrieg oder stimmten nicht ab.[295] Dafür gewann Russland beim UN-Referendum ein Jahr nach dem Angriffskrieg Länder wie Mali und Eritrea offiziell für sich, die der Abstimmung im Jahr 2014 ferngeblieben waren.

Etwa 80 Prozent der aktiven westlichen Sanktionen gegen Russland sind erst nach dem 22. Februar 2022 verhängt worden und in Kraft getreten. Sie erweiterten deutlich das Sanktionsregime, das schon seit 2014 nach der An-nexion der Krim bestand. So ist Russland seit 2022 mit fast 16.000 einzelnen Sanktionen – Stand Juni 2023 – mit großem Abstand das meistsanktionierte Land der Welt (Abbildung 4-2).[296] Die Invasion Russlands in die Ukraine hat eine beispiellose Front an Sanktionen ausgelöst, die das Land seither treffen. Beteiligt sind neben der Europäischen Union (plus EFTA-Länder), das Vereinigte Königreich, die USA, Kanada, aber auch Japan, Südkorea, Australien und Neuseeland – freilich mit unterschiedlicher Intensität. Mit über 45 Prozent des Vorkriegshandels mit Russland trägt – und das liegt insbesondere an der Europäischen Union – einerseits ein großer Teil der ehemaligen Handelspartner die Sanktionen gegen Russland mit. Anderer-seits vereinen die Länder ohne Sanktionen gegen Russland 55 Prozent des Handels mit Russland auf sich, sodass Russland gewisse Ausweich- und Substitutionsmöglichkeiten für den Handel mit dem Westen hat.[297]

---

295 Venezuela konnte nicht abstimmen, da sie in Zahlungsrückständen mit der UN standen, aber wahrscheinlich aufgrund der engen politischen Beziehung für Russ-land gestimmt hätte.

296 Daten von Castellum.AI.

297 Berechnung auf Basis von UN Comtrade.

Abbildung 4-2: Weltweite Sanktionen

Anzahl der derzeit aktiven Sanktionen gegen die jeweiligen Länder

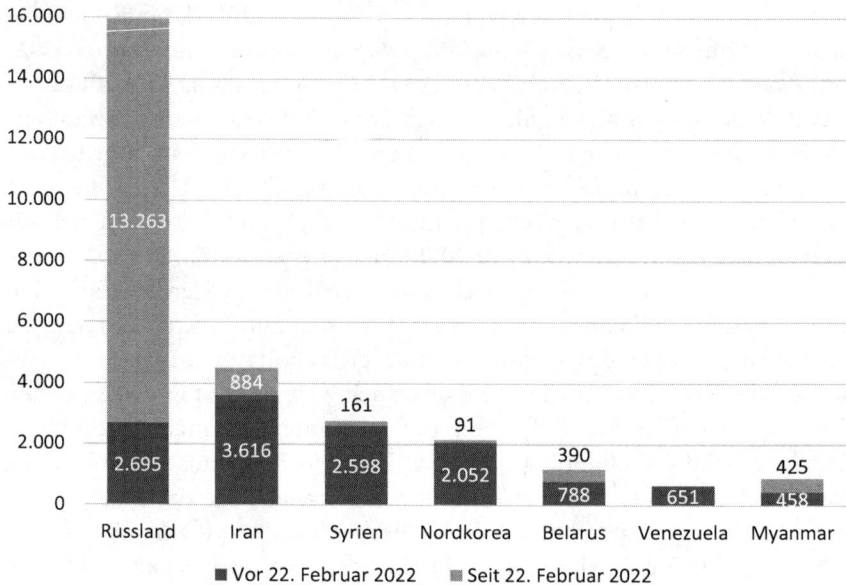

Quelle: Castellum.AI., Stand: Juni 2023

Die westlichen Sanktionen gegen Russland stellen alle anderen aktuellen Sanktionsregime wie gegen den Iran, Syrien oder Nordkorea in den Schatten. Die Sanktionen der westlichen Allianz sind dabei unterschiedlich scharf, allerdings hat die Europäische Union als bislang wichtigster Handelspartner eines der umfassendsten Sanktionspakete geschnürt (Tabelle 4-2). Sie treffen sowohl Einzelpersonen und Organisationen als auch ganze Wirtschaftssektoren. Die Kriegsmaschinerie Russlands soll geschwächt werden und der persönliche Druck im Umfeld des Kremls auf die Führung erhöht werden. Ob dies gelingt, ist fraglich. Dennoch sind die wirtschaftlichen Konsequenzen der Sanktionen auf kurz- und langfristiger Sicht erheblich, wenngleich geschlossenen diktatorischen Regimen durchaus eine längere Anpassung gelingen kann.[298]

---

298 Pleines (2022a).

Tabelle 4-2: Überblick über die von der EU verhängten Sanktionen

Gemäß Verordnung (EU) 833/2014

Art der Sanktion	Gegenstand
Personenbezogene Sanktionen	Gegenüber Oligarchen, Familienmitgliedern, 1.473 natürliche Personen, 207 Entitäten und juristische Personen
Wirtschaftssanktionen	
(1) Ausfuhrverbote & Exportkontrolle aus EU-Staaten und einigen Drittstaaten	Dual-Use-Güter und Advances-Tech-Güter Ausrüstung, Technologien, Dienstleistungen für die Energiewirtschaft Luft- und Raumfahrtausrüstung Elektronikerzeugnisse, Software, Quantencomputer Maschinen und Fahrzeuge Güter und Technologien der Seeschifffahrt Luxusgüter Zivile Feuerwaffen und Armeeausrüstung
(2) Einfuhrverbote	Eisen- und Stahlerzeugnisse Russische Kohle (wind-down-period) Russisches Erdöl und Mineralölprodukte auf dem Seeweg Spirituosen, Meeresfrüchte Zement, Asphalt, Holz, Papier, synthetischer Kautschuk, Kunststoffe Düngemittel Reifen Glas Gold und Schmuck Zigaretten und Kosmetika
(3) Andere	Ausschluss von öffentlichen Ausschreibungen Schließung des europäischen Luftraumes Schließung europäischer Häfen und Schleusen Tätigkeitsverbot gegen russische und belarussische Kraftverkehrsunternehmen auf dem Gebiet der Union Medien (u.a. Sputnik, Russia Today, Rossiya) IT-, Rechtsberatung, Architektur-, Ingenieurdienstleistungen Werbe-, Markt- und Meinungsforschungsdienste Produktprüfungen und technische Inspektionen Ölpreisobergrenze
(4) Finanzsanktionen	Aussetzung von Exportkreditfinanzierungen für Russland und Belarus Sanktionierung der russischen Zentralbank Verbote im Handel mit Wertpapieren und Geldmarktprodukten Investitionsverbote für Teile des russischen Energiesektors Ratingverbot Institutionen mit staatlicher Mehrheitsbeteiligung und designierten Individuen ist jeglicher Handel in Bonds, Aktienkapital, Wertpapieren, Geldmarktprodukten, Anleihen, Krediten untersagt Individuelle Vermögen sind eingefroren Verkauf, Transfer, Tausch von Euro-Banknoten und nicht-Euro-Banknoten aus Mitgliedsstaaten der Europäischen Union ist untersagt

Art der Sanktion	Gegenstand
	SWIFT-Abkopplung von zehn Banken und vollständiges Transaktions-verbot gegen folgende Institute: VTB-Bank, Otkritie, Novikombank, Sovcombank (ca. 23 Prozent Marktanteil) Verbot jeglicher finanzieller Unterstützung von öffentlichen Unternehmungen in Russland (50%+ Inhaberschaft oder Kontrolle) Dienstleistungsverbot: Rechnungslegung, Wirtschafts-, Bilanz- und Rechnungsprüfung, Buchhaltungs- oder Steuerberatungs-dienstleistungen, PR-Dienstleistungen für die russische Regierung oder juristische Personen in Russland niedergelassen

Quellen: Europäische Kommission, BDI. Stand: Juni 2023

Trotz aller fortbestehenden Schlupflöcher ist das Sanktionsregime gegen die Russische Föderation das restriktivste seit über einem halben Jahrhundert. Es wirkt wie ein Totalembargo gegen Russland, das massive Auswirkungen auf den Handel zwischen Russland und dem Westen hat, vor allem mit Europa. Nahezu komplett eingestellt sind die Exporte aus Kanada und den USA nach Russland, die allerdings nachrangigere Handelspartner von Russland waren. Die ersten Anzeichen zeigen, dass das Technologieembargo wirkt. Nach westlichen Geheimdienstinformationen scheint die russische Waffenproduktion empfindlich getroffen zu sein, insbesondere für hochmoderne Raketen, die Sensoren und moderne Chips benötigen.[299] Der Einsatz iranischer und nordkoreanischer Drohnen im Ukraine-Krieg scheint diese These zu bestätigen. Um den gesamten russischen Verteidigungssektor lahmzulegen, benötigt es, wenn überhaupt, viele Jahre und selbst dann ist es dem Land möglich Kapazitäten aufrecht zu erhalten und die Produktion älterer, weniger technologisch komplexer Waffensystem fortzuführen.[300]

4.2 Anpassungen unter Sanktionsbedingungen

„Denn es ist ganz offensichtlich, dass, wenn wir so weiterleben wie bisher, sowohl im Privatleben als auch im Leben der einzelnen Staaten von demselben Wunsch nach dem Guten für uns selbst und unseren Staat geleitet, und wenn wir so weitermachen wie bisher, dieses Gute durch Gewalt zu sichern, dann werden wir zwangsläufig durch die Vermehrung der Gewaltmittel gegeneinander und des Staates gegen den Staat erstens

---

299 U.S. Department of the Treasury – Office of Foreign Assets Control.
300 Bernatskyi (2022).

immer mehr ruiniert, indem wir einen größeren Teil unserer Produktivität auf die Waffen verlagern; zweitens werden durch das Töten in Kriegen gegeneinander die körperlich besten Menschen immer mehr entwürdigt.“[301]

Russlands Wirtschaft und Bevölkerung, die auch in ihrer jüngeren Geschichte große Entbehrungen hinnehmen mussten (das Bruttonationaleinkommen sank zwischen 1990 und 1998 um fast 50 Prozent)[302], sind seit 2014 internationalen Sanktionen ausgesetzt. Sie richteten sich zunächst vor allem gegen Einzelpersonen, Institutionen und Unternehmen und wurden ab 2022 durch das Ziel erweitert, die russische Volkswirtschaft insgesamt zu treffen und die Kriegsmaschinerie des Kremls zu stoppen. Russlands Volkswirtschaft mag durch die Sowjetzeit an Entbehrungen und den Umgang mit alternativen oder qualitativ geringfügigeren Inputfaktoren und Produkten gewöhnt sein. Doch wie schlägt sich die russische Volkswirtschaft insgesamt unter dem westlichen Sanktionsregime? Und welche Anpassungsstrategien verfolgt die russische Wirtschaft und Politik seit 2014 und insbesondere seit 2022?

Autarkiebestrebungen und Kriegsvorbereitungen

Nach der Annexion der Krim durch Russland im Frühjahr 2014 wurden zahlreiche Sanktionen noch im selben Jahr erlassen. Auch in den darauffolgenden Jahren wurden die Sanktionen vom Westen immer wieder erneuert und ausgeweitet. So nahm die EU weitere Unternehmen oder Personen auf die Sanktionsliste auf und verlängerte die Wirtschaftssanktionen kontinuierlich.[303] Die Sanktionen und die wirtschaftspolitische Abwehr- und Anpassungsstrategie des Kremls hinterließen nach 2014 ihre Spuren in der russischen Volkswirtschaft und Gesellschaft.

Obwohl zahlreiche Russland-Experten bereits früh die geostrategischen Ziele Putins erkannten und davor warnten, ignorierten viele im Westen die wirtschaftspolitischen Maßnahmen, die diese Ziele begleiteten. Vor allem ab dem Jahr 2014 wurde die Wirtschaftspolitik auf einen Krieg und Sanktionen vorbereitet. Schon Jahre vor 2014 konnten Abhängigkeiten und Verwundbarkeiten vom Ausland reduziert werden, was die späteren Aggressio-

---

301 Lew Tolstoi (1828-1910), Kommt zur Vernunft!, Teil V. 1904.
302 Berechnung in konstanten Preisen auf Basis der Daten der Weltbank.
303 Rat der Europäischen Union (2023).

nen erleichterte. So reduzierte sich die Auslandsverschuldung, die während der Rubelkrise im Jahr 1999 einen Höchstwert von fast 300 Prozent des BIP verzeichnet hatte, seit Putins erstem Amtsantritt als Präsident ab 2000 kontinuierlich (Abbildung 4-3). Russland schaffte es, die Auslandsverschuldung zwischenzeitlich auf unter 7 Prozent des BIP zu drücken. Seither verharrt der Anteil der russischen Schulden bei ausländischen Gläubigern bei unter 20 Prozent.

Abbildung 4-3:   Staatliche Auslandsverschuldung und
*   Bruttostaatsverschuldung bis 2022 und Prognose*

In Prozent des BIP

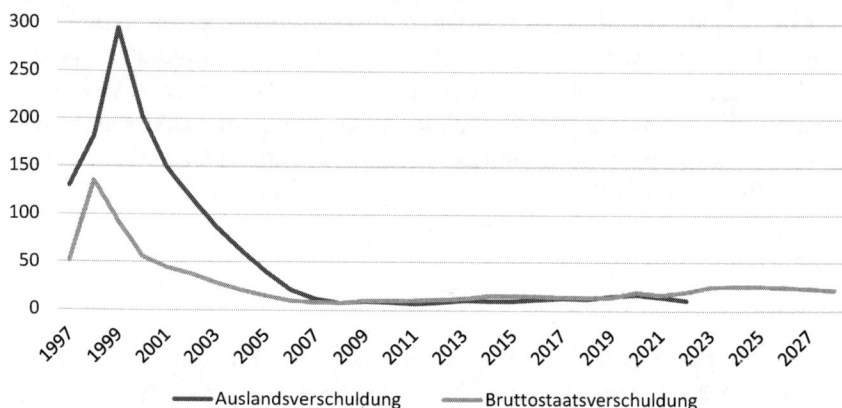

Anmerkung: Auslandsverschuldung als Mittelwerte der Quartalsdaten. Quellen: Macrobond, Russische Zentralbank, Weltbank, IWF, eigene Berechnungen

Die geringe Auslandsverschuldung wurde begleitet von einer niedrigen Schuldenquote (Abbildung 4-3). Die russische Staatsverschuldung liegt mit rund 20 Prozent des BIP im Jahr 2022 weit unter der von Deutschland (66 Prozent) und dem EU-Durchschnitt (84 Prozent).[304] Und das, obwohl die Ausgaben im föderalen Haushalt von 2006 zu 2021 um mehr als das siebenfache gestiegen sind.[305] Die Ausgabensteigerungen sind vor allem auf die Sozialpolitik zurückzuführen, die im Jahr 2006 nur 5 Prozent der Ausgaben des föderalen Haushaltes, aber ab 2011 bis zu 30 Prozent ausmachte. Nach Protesten und einem Tiefstand bei den Zustimmungswerten für den

---

304 Statistisches Bundesamt (2023).
305 Ministerstvo Finansov Rossijskoj Federacii (07.06.2023).

russischen Präsidenten erklärte Putin im Jahr 2005 die Sozialpolitik zur wichtigsten Aufgabe für alle Ebenen der Staatsverwaltung.[306] Folglich führte die Regierung neue Transferleistungen und gezielte Rentenprivilegien ein. Vor allem die Pensionäre profitierten durch Rentenerhöhungen um bis zu 76 Prozent (inflationsbereinigt) im Zeitraum von 2007 bis 2010.[307] Bereits hier lässt sich die Tendenz zu einer „Guns-and-butter"-Politik Putins beobachten. Während man mit steigenden Ausgaben im Bereich der Sozialpolitik den inneren Frieden und Unterstützung für den Präsidenten sichern wollte, wurde der repressive Staatsapparat und die innere Sicherheit weiter ausgebaut. Auch wenn der Anteil am Staatshaushalt recht konstant blieb, erhöhten sich insgesamt die Ausgaben für die innere Sicherheit und Strafverfolgungen im Zeitraum von 2006 bis 2016 um mehr als das Dreifache.[308] Zudem forcierte die russische Regierung seit dem Georgienkrieg im Jahr 2008 die rüstungszentrierte Ausgabenpolitik und erließ im Jahr 2009 die neue Militärdoktrin „Nationale Sicherheitsstrategie der Russischen Föderation bis 2020", in der Modernisierungsprozesse des Militärs angekündigt wurden.[309] Unter anderem wurden ab 2012 die Gehälter in den russischen Streitkräften deutlich erhöht, um qualifiziertes Personal anzuwerben und die Gesamtausgaben des Bundeshaushaltes bis zum Jahr der Annexion der Krim verdoppelt.[310] Der Anteil der Militärausgaben am BIP blieb bis 2013 unter der Marke von 4 Prozent; ab 2014 stiegen die Militärausgaben jedoch auf Spitzenwerte von bis zu 5,3 Prozent des BIP im Jahr 2016.[311]

Die Einrichtung des „Stabilisierungsfonds der Russischen Föderation" half ein finanzielles Polster aufzubauen, das in Zeiten schwankender Ölpreise wichtig zur Stabilisierung der Staatsfinanzen war und später strategisch eingesetzt wurde. Russland wurde Anfang der 2000er Jahre somit vom Nettoschuldner zum Nettogläubiger.[312] In guten Zeiten wurde der Fonds mit den staatlichen Erlösen aus dem Erdölgeschäft gespeist, später kamen die Einnahmen aus dem Erdgasexport hinzu. Bei einem Preisverfall der Brennstoffe sollte der Stabilisierungsfonds das Staatsbudget stützen. 2008 wurde der Fonds in einen Reservefonds zur Stützung der Staatsfinanzen und in einen Wohlfahrtsfonds unterteilt. Der Wohlfahrtsfonds stellt

---

306 Kluge (2018).
307 Kluge (2018).
308 Ministerstvo Finansov Rossijskoj Federacii (07.06.2023).
309 Prezident Rossijckoj Federacii (13.05.2009).
310 Kluge (2018); Ministerstvo Finansov Rossijskoj Federacii (07.06.2023).
311 Götz (2007).
312 Buhbe und Gorzka (2007).

den eigentlichen Investitionsfonds dar und sollte langfristig zur Deckung des Rentensystems dienen, wurde aber auch für Investitionen in „nationale Projekte" wie Bildung, Straßenbau und Forschung genutzt, weshalb der Fonds für den russischen Staat ein Instrument ist, was recht flexibel eingesetzt werden kann, unter anderem sogar zur Finanzierung der Olympischen Winterspiele.[313] Der russische Wohlfahrtsfonds startete mit rund 780 Mrd. Rubel (was 1,9 Prozent des BIP entsprach) und verharrte lange auf diesem Niveau. Ab 2015 erhöhte sich die Summe deutlich und schoss in den Jahren 2019 und 2020 regelrecht nach oben, was als unmittelbare Kriegsvorbereitung gewertet werden kann. Die Summe im Fonds betrug im Jahr 2021 zwischenzeitlich über 12 Prozent des BIP (Abbildung 4-4).

Abbildung 4-4: Nationaler Wohlfahrtsfonds der Russischen Föderation

In Billionen Rubel

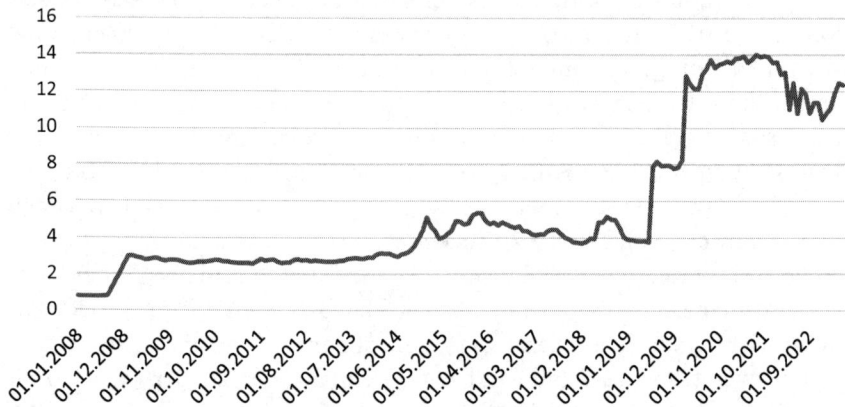

Quellen: Macrobond, Russisches Wirtschafts- und Finanzministerium

Russland dotierte jedoch nicht nur seinen Staatsfonds höher, sondern schichtete auch seine Anlagen um: 2021 gab die russische Regierung bekannt, die Dollardeckung des Wohlfahrtsfonds weiter zu reduzieren, um weniger anfällig für westliche Sanktionen zu sein.[314] Schon 2018 konnte man diesen strategischen Schwenk vom US-Dollar auf andere Währungen, vor allem den Yuan, beobachten, als sich der Anteil des US-Dollars an den russischen internationalen Reserven von 44 Prozent auf 22 Prozent

---

313 Götz (2007); Kluge (2018).
314 DER SPIEGEL (03.06.2021).

halbierte (Abbildung 4-5). Die Umschichtung der Devisenreserven fand zugunsten des Euro und vor allem Yuan statt, was als erstes Zeichen für eine geplante Allianz Russlands mit China als Gegengewicht zu den USA gewertet werden konnte.[315] Durch die konstant gestiegenen Einnahmen aus dem Gasgeschäft mit Europa, steigerten sich die Euro-Reserven zwar, jedoch lagen sie 2021 immer noch über elf Prozentpunkte unter dem Niveau von 2014. Unmittelbar vor Beginn des Angriffskriegs hatte Russland fast 17 Prozent seiner Fremdwährungen im Portfolio der Zentralbank in China verwahrt und nur 6,4 Prozent in den USA. Unter Putin wurden nicht nur insgesamt die Zentralbankreserven ausgeweitet und die Devisen umgeschichtet, sondern der Anteil an Goldreserven massiv erhöht, die eine Stabilisierungsfunktion in Krisenzeiten versprechen. Im Jahr 2007 betrugen die Anteile an Goldreserven an den gesamten Zentralbankreserven lediglich 2 Prozent. Da die staatenlose Währung Gold den Staat aber vor Sanktionen wappnet, wurde Gold immer wichtiger für die russischen Reserven. Vor der Annexion der Krim, Ende 2013, waren schon fast 8 Prozent der Zentralbankreserven in dem Edelmetall angelegt, bis Ende 2021 erhöhte sich der Anteil auf über 20 Prozent.[316]

Weitere russische Autarkiebestrebungen seit 2014 zeigen sich an dem Versuch, ein eigenes Staatsinternet nach nordkoreanischem Vorbild zu etablieren oder ein eigenes Zahlungssystem aufzubauen nach dem Rückzug westlicher Kreditkartenanbieter wie Visa und Mastercard.[317] Nachdem bereits 2014 ein Ausschluss Russlands aus dem weltweiten Banken-Informationssystem, SWIFT, diskutiert wurde, entwickelte die Bank of Russia die russische Alternative SPFS (System for Transfer of Financial Messages).[318]

---

315 Zschäpitz (11.01.2019).
316 Daten von der Russischen Zentralbank.
317 Hensen (08.03.2022); Jaroslawski (26.09.2018).
318 CyberFT (2023); Nölke (2023).

Abbildung 4-5: Internationale Reserven der Russischen Zentralbank
Währungszusammensetzung, in Prozent des Marktwertes

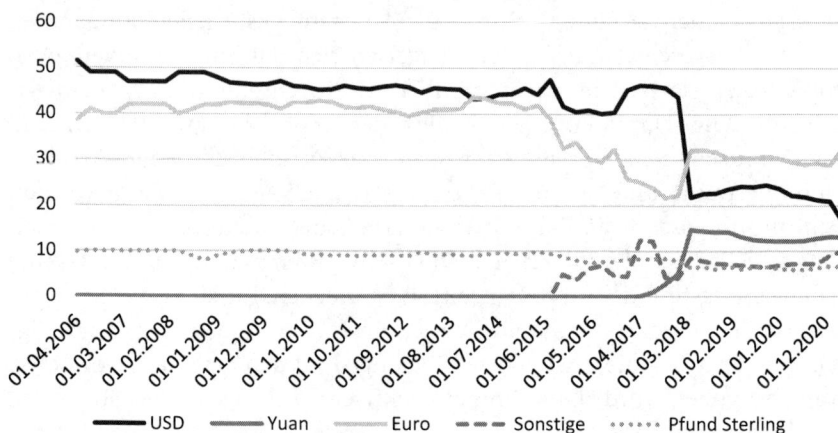

Anmerkung: "Sonstige" umfasst Vermögenswerte in Yen sowie in Kanadischen, Australischen und Singapur Dollar. Datenreihe nur bis 04/2021 verfugbar. Quellen: Macrobond, Zentralbank der Russischen Föderation

Außerdem bemühte sich Russland unabhängiger von westlichen Importen zu werden. Im Landwirtschaftssektor wurden Gegensanktionen ausgerufen, um die heimischen Produkte wettbewerbsfähig zu machen.[319] Der Direktor des Zentrums für Strukturpolitikforschung an der staatlichen Moscow Higher School of Economics wehrt sich zwar gegen die Beschreibung, dass Importsubstitutionen „russisches Know-How" seien.[320] Doch auch er muss eingestehen: Der Versuch, über binnenwirtschaftliche Förderung, die Importe durch heimische Produktion zu ersetzen, entspringt einer langen Tradition in Russland.[321] Die Politik der Importsubstitution wurde bereits während der Sowjetzeit verfolgt und kam in bestimmten Phasen in Russland immer wieder zum Vorschein. Importsubstitutionen waren vor allem in zwei Zeiträumen wichtig: während der 1950er Jahre galt es die Nachkriegsprobleme zu überwinden und in der Phase nach 2008/2009 wurde im Zuge der ersten Krise der modernen Globalisierung das Re-Shoring

---

319 Pleines (2022a).
320 Higher School of Economics - State University (2023).
321 Higher School of Economics - State University (2023).

der Industrie gefördert.[322] Trotz der Substitutionspläne wuchs der Anteil der Importe am BIP weiter von 8 Prozent im Jahre 2009 auf 11 Prozent bis 2014 an und führte die russische Wirtschaft weiter in Abhängigkeit von ausländischen (Vorleistungs-)Gütern.[323] Nach dem ersten Sanktionsregime nach 2014 erließ die Regierung zahlreiche Importsubstitutionspläne und Listen mit Produkten und Technologien, die durch russische Äquivalente ersetzt werden sollten. Beispielsweise sollten medizinische Produkte, die zuvor vollständig importiert wurden, bis 2020 zu 90 Prozent aus russischer Produktion kommen.[324] Auch wenn der Anteil der Importe am BIP bis 2019 wieder auf 8 Prozent reduziert werden konnte, bestanden in wichtigen russischen Industrien wie im Maschinenbau oder der Pharmaindustrie weiterhin kritische Abhängigkeiten. So war vor der Corona-Pandemie und dem Ukraine-Krieg die Ukraine mit 24 Prozent der größte Lieferant von anorganischen Chemieprodukten für Russland, und Deutschland war Hauptlieferant von Maschinen mit 22 Prozent der russischen Maschinenimporte.[325]

Die wirtschaftlichen Sanktionen nach der Krim-Annexion waren von überschaubarem Erfolg: Die Sanktionen reduzierten Russlands Handel mit den sanktionierenden Ländern insgesamt um rund 21 Prozent, wobei die Effekte der Sanktionen sehr unterschiedlich wirkten und von signifikant negativen (z.B. Kanada und EU) über insignifikante (USA) bis hin zu signifikant positiven Effekten (Japan) reichten.[326] Auch wenn dem Sanktionsregime ab 2014 eine schwache Wirkung auf den Außenhandel zugesprochen wird, musste die russische Volkswirtschaft im Jahr 2015 ein Wirtschaftsrückgang von 2 Prozent hinnehmen. Damit konnte Russland die Wachstumsraten von über 4 Prozent in den frühen 2010er Jahren nicht fortsetzten und verzeichnete in den Folgejahren nur vergleichsweise geringe Wachstumsraten von 0,2 und 1,8 Prozent (in den Jahren 2016 und 2017).[327] Außerdem halbierte sich der Wert des Rubels gemessen am US-Dollar innerhalb eines Jahres nach der Krim-Annexion. Neben einem Ölpreisverfall haben die Sanktionen mit den dazugehörigen Folgeeffekten zu diesem Rubelverfall beigetragen.[328] Gleichzeitig stieg die Inflationsrate von 7,8 Pro-

---

322 Higher School of Economics - State University (2023).
323 UN Comtrade Database.
324 Kluge (2016).
325 UN Comtrade Database.
326 Syropoulos et al. (2022).
327 World Development Indicators, World Bank.
328 Hanson (17.03.2015).

zent im Jahr 2014 auf über 15 Prozent in 2015 an.[329] Auch die russische Oberschicht verlor Vermögenswerte, vor allem durch den Fall des Rubels: Schätzungen zufolge mussten die zwanzig reichsten russischen Milliardäre Einbußen von 73 Milliarden US-Dollar zwischen Februar und Dezember des Jahres 2014 hinnehmen.[330] Sinkende Realeinkommen bei der breiten Bevölkerung korrelieren mit einer geringeren Zustimmung für Kreml-nahe Kandidaten bei regionalen Wahlen im Zeitraum 2012 bis 2018.[331] Insgesamt hat die Krim-Annexion Putin jedoch einen großen Zuwachs an Zustimmung beschert: Nach einem Tiefpunkt von 61 Prozent im November 2013 kletterte die Zufriedenheit mit dem russischen Präsidenten in der Bevölkerung auf 88 Prozent im Oktober 2014.[332] Von einer Schwächung des politischen Rückhalts in der Bevölkerung kann keine Rede sein. 60 Prozent der Russen sagten in einer Umfrage im Herbst 2014 sogar, die Sanktionen würden der russischen Wirtschaft nutzen, während immerhin ein Viertel der Russen zugab, die Sanktionen schadeten Russland.[333] Putin schaffte es, im Anschluss an die Krimannexion eine Welle nationaler Euphorie zu entfachen, sodass sich die Folgen für die russische Wirtschaft zumindest rhetorisch marginalisieren ließen. Auch die Folgen der Krim-Annexion schienen die Russen mit Fassung zu tragen, denn fast 70 Prozent der Russen waren der Meinung, Russland solle ungeachtet der Sanktionen seinen Kurs weiterverfolgen. Und das obwohl über 60 Prozent der Russen schon unter dem lockererem Sanktionsregime von 2014 nicht bereit waren, eine Verschlechterung ihrer Lebensverhältnisse aufgrund der Sanktionen in Kauf zu nehmen.[334] Faktisch hat die russische Bevölkerung die Verschlechterungen aber hingenommen und erduldet dies auch unter dem aktuellen Sanktionsregime.

Die aggressive geopolitische Richtung beizubehalten und gleichzeitig die Bevölkerung keine Auswirkungen der Sanktionen spüren zu lassen zeigt das dünne Eis, auf dem sich Putin bereits vor dem Angriffskrieg auf die Ukraine befand. Mit staatlicher Propaganda, Repression der politischen Opposition und erhöhten Sozialausgaben scheint Putin die Gratwanderung zwischen sozialem Frieden und einem durch Sanktionen geahndeten Imperialismus zunächst gelungen zu sein. Doch wie die Entwicklungen nach

---

329 World Development Indicators, World Bank.
330 Forbes (2014).
331 Kozlov und Snegovaya (2019).
332 Macrobond, Levada Center (Approval of Government, Putin's Approval Rating).
333 Bundeszentrale für politische Bildung (2014).
334 Bundeszentrale für politische Bildung (2014).

2022 zeigen, werden langfristig ökonomischen und soziale Kosten für den Aggressor unvermeidbar sein.

Kriegswirtschaft unter verschärften Sanktionsbedingungen

Der Angriffskrieg Russlands ist nicht nur eine Zäsur in der europäischen Sicherheitsarchitektur und für die internationale Geopolitik, sondern ist auch für den Aggressor mit einem der größten politischen sowie wirtschaftlichen Einschnitte der letzten Jahrzehnte verbunden. Der Westen reagierte geschlossen und umgehend mit Sanktionen, wodurch die angestrebten Autarkiebestrebungen der russischen Volkswirtschaft auf eine harte Probe gestellt werden. Regierung, Gesellschaft und Wirtschaft müssen sich auf Entbehrungen, Strategien zur Umgehung der Sanktionen und Kriegswirtschaft einstellen. Vor allem mittel- bis langfristig werden die Wirtschaftssanktionen des Westens Russland hart treffen und zur gegenseitigen Abkopplung führen, die nur unter sehr unwahrscheinlichen Fällen wieder revidiert werden kann. Daher stellt sich die Frage, wie Russland unter erschwertem Sanktionsregime weiterhin wirtschaftet, welche Maßnahmen getroffen wurden, und welche Perspektiven bestehen.

Welche volkswirtschaftlichen Folgen hat das Sanktionsregime?

Die russische Volkswirtschaft kann noch so entbehrungserprobt und gut auf mögliche Sanktionen vorbereitet worden sein, die Zügigkeit und das Ausmaß der westlichen Sanktionen werden für die russische Regierung überraschend gekommen sein. Zunächst sahen die Wirkungen des Sanktionsregimes vielversprechend aus: Wenige Tage vor dem Einmarsch in Ukraine am 24. Februar 2022 lag der Rubel-Kurs noch bei 1,25 US-Dollar (je 100 Rubel). Bis Anfang März rutschte der Rubel auf einen Tiefstand von 0,7 Dollar ab (7. März 2022) und die Inflation stieg auf über 17 Prozent im April.

Doch der finanzielle Kollaps Russlands blieb aus. Denn die Zentralbank erhöhte den Leitzins auf zeitweise 20 Prozent, führte strenge Kapitalverkehrskontrollen ein und schloss vorrübergehend die Börsen. Durch dieses schnelle und zielorientierte Agieren konnte die russische Währung stabilisiert und die Inflation eingedämmt werden. Auch wenn der Bankensektor Verluste von 25 Mrd. US-Dollar in der ersten Jahreshälfte 2022 zu verzeichnen hatte, funktionieren das Finanzsystem und das internationale Zahlungssystem trotz SWIFT-Ausschluss weiter, zumal der Energiesektor davon ausgenommen war und Russland auf sein alternatives Informationssystem setzte.[335] Durch zahlreiche Krisenerfahrungen der jüngeren Zeit (2008/09, Wirtschaftssanktionen nach 2014, Corona-Pandemie) konnte die Verwaltung recht schnell und unkompliziert Unterstützungsmaßnahmen umsetzen, um die Wirtschaft zu stützen.

Somit wurde die Zentralbank zur Schlüsselinstitution, die den Kollaps des Landes unmittelbar nach Beginn des Sanktionsregime verhinderte, wie deren Chefin, Elwira Nabiullina, in ihrer Ansprache an die Duma feststellte:

> „The first restrictions were very tight. This was actually like fighting a fire. Nevertheless, these urgent radical measures helped prevent an inflationary spiral, quickly pass the peak of inflation and avoid the Ruble depreciation that had always occurred during the previous severe crises, as you remember. We also suspended trading on the exchange in order to prevent a collapse in the securities market. We communicated with market participants to get prepared for the reopening of the market and were even ready to support the market of federal government bonds in order to prevent its downfall, but ultimately the market did without our intervention. The reopening of markets was quite calm, and considering the situation, they operate almost as normal."[336]

Nachdem der Zusammenbruch der Währung zunächst abgewendet war, beschloss die Zentralbank die restriktiven Maßnahmen langsam, aber konsequent zurückzunehmen. Dies erwies sich als angemessen, denn andernfalls hätte dies einen deutlich größeren Einbruch für die Wirtschaft bedeutet. Der Patient Russland – so die Worte von Nabiullina – ist vorerst nicht kollabiert:

> „However, anti-crisis measures are a strong medicine, and, just as any strong medicine, they have their side effects. Hence, a patient should stop taking a medicine as soon as it becomes possible to do without it. Otherwise, these side effects will eliminate all advantages. This was exactly how we were acting.[337]

---

335 Nölke (2023); Scherrer und Wullweber (2022).
336 Nabiullina (12.04.2023).
337 Nabiullina (12.04.2023).

Trotz des Einfrierens der Reserven der russischen Zentralbank bei westlichen (Zentral-)Banken in Höhe von rund 300 Mrd. US-Dollar hat Russland noch genügend Möglichkeiten, seine Reserven zu nutzen, die es ohnehin vermehrt in der chinesischen Währung hält, um nicht nur den Handel mit China zu finanzieren, sondern auch um den Yuan in US-Dollar zu tauschen.[338] Der Zahlungsausfall des russischen Staates Ende Juni 2022 war rein technischer Natur, denn das Geld wäre vorhanden gewesen, lediglich die Sanktionen verhinderten die Auszahlung. Der Schaden des Zahlungsausfalls hält sich in Grenzen und das Ziel, die Refinanzierungsmöglichkeiten Russlands am internationalen Kapitalmarkt zu erschweren, wurde nur teilweise erreicht.[339]

Der Rückgang der russischen Wirtschaftskraft ist mit minus 2 Prozent im Jahre 2022 deutlich niedriger ausgefallen als zuvor erwartet. Die Prognosen unmittelbar vor dem Angriffskrieg (im Dezember 2021) gingen jedoch noch von einem Wachstum der russischen Volkswirtschaft von 2,6 Prozent für das Jahr 2022 aus.[340] Dies zeigt den wirtschaftlichen Schaden des Kriegsbeginns und der Sanktionen für Russland. Die Industrieproduktion im Jahr 2022 ging insgesamt nur leicht um 0,6 Prozent zurück, der Konsum der Haushalte um 1,4 Prozent, während die Bruttoanlageinvestitionen um mehr als 3 Prozent stiegen.[341] In einigen Branchen, vor allem in denjenigen, die abhängig von Vorleistungsgütern aus dem Ausland sind, brach die Produktion stark ein: Nach Kriegsbeginn ging diese in der Autobranche kurzzeitig um 90 Prozent zurück und in der Pharmabranche um immerhin 25 Prozent; große Probleme gab es bei Elektronischen Ausrüstungen mit einem Minus von 15 Prozent bis Juni 2022.[342] Im zweiten Halbjahr erholte sich die Produktion wieder etwas, auch weil Umwelt- und Qualitätsstandards abgesenkt wurden. Laut Rosstat gab es im gesamten Jahr 2022 einen Produktionsrückgang von 57 Prozent in der Automobilproduktion und in ähnlichem Ausmaß in der Zuliefererindustrie. Die Produktion von Haushaltswaren – hier sind elektronische Teile wichtig – brach um fast 50 Prozent im gesamten Jahr 2022 ein. Insgesamt wiegen die Effekte des Kriegs und der Sanktionen vor allem für das Verarbeitende Gewerbe in Russland schwer.[343]

---

338 Scherrer und Wullweber (2022).
339 Scherrer und Wullweber (2022).
340 Consensus Economics Inc.
341 Consensus Economics Inc.
342 The Economist (24.08.2022).
343 Astrov et al. (2022).

Doch die Sanktionen scheinen die russische Wirtschaft nicht in die Knie zu zwingen, denn für das Jahr 2023 wird von einem leicht positiven BIP-Wachstum ausgegangen, obwohl Mitte 2022 der russischen Volkswirtschaft noch eine größere Schrumpfung von 5 Prozent vorausgesagt wurde.[344] Das verdeutlicht die Fehlannahme der Prognosen über die Sanktionen. Doch hat dies weniger mit der Resilienz der russischen Volkswirtschaft als mehr mit dem Hochfahren des militärisch-industriellen Komplexes zu tun. Die Kennzeichen einer Kriegswirtschaft – hohe Ausgaben für die nationale Verteidigung und sozialpolitische Entlastungen – können solche Zuwächse beim Bruttoinlandsprodukt erklären. Dies generiert jedoch keine wettbewerbliche oder innovationsgetriebene Wertschöpfungspotenziale.

Die Sanktionen haben vor allem Auswirkungen auf Russlands Importstruktur. Dass die Lage schwierig ist, belegt die Tatsache, dass die Veröffentlichungen russischer Handelsstatistiken eingestellt wurde. Immerhin war der Westen, insbesondere die Europäische Union, bis vor dem Krieg Russlands wichtigster Lieferant von Waren. Nun lässt sich eine Veränderung der Exporte einzelner Länder nach Russland feststellen. Ein Jahr nach dem Krieg sind die Exporte des Westens im Vergleich zum Vorjahreszeitraum durch die Sanktionen stark gesunken: die eher weniger wichtigen Länder wie Kanada und die USA exportierten 90 Prozent bzw. 86 Prozent weniger Güter nach Russland, das Vereinigte Königreich 74 Prozent und die EU als wichtigster Importmarkt immerhin 47 Prozent weniger (Abbildung 4-6). Sogar die prominentesten Vertreter der sogenannten „Transactional 25" – Länder, die sich weder eindeutig zum Westen noch zu Russland oder China bekennen und sich nicht am Sanktionsregime beteiligen –, Brasilien und Indien, lieferten weniger Güter nach Russland. Von besonderer Bedeutung für Moskau ist China, schließlich steuerte es 2021 rund ein Viertel der russischen Importen bei, darunter auch 57 Prozent aller importierten Halbleiter. Peking hatte nach dem Angriff auf die Ukraine angekündigt, seine Handelsbeziehungen zu Russland regulär weiterzuführen. Dementsprechend weisen auch die Handelszahlen von März 2022 bis März 2023 im Vergleich zum Vorjahreszeitraum einen um mehr als 16 Prozent höheren Export von China nach Russland auf. Ganz weit oben auf der Exportliste

---

344 Consensus Forecast (Juni 2023); Higher School of Economics - State University (2023).

von China standen auch im Jahr 2022 wieder Maschinen, Elektronik und Fahrzeuge.[345]

Abbildung 4-6:   *Veränderung des Exportvolumens im Kriegszeitraum im Vergleich zum Vorkriegszeitraum*

Rang des Exportvolumens für 2021, Veränderung des Exportvolumens im Zeitraum März 2022 bis März 2023 zum Exportvolumen zwischen Februar 2021 bis Februar 2022, in Prozent

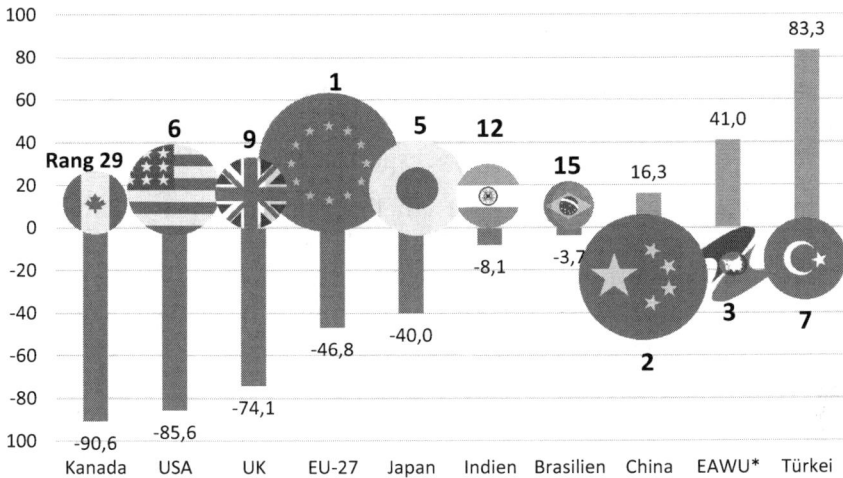

* EAWU = Eurasische Wirtschaftsunion, bezieht sich auf die Veränderung der Exporte nach Russland im Jahr 2021 vs. 2022. Quellen: Macrobond, UN Comtrade, IMF

Einen bedeutsam größeren Exportzuwachs nach Russland verzeichnen die Länder der Eurasischen Wirtschaftsunion (EAWU) und die Türkei. Vor allem Belarus und Kasachstan sind wichtige Lieferanten für Russland, ihr Anteil an allen Exporten der EAWU nach Russland macht zusammen über 90 Prozent aus. Während die EAWU ihre Ausfuhren im Jahreszeitraum nach Kriegsbeginn immerhin um 41 Prozent steigerte, verzeichnete die Türkei mit über 80 Prozent den höchsten Exportzuwachs nach Russland nach Kriegsbeginn. Die Türkei, immerhin ein NATO-Mitglied, wurde zum wichtigsten Zugang Russlands zur Welt und zu westlichen Gütern. So waren im Jahr 2022 Maschinen das meist exportierte Gut von der Türkei

---

345   Berechnung auf Basis der Daten von Trading Economics.

nach Russland, Elektronik und Transportmittel landeten auf Platz vier und fünf.[346]

Trotz des Sanktionsregimes gelingt es Moskau über Schmuggel und von russischer Seite offiziell genehmigte Parallelimporte (sogenannte Grauimporte, die die Einfuhr ohne Zustimmung des Herstellers auf alternativem Weg ermöglicht) sowie über Re-Exporte westliche und sanktionierte Güter zu beziehen:

> „The Kremlin, however, has long experience in counteracting and circumventing sanctions. A recent report from the Royal United Services Institute (RUSI) looked at 27 of Russia's most up-to-date military systems—including communications systems, cruise missiles, and electronic warfare equipment—and found them to contain at least 80 different types of components subject to U.S. export controls."[347]

Beispielsweise wurden im Jahr 2022 auffällig mehr Traktoren aus Deutschland nach Kasachstan und in die Türkei als noch im Jahr 2021 geliefert (70 und 190 Prozent). Kasachstan und Armenien importierten auch mehr Haushaltsgeräte wie Kühlschränke oder Waschmaschinen. Die These, dass die in den Haushaltsgeräten verbauten Chips ausgebaut und zur Reparatur von Panzern verwendet werden könnten, liegt nahe.[348] Trotz aller Umgehungsversuche der Sanktionen Russlands, haben vor allem die Embargos hochtechnologischer Güter die russische Armee hart getroffen, denn in militärischen Kampfausrüstungen sind zahlreiche westliche Produkte verbaut. So musste die Produktion moderner Luftabwehrraketen Russlands aufgrund des Mangels an deutscher Elektronik eingestellt werden.[349]

Es zeigt sich jedoch, dass der Bezug von Gütern für Russland lediglich eine Frage des Preises ist. Schmuggel und Schattenimporte finden statt, und die Umgehungsstrategien werden immer ausgefeilter. Dennoch haben die gegenseitigen Sanktionen und die damit einhergehenden Versicherungsprobleme der Logistik sowie Lieferverzögerungen die Transportkosten in die Höhe schnellen lassen: Der zivile Luftverkehr wurde unmittelbar nach Ausbruch des Krieges – auch für den Güterverkehr – gesperrt. Russische und belarussische Speditionen werden seit dem fünften Sanktionspaket nicht mehr in die EU gelassen. Die umständlichen Transportwege über

---

346 Berechnung auf Basis der Daten von Trading Economics.
347 Shagina (2022).
348 Klaus (10.11.2022).
349 Racz, Spillner und Wolff (2023).

Transitländer treiben den Preis. Der Seeweg ist durch das Einlaufverbot von russischen Schiffen gesperrt; der Transit per Schienenverkehr zwischen der EU und China durch Russland ist durch die Sanktionen gestört.[350] All dies erschwert nicht nur den Handel mit Russland, sondern schränkt auch die Attraktivität und Aktivitäten der Unternehmen ein, die noch in Russland unternehmerisch tätig sind. Ein „Business as usual" ist damit so gut wie unmöglich. Interne Gespräche mit deutschen Unternehmervertretern in Russland deuten darauf hin, dass faktisch sämtliche ausländische Unternehmen in Russland nur noch Local-for-local-Geschäfte tätigen.

Werden Sekundärsanktionen umgesetzt, wird es zudem schwieriger für die Türkei und andere Länder weiterhin vom Westen sanktionierte Re-Exporte durchzuführen. Einen echten *Schwarzen Ritter* hat Russland somit nicht. Länder, die dem sanktionierten Land aktiv und furchtlos dabei helfen, die Sanktionen zu umgehen, werden in der Sanktionsforschung als solche bezeichnet. China bleibt zögerlich, um den Zugang zu wichtigen westlichen Märkten nicht zu verspielen, Erdoğan positioniert sich wohlmöglich – wenn auch als schlechter – Vermittler zwischen der EU und Russland, und die EAWU-Staaten sind notgedrungen in einer Allianz mit Russland gefangen, äußern jedoch zum Teil auch kritische Töne.[351] Würden Sekundärsanktionen umfassend umgesetzt, blieben Russland höchstens bereits isolierte Länder mit geringem Einfluss und wirtschaftlichem Nutzen, wie der Iran, als Importmärkte erhalten.

Anders als bei den Importen, boomten nach Kriegsbeginn die Exporte, bei denen im Jahr 2022 ein Rekordüberschuss erzielt wurde, was – trotz des Preisabschlags für russisches Öl und Gas – vor allem an den stark gestiegenen Weltmarktpreisen für diese Energierohstoffe lag. Doch der vollständige europäische Importstopp von Kohle, das russlandseitige Gas-Embargo über die Nordstream-Pipelines und letztendlich das EU-Einfuhrverbot von russischem Öl auf dem Seeweg sowie der Öl-Preisdeckel hinterlassen allmählich Spuren bei den Exporteinnahmen Russlands.[352] Das Geschäftsmodell der russischen Ökonomie – Rohstoffexporte nach Europa und Import von Hochtechnologie – wird durch Sanktionen und Gegensanktionen massiv geschwächt, wenn auch nicht komplett ausgehebelt. Zusätzlich war das russische Geschäftsmodell auch schon durch die Klimapolitik der EU bedroht,

---

350 IHK (05.06.2023).
351 Müller (09.12.2022).
352 Russia Fossil Tracker (24.05.2023).

weil die russische Energiewirtschaft durch die grüne Transformation der EU so oder so einen wichtigen Absatzmarkt verloren hätte.

Während die EU derzeit zwar weniger, aber immer noch teilweise Erdöl und Erdgas aus Russland bezieht, hat sich Russland längst nach anderen Absatzmärkten umgeschaut. Vor allem Indien und China springen als Abnehmer russischer Rohstoffe ein und profitieren vom günstigen Preis. Der Weltmarktpreis für Rohöl (ausgedrückt in der Sorte Brent) und russisches Öl (Urals) verliefen bis 2022 noch parallel. Im Laufe des Jahres 2022 entkoppelten sich die Preise jedoch und der Preis für russisches Öl fiel unterhalb des Weltmarktpreises. Seit Jahresbeginn 2023 pendelt sich der Preis für russisches Urals-Öl um den vom Westen beschlossenen Preisdeckel von 60 US-Dollar pro Barrel ein.[353] Russische Exporte von Rohöl und Ölprodukten sind somit im Wert vom ersten Quartal des Jahres 2023 gegenüber dem letzten Quartal im Jahr 2022 um 15,6 Mrd. US-Dollar gesunken und machen ca. 40 Prozent des gesamten Rückgangs der Warenexporte aus. Ein Großteil der Wertminderung russischer Ölexporte wird durch die geringeren Exportmengen, aber auch durch Rabatte, die Russland auf seine Rohstoffe gewähren muss, getrieben.[354] Studienergebnisse weisen jedoch auch auf Verstöße gegen die Öl-Preisobergrenze hin und verdeutlichen die Notwendigkeit für eine strengere Durchsetzung.[355] Durch die gebundene Lieferstruktur russischer Rohstoffe zuvorderst an Pipelines hat Russland das Problem, seine Rohstoffe absetzen und ausliefern zu können. Die Umwege und Bürden, die Russland aufgrund der Sanktionen auf sich nehmen muss, werden am Beispiel des Ankaufs gebrauchter Tanker durch Russland deutlich. Moskau versucht mit dieser „Schattenflotte" seine Rohstoffe trotz westlicher Sanktionen verkaufen zu können.[356]

Was sind die Reaktionen des russischen Staates auf die Sanktionen?

Die russische Regierung hat – vor allem nach 2014 – versucht, die russischen Staatsfinanzen und das Wirtschaftssystem autarker zu gestalten und damit – wie heute plausibel einzuordnen ist – auf einen militärischen Konflikt vorbereitet. Der Kreml reagierte auf die westlichen Sanktionen mit einer Flut an Gesetzen: Im Jahr 2022 wurden insgesamt 654 Gesetze

---

353 Centre for Research on Energy and Clean Air (2023).
354 Hilgenstock et al. (2023).
355 Hilgenstock et al. (2023).
356 Sheppard, Cook und Ivanova (02.10.2022).

von der Staatsduma verabschiedet, was eine Rekordzahl in der Geschichte des russischen Parlaments darstellt.[357] Das Strafgesetz wurde z.B. durch die Erhöhung der Strafe für Verrat von 20 Jahren auf lebenslänglich massiv verschärft, um das Regime Putins und die „Untertanen"-Mentalität zu festigen sowie Kritiker und Oppositionelle mundtot zu machen.[358]

Mit seinem Dekret „Über die Anwendung besonderer wirtschaftlicher Maßnahmen im Bereich der außenwirtschaftlichen Tätigkeit zur Gewährleistung der Sicherheit der Russischen Föderation" ebnete Putin Anfang März 2022 den Weg für umfassende Gegensanktionen, die unter anderem ein Ausfuhrverbot von über 200 Waren, wie Holz- und Agrarprodukte, aber auch technische Güter beinhalten.[359] Die für Deutschland wohl bedeutsamste Gegensanktion war die Abschaltung der russischen Gaslieferungen über die Nordstream-Pipeline im Spätsommer 2022. Für viele Teile der Welt war vor allem das befristete Exportverbot für Getreide, von März bis Juni 2022, von hoher Bedeutung. Dass der Getreidepreis 2022 auf einen Höchststand der vergangenen 30 Jahren schoss, zeigt die Abhängigkeit des Weltmarktes von Russland und der Ukraine.[360] Auch auf zivilgesellschaftlicher Ebene will Russland sich vom Westen trennen und treibt die Abkopplung voran: ausländische Akteure dürfen beispielsweise keine Erziehungstätigkeiten mehr von Minderjährigen durchführen und öffentliche Dienstleistungen (Zahlungsabwicklungen, Informationsübermittlung etc.) durch ausländische Akteure sind verboten.[361]

Was 2014 in ersten Zügen begann, wurde ab 2022 strikt weiterverfolgt: der Umbau und die Ausrichtung der Wirtschaft zur Kriegswirtschaft. Die Rüstungsausgaben und das Decoupling des Westens stellt Russland vor das Dilemma, steigende Ausgaben mit sinkenden Einnahmen zusammenzuführen. Vor allem die Rückgänge aus Erdöl- und Erdgasexporten infolge von Embargos belasten den Haushalt ab 2023 und werden mit einem nun geringeren Anteil an den Gesamteinnahmen auf ca. 35,5 Mrd. Euro im Jahr 2023 geschätzt (Abbildung 4-7). Trotz der insgesamt geringen Schuldenquote zeigt sich, dass der russische Staatshaushalt absolut gesehen immer höhere Defizite verzeichnet. In der ersten Hälfte des Jahres 2023 wies der russische Haushalt die zweithöchsten Defizite seit 1999 auf (Ab-

---

357 Danilina (29.12.2022).

358 Die Welt (12.05.2023).

359 Wolf (2023).

360 Food Price Index der Food and Agriculture Organization (FAO).

361 TASS (30.11.2022); Gosudarstvennaja Duma Federaljnogo Sobranija Rossijskoj Federacii (2023).

bildung 4-8). Vor diesem Hintergrund muss die russische Regierung eine Priorisierung der Ausgaben vornehmen und gegebenenfalls Einsparungen beschließen. Der Haushalt für die Jahre 2023 bis 2025, der von der Duma Ende Oktober 2022 verabschiedet wurde, sieht weiter steigende Ausgaben im Verteidigungshaushalt für das Jahr 2023 vor, wenn auch in einem geringeren Umfang als noch im Jahr 2022, als dieser Posten um 31 Prozent im Vergleich zum Vorjahr stieg. Ein starker Anstieg um 55 Prozent im Jahr 2023 im Vergleich zu 2022 ist ebenfalls im Bereich „Nationale Sicherheit und Strafverfolgung" geplant. Dies hängt vermutlich mit dem Ausbau der repressiven Gesetze der Strafverfolgung zusammen. Die Ausgaben für innere und äußere Sicherheit machen damit in der Haushaltsplanung bis 2025 konstant über 14 Prozent des Gesamthaushaltes aus. Wichtig zu betonen ist, dass der Anteil der als geheim eingestuften Haushaltsposten seit dem Angriffskrieg größer geworden ist und die russische Regierung nicht mehr alle Ausgaben, vor allem im Verteidigungssektor, detailliert veröffentlicht.

Die schon im Jahr 2005 von Putin zu einer der wichtigen Aufgaben der Regierung gehörende Sozialpolitik wird auch in der aktuellen russischen Haushaltsplanung priorisiert.[362] Die Sozialpolitik macht hier mehr als ein Drittel des Gesamthaushaltes aus. Die russische Haushaltsplanung zeigt deutlich eine Hinwendung zu einer durch Verteidigungspolitik und Sozialpolitik geleiteten Strategie, *Guns-and-Butter* Strategie genannt. Denn außenpolitisch wird auf militärische Stärke gesetzt und innenpolitisch der soziale Frieden durch Sozialpolitik gesucht oder durch Repressionen erzwungen. Zur Finanzierung dieser Ausgaben plant die russische Regierung mehr Schulden aufzunehmen als in den Vorjahren. Die Ausschläge beim Haushaltsdefizit können als erstes Anzeichen der Auswirkungen der Sanktionen und der Kriegswirtschaft gewertet werden. So steigt der Schuldendienst planungsgemäß im Jahr 2025 um fast 32 Prozent im Vergleich zum Jahr 2022 und wird über 21 Mrd. Euro erreichen (Abbildung 4-7).

Russland wird trotz Einschränkungen der Refinanzierung auf den (westlichen) Kapitalmärkten wohl liquide bleiben, da die Regierung bereits früh angefangen hat, Reserven zu bilden. Der Nationale Wohlfahrtfonds stellt trotz starker Rückgänge im Jahr 2022 ein solides Polster dar. Dennoch bleibt der Befund: Die Einnahmeseite Russlands wird zukünftig geprägt sein von hoher Unsicherheit und damit stärker als bisher unter Druck ste-

---

362 Kluge (2018).

hen, die Kriegswirtschaft zu finanzieren und gleichzeitig die Bevölkerung nicht durch Kürzungen bei Sozialausgaben zu sehr zu belasten.[363]

Abbildung 4-7: Haushaltsplanung der russischen Regierung

Einnahmen (Bundeshaushalt) und Ausgaben (Gesamthaushalt), Veränderung gegenüber dem Vorjahr, in Prozent

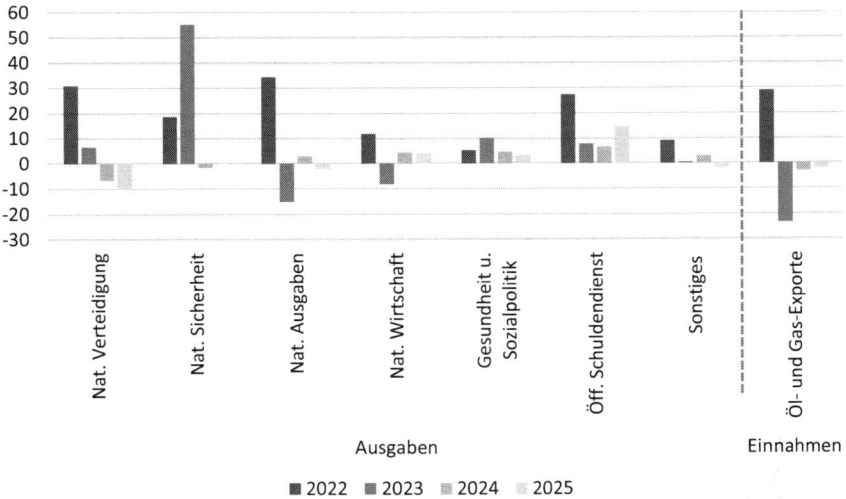

Quelle: Russisches Finanzministerium

---

363 Fremerey und Gerards Iglesias (2023).

Abbildung 4-8: *Haushaltsdefizite der russischen Regierung*

In Mrd. Rubel

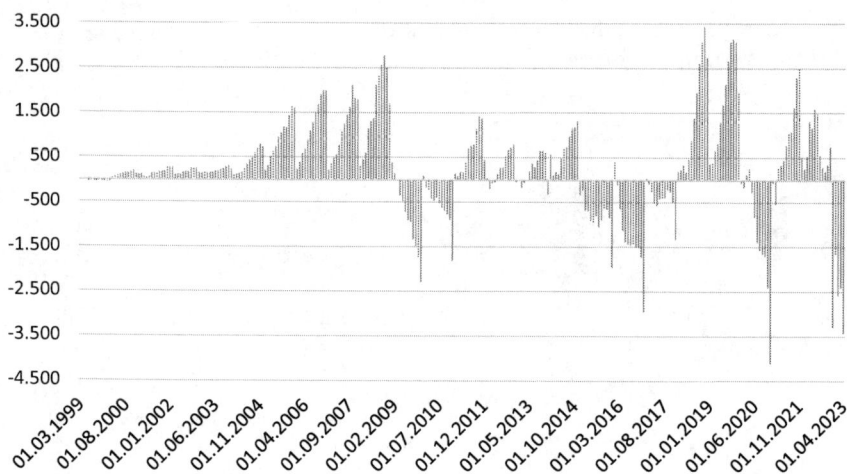

Quellen: Russisches Finanzministerium, Macrobond

Nicht erst durch die Sanktionen wird deutlich, welche Abhängigkeiten von Importen in strategisch wichtigen Sektoren für Russland bestehen. Wie eine Studie der *Bank of Russia* zeigt, hat die russische Wirtschaft erwartungsgemäß eine niedrigere Abhängigkeit von Importen bei Vorleistungsgütern in der Kohle-, Erdöl- und Erdgasindustrie zu verzeichnen. Im Gegensatz dazu ist Russland insbesondere bei Elektronik, Maschinenbau, Automobilbranche und in der Pharmaindustrie abhängig von importierten Vorleistungsgütern.[364] Bei Fahrzeugen zeigt Russland die größte Abhängigkeit von Importen aus sanktionierenden Ländern, gefolgt von Plastikprodukten und der Pharmaindustrie. Die russische Abhängigkeit vom Westen sei jedoch vergleichbar mit der der BRICS-Staaten, heißt es in der Studie.[365] Außerdem betont die Studie, dass Russlands Abhängigkeit insgesamt unterhalb des Medians im internationalen Vergleich läge. Doch die Studie greift zu kurz, da nur ein relativer Mengenvergleich zu anderen Industrienationen, die viel integrierter im Weltmarkt sind, gezogen wurde. Außerdem bleiben Investitionen sowie qualitative Beschränkungen unberücksichtigt.

---

364   Karpov (2022).
365   Karpov (2022).

Um die Abhängigkeit, vor allem von sanktionierenden Ländern zu reduzieren, findet die immer wiederkehrende Politik der Importsubstitutionen in Russland derzeit erneut Anklang. Diese Transformation der Wirtschaft mit einer Priorisierung bestimmter Branchen muss nicht nur geplant, sondern auch finanziert werden, was ein Zusammenspiel von vielen Akteuren voraussetzt, wie die Chefin der russischen Zantralbank, Elwira Nabuillina, zu bedenken gibt:

> „Today, when the economy is undergoing a deep structural transformation, it will need a larger amount of financial resources. Accordingly, we should ensure that both banks and other financial institutions provide funding first of all for adaptation projects, transformation projects, and technological sovereignty projects and have access to both debt financing and equity financing. [...] Speaking of lending for such projects, we have a joint programme with the Government, as you probably know. The Government, within its competence, has developed the taxonomy of such top-priority projects.“[366]

So aktualisierte die russische Regierung im Jahr 2022 ihre Importsubstitutionspläne für den Zeitraum bis 2024 und setzt entsprechend ambitionierte Ziele für die besonders abhängigen Bereiche der chemischen Industrie, der Automobilindustrie und der Flugzeugindustrie. Tabelle 4-3 stellt exemplarisch eine Auswahl von Industriezweigen mit hoher Abhängigkeit und Produkten dar, die derzeit kaum heimisch produziert werden und eine besonders hohe Ausweitung bis 2024 erfahren sollen. Die Flugzeugindustrie weist dabei einen der größten Mängel in der heimischen Produktion auf: Nur bei zwei von 33 Produkten im Importsubstitutionsplan gibt es überhaupt eine inländische Produktion. Bis 2024 sollen die Produkte für den Flugzeugbau jedoch meist vollständig heimische produziert werden.[367] Ob dies mit dem Mangel an westlichen, technologischen Vorleistungsgütern und dem zu verzeichnenden Braindrain gelingt, erscheint äußerst zweifelhaft.

---

366 Nabiullina (12.04.2023).
367 Ministerstvo Promyšlennosti i torgovli Rossijskoj Federacii (26.07.2022).

Tabelle 4-3: Auswahl von Produkten und Industriezweigen mit hohem geplanten Anteil inländischer Erzeugnisse im Rahmen der Importsubstitution

Industriezweig	Produkt	Anteil der **inländischen Erzeugnisse** der Produkte **vor Umsetzung der Importsubstitutionspläne**, in Prozent	Geplanter Anteil der **inländischen Erzeugnisse** der Produkte **bis 2024**, in Prozent
Chemische Industrie	Cholin chlorid (in der Halbleiterproduktion als Reinigungsmittel eingesetzt)	0	50
	Gefrierschutzflüssigkeiten	20	60
	Enzympräparate für verschiedene Industrien	10	80
	Spezielle Weichmacher*	0	100
	Styrol-Inden-Kunststoff	0	100
	Ascorbinsäure	0	100
	Gummimischung für die Herstellung von Hochdruckschläuchen mit erhöhter Frostbeständigkeit bis -60°C	5	100
Fahrzeugindustrie	Rahmen (Fahrgestell)	0	80
	Fahrwerk, einschließlich Einschließlich Räder und Stoßdämpfer	0	80
Flugzeugbau	Flugzeugtriebwerk PD-14	0	90-100
	Flugzeugtriebwerk PD-8	10-15	100
	leichte Mehrzweckhubschrauber BRT500	0	50
	Verglasung Cockpits, Fahrgastraum, Flugscheinwerfer	0	100
	Cockpit-Sauerstoffsystem	0	100
	Glasfasergewebe für den Flugzeugbau	0	100

* Dioctyladipinat, Dibutylterephthalat, Dioctylsebacinat, Dipropylenglykoldibenzoat. Quelle: Russisches Ministerium für Industrie und Handel

Wie verhalten sich die (westlichen) Unternehmen?

Aufgrund der Sanktionen, als Zeichen der Ablehnung des Angriffskriegs oder aus Furcht vor einem negativen Image in der Öffentlichkeit haben seit dem russischen Einmarsch in die Ukraine über tausend Unternehmen ihr Russlandgeschäft aufgegeben – und das, obwohl die russische Regierung mit immer neuen Gesetzen die Hürden und Kosten für einen Rückzug kontinuierlich erhöht hat. Die *Yale School of Management* verfolgt seit Beginn des Krieges die Aktivitäten von über 1.500 internationalen Unternehmen und kommt zu dem Schluss, dass sich seit Februar 2022 insgesamt gut ein Drittel der untersuchten Unternehmen vollständig aus dem russischen Markt zurückgezogen hat und fast ein Drittel die meisten Tätigkeiten in Russland eingeschränkt hat, sich aber die Möglichkeit einer Rückkehr in den russischen Markt offen hält (Abbildung 4-9).

Abbildung 4-9: Verhalten ausländischer Unternehmen in Russland

Geschäfts- und Investitionsstrategien des Russland-Geschäftes nach Herkunft der Unternehmen, in Prozent; Das Russlandgeschäft wurde...

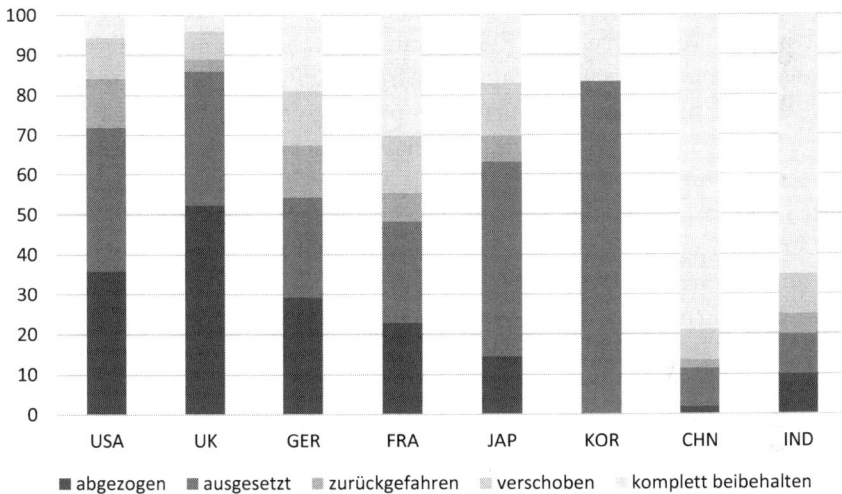

Quellen: Yale School of Management, eigene Darstellung, Stand: Mai 2023

Absolut betrachtet kommen die meisten Unternehmen, die sich aus Russland zurückgezogen haben, aus den USA und hier mehrheitlich aus der Industrie, der Informations- und Telekommunikations- sowie Finanzmarktbranche. Aus Deutschland haben über 40 Unternehmen ihr Russland-Engagement eingestellt, das sind insgesamt fast 30 Prozent aller untersuchten deutschen großen und mittelständischen Unternehmen mit Geschäftsteilen in Russland. Doch bereits vor dem Angriffskrieg gab es einen bemerkenswerten Rückgang an deutschem Engagement in Russland; die Anzahl der Unternehmen in Russland mit deutscher Kapitalbeteiligung ist von knapp 5.600 im Jahr 2015 auf ca. 3.650 im Jahr 2021 gesunken.[368] Das Vereinigte Königreich verzeichnet seit Kriegsbeginn mit insgesamt 67 Unternehmen den höchsten Anteil (52 Prozent) an Unternehmen, die sich vollständig aus dem Russlandgeschäft zurückgezogen haben. Auch Unternehmen aus Ländern ohne Sanktionen haben den russischen Markt verlassen oder zumindest ihre Geschäfte dort ausgesetzt; dies betrifft beispielsweise 20 Prozent der indischen und immerhin 12 Prozent der chinesischen Unternehmen. Mit TSMC aus Taiwan, Samsung aus Korea und Intel aus den USA haben sich zudem die größten Chip-Hersteller der Welt aus Russland zurückgezogen – einen adäquaten Ersatz zu finden oder gar selbst Halbleiter zu produzieren wird für Russland eine enorme Herausforderung werden. Auch wenn der Sanktionsschock laut russischer Einschätzung dazu führt, dass Marktsegmente nun für die heimischen Unternehmen frei werden und interne Ressourcen für die digitale Transformation mobilisiert und effizienter genutzt werden könnten, wird dies nur auf einem geringeren Niveau und mit einer erheblichen Anpassungszeit geschehen können.[369] Die IT-Branche Russlands, die als zukunftsträchtig galt, wird durch den Ausschluss vom westlichen Markt mit Vorleistungsprodukten, aber auch durch den Verlust an kompetenten Mitarbeitern erheblich getroffen.

Der Rückzug ausländischer Unternehmen hat nicht nur einen Einfluss auf die Innovations- und Investitionslandschaft, sondern auch auf den russischen Arbeitsmarkt. Nach russischen Angaben haben von den 600 größten ausländischen Unternehmen 46 Prozent ihre Aktivität in Russland eingeschränkt und 21 Prozent setzten ihre Tätigkeit vollkommen aus. Insgesamt seien bis zu 2 Millionen Menschen in Russland bei ausländischen Unternehmen beschäftigt und 3 bis 6 Millionen seien damit indirekt verbunden.[370] Aufgrund der eingeschränkten und undurchsichtigen Veröffentlichungen von Arbeitsmarktdaten sind diese Zahlen jedoch mit Vorsicht

---

368 Außenhandelskammer Russland auf Basis von Daten des Steuerdienstes der Russischen Föderation.
369 Rudnik (2022).
370 Center for Strategic Research (2022).

zu interpretieren, denn die Anzahl der Unternehmen, die das Land verlassen haben sollen, ist weitaus geringer als die von der *Yale School of Management*. Eine alternative Studie kommt zu dem Schluss, dass weniger als 10 Prozent aller ausländischen Unternehmen Divestments getätigt hätten.[371] Die tatsächliche Anzahl der Unternehmensrückzüge ist schwierig zu ermitteln, denn auch die Zahlen der *Yale School of Management* könnten aufgrund der Datenlage (Grundlage sind Pressemitteilungen und Insiderinformationen, nicht das tatsächliche Handeln der Unternehmen, welches schwerer zu messen ist) verfälscht sein. Eins ist jedoch sicher: Die russische Wirtschaft steht vor enormen Herausforderungen, denn aus einer Befragung der russischen Industrie- und Handelskammer geht hervor, dass mehr als 60 Prozent der befragten russischen Unternehmen mit erheblichen Beeinträchtigungen durch die Sanktionen und den Rückzug vieler westlicher Unternehmen zu kämpfen haben. Mehr als ein Drittel der russischen Unternehmen, die Geschäftspartner verloren haben, konnten diese laut Umfrageergebnis im Januar 2023 noch nicht ersetzen.[372]

In vielen Branchen zeigt sich die russische Wirtschaft anpassungsfähig und die Regierung setzt alles daran, technischen Rückschritt als Fortschritt zu verkaufen. So sollen laut Importsubstitutionsplan der Regierung alte Sowjetautomarken wieder vermehrt auf den Markt kommen, doch es kann Jahre dauern, bis neue Modelle entwickelt werden. Wie Tabelle 4-3 zeigt, ist die Automobilbranche von bisher nicht im Land produzierten Vorleistungsgütern abhängig, daher werden derzeit Autos der Marke Lada ohne Servolenkungen und ABS produziert und verkauft. Nachdem sich die Fastfoodkette McDonalds nach 30 Jahren aus seinem Russlandgeschäft zurückgezogen hat, übernahm zwar ein russisches Ersatzunternehmen die Filialen der amerikanischen Fastfoodkette, doch am Anfang der Übernahme gab es zu wenig Kartoffeln für Pommes Frites.[373] Zwischenzeitlich fehlte der heimischen Wirtschaft sogar das Papier für Kassenbons, weshalb die Verkäufer die Quittung per Hand schreiben mussten.[374] Gesamtwirtschaftlich scheint die Wirtschaft gut durch die erste Phase der Sanktionen gekommen zu sein, was jedoch maßgeblich an der Umwandlung zur Kriegswirtschaft liegt. Die recht positiven Konjunkturzahlen lenken ab von der tatsächlichen Lage. Denn die Unsicherheit in Russland ist sehr hoch und es ist für die

---

371 Evenett und Pisani (2023).
372 Saposchnikow (08.01.2023).
373 Higher School of Economics - State University (2023).
374 Taz (2023).

zivile Privatwirtschaft weiterhin sehr schwer, Investitionsentscheidungen zu tätigen.[375] Unsicherheiten über Eigentumsrechte, der Fokus auf den militärisch-industriellen Komplex sowie Korruption schmälern die Aussichten für eine positive Wendung der Wirtschaftspolitik.

Stärken und Schwächen des Sanktionsregimes

Russland mit den Sanktionen wirtschaftlich abzustrafen, erfüllte sich bisher nur teilweise. Noch kurz nach Kriegsbeginn schätzte die EU-Kommissionspräsidentin Ursula von der Leyen in einem Radiointerview die Wirkung der Sanktionen gegen Russland als so massiv ein, dass sie eine Weiterfinanzierung des Krieges durch Russland unmöglich machten:

> „Die Sanktionen beißen ganz hart. [...]. Die russische Wirtschaft wankt. [...] Die Inflationsrate explodiert. Die Zinsen steigen dramatisch. Der Rubel ist im freien Fall. Die Börse ist nicht mehr geöffnet. Das sind richtig schmerzhafte Sanktionen und die treffen Russland an seiner schwächsten Stelle. Das ist seine Wirtschaft – eine Wirtschaft, die vollständig ausgerichtet ist auf fossile Brennstoffe, also den Export von Öl, Gas und Kohle, die sehr einseitig ist, die dringend modernisiert werden muss, und genau diese Möglichkeit haben wir jetzt beendet [...]. Diese Sanktionen treffen Präsident Putin ins Mark und nehmen ihm die Möglichkeit, diesen brutalen Krieg weiter zu finanzieren."[376]

Gemessen an den Erwartungen, die beispielsweise mit dem SWIFT-Ausschluss verbunden waren, hat das Sanktionsregime eine schwache Wirkung gehabt. Auch der weitestgehende Ausschluss Russlands von den internationalen Aktien- und Anleihenmärkten zeigt kaum eine einschränkende Wirkung. Russland konnte seit den ersten Sanktionen des Westens im Jahr 2014 gemeinsam mit anderen Staaten alternative Technologien erproben, was die Wirkung der Finanzsanktionen ab 2022 deutlich abschwächte. Schließlich scheinen die Sanktionen gegen Einzelpersonen weitestgehend zu verpuffen. Das Einfrieren von Vermögenswerten russischer Oligarchen im Ausland und die Einreiseverbote sind offenkundig nicht engmaschig genug. Jedenfalls wurde dadurch die russische Elite nicht so sehr belastet, dass die Treue zum Machthaber erkennbar geschwächt worden wäre. Am

---

375 Rochlitz (2023).
376 Deutschlandfunk (2022).

wirkungsvollsten sind die Wirtschaftssanktionen, die über Exportkontrollen und Embargos auf den russischen Import- und Exportsektor zielen. Das Technologieembargo trifft die russische Industrie, das Energieembargo zielt direkt auf den wichtigsten russischen Wirtschaftssektor. Da die EU vor der Einführung der Sanktionen Russlands wichtigster Handelspartner war, sind vor allem die europäischen Sanktionen beträchtlich für Russland – denn die Aufhebung beidseitiger Sanktionen zwischen Russland und der EU würde das russische BIP um 1,1 Prozent steigern, die Aufhebung gegenseitiger Sanktionen mit den USA nur um 0,07 Prozent.[377]

Die Wirkung dieser Sanktionen wird sich erst mittel- bis langfristig voll entfalten. Erste Anzeichen zeigen, dass die Auswirkungen für Russland schmerzhaft sind. Die wegfallenden Exporte von Öl, Gas und Kohle in den Westen führen zu deutlichen Mindereinnahmen des russischen Haushaltes und langfristig zu einer Umleitung der Warenströme vor allem nach Asien, wo die Nachfrager Preisabschläge durchsetzen können.[378] Das Technologieembargo hat ganze Branchen des Verarbeitenden Gewerbes zwischenzeitlich zum Stillstand gebracht.

Das Verbot zur Ausfuhr von High-Tech Waren, inklusive Mikrochips sowie zahlreicher Technologien, Komponenten und Software, für die eine Verwendung im militärischen Bereich nicht ausgeschlossen werden kann (sogenannte Dual-Use Güter) trifft Russlands enorm. Mit dem 11. Sanktionspaket der EU wurde auch die Ausfuhr sowie der Transit (da die Vermutung nahe liegt, dass die Güter in Russland bleiben) von sämtlichen Hochtechnologieprodukten (Advanced-Tech-Güter) verboten. Besonders scharf wird das Sanktionsregime durch die sogenannte *Foreign Direct Product Rule*. Diese soll in Abstimmung mit den westlichen Verbündeten, den Zugang Russlands zu ausländischen Produkten limitieren, die US-Software und Technologie verwenden. Sie verbietet die Ausfuhr von ausländischen Produkten nach Russland, wenn diese mit amerikanischer Software oder Teilen hergestellt wurden oder amerikanische Vorprodukte enthalten. Diese Regel wurde vor Beginn des Krieges nur auf den chinesischen Tech-Konzern Huawei angewendet, um ihn von der technologischen Ertüchtigung abzuschneiden. Nun gilt diese Regel für ein ganzes Land. Die Folgen werden tiefgreifend sein, sofern es gelingt, Schlupflöcher zu schließen. Dass dies vollständig gelingt ist zu bezweifeln. Über Schattenfirmen in Asien und

---

377   Flach et al. (2020).
378   Fremerey und Gerards Iglesias (2023).

Drittländer können weiterhin sanktionierte Waren nach Russland gelangen, wenn auch zu einem höheren Preis und geringerer Menge.[379]

Die größte Schwäche der Sanktionspolitik liegt in der Stärke derjenigen Volkswirtschaften, die sich nicht daran beteiligen, allen voran China, Indien und Brasilien, auch wenn diese Länder, vor allem China, die Sanktionen auch nicht offen verletzen.[380] Allerdings ist hier der Befund ebenso schattiert wie der Blick auf den transatlantischen Westen. Denn chinesische Unternehmen verringerten mitunter ihre Geschäfte mit Russland aus Angst vor westlichen Sanktionen; die skizzierte US-amerikanische Tradition exterritorialer Anwendung des Rechts greift hier ohne Zweifel. So findet sich die chinesische Unterstützung größtenteils im Energiesektor, während es ansonsten bisher offenbar keine Militärhilfe gab. Smartphone-Hersteller Xiaomi und der Laptop-Hersteller Lenovo haben vorübergehend ihre Geschäfte in Russland eingestellt; Unionpay ist an keiner Zusammenarbeit mit Sberbank und weiteren russischen Banken interessiert; vier chinesische Großbanken und der Drohnenhersteller DJI haben den russischen Markt verlassen. Mit jedem zusätzlichen Sanktionspaket wurde für China deutlich, dass der Westen es ernst meint, und das dürfte bei vielen international tätigen Unternehmen die Haltung befördert haben, dass man besser kein Risiko eingeht. Damit kamen viele Unternehmen der US-Regierung zuvor, die 25 chinesische Unternehmen im Juni 2022 auf eine schwarze Liste setzte, weil sie Sanktionen gegen Russland missachtet hätten. Das chinesisches Unternehmen Spacety wurde durch die USA sanktioniert, da es Technologie für Geo-Lokalisierung geliefert habe, welche die Wagner-Söldnertruppe genutzt haben soll.

So musste der chinesische Präsident Xi Jinping in der Russlandfrage einen Spagat wagen, indem versucht wird, die Volksrepublik langsam vom Westen abzunabeln, ohne den gemeinsamen Handel zu gefährden. Das mag den Rückzug der vier chinesischen Großbanken aus Russland erklären; sie verlieren somit zwar Einnahmen, die sie als Zahlungsdienstleister für russische Unternehmen bekommen hätten, riskieren aber nicht, absichtlich oder versehentlich westliche Sanktionen zu verletzen. Denn sollte es dazu kommen, drohen mächtige Sekundärsanktionen der USA und der EU. Für Geldinstitute, die mit dem internationalen Finanzsystem verwoben sind, und auch für die Staatsführung in Peking wäre das eine Katastrophe. Dennoch ist ein Leben ohne US-Dollar, Euro, westliche Chips und Halblei-

---

379 Bernatskyi (2022).
380 Kirchberger (2023).

ter unvorstellbar. Noch kontrollieren und dominieren die USA und Europa die Finanzmärkte und den technologischen Cutting-Edge-Bereich.

Auch Indien verhält sich gegenüber Russland und dem Westen ambivalent. Russland ist wichtigster Waffen- und Rohöllieferant für Indien, letzteres allerdings nur zu hohen Preisabschlägen. Indien liefert das raffinierte Öl zum Teil weiter an europäische Märkte, was das Dilemma des Westens verdeutlicht. Denn wenn der Westen über Sekundärsanktionen Indien bestrafen will – was allein aus geopolitischen Gründen einen Preis haben wird – wird man unweigerlich sich selbst treffen. Dahinter steht auf indischer Seite – ähnlich wie in Brasilien – die Einschätzung, dass dieser Konflikt vor allem eine europäische Angelegenheit ist, die nicht zu einer Schwächung der eigenen Position führen darf, im Gegenteil: es wird die Chance gesehen, sich global unabhängig zu positionieren, wie es auch das Abstimmungsverhalten in den Vereinten Nationen zum russischen Verstoß gegen das Völkerrecht signalisiert. Man dokumentiert damit, dass man sich der europäischen Prägung der globalen Entwicklung nicht mehr kommentarlos anschließt, sondern eine ganz eigene Position bezieht, selbst wenn damit die Hinnahme völkerrechtlicher Verstöße verbunden ist.

Überträgt man das westliche Sanktionsregime auf die Erfolgskriterien von Sanktionen gemäß Tabelle 4-1 (Kapitel 4.1) lässt sich feststellen, dass nur drei von sieben Erfolgskategorien erfüllt sind – die Faktoren *Machtverhältnisse*, *wirtschaftliche Verflechtung* und – eingeschränkt – *wirtschaftliche Kosten im Zielland*:

- *Machtverhältnisse*: Das Regime ist weitestgehend auf die Person Putin und den inneren Machtzirkel aus Geheimdienstlern ausgerichtet. Tendenziell sind Sanktionen in personalistischen Regimen effektiver, da zielgenau individuelle Sanktionen verhängt werden können. Im Falle Russlands besteht allerdings die Einschränkung, dass große Teile der sanktionierten Personen – die Oligarchen – kaum politischen Einfluss haben, während die Geheimdienstler selbst nur begrenzte Vermögen im Westen besitzen und deshalb nur bedingt von Sanktionen getroffen werden. Diese Gruppe wird Putin erst dann nicht mehr unterstützen, wenn weitere erhebliche Rückschläge im Krieg zu einem Umschwung in der gesellschaftlichen Stimmung führen und die Machtbasis zu erodieren droht.
- *Wirtschaftliche Verflechtung*: Die Abhängigkeit Russlands vom Westen ist sowohl beim Export von Rohstoffen als auch beim Import von High-Tech Produkten hoch, allerdings bestehen einige Importsubstitutionen

und Ausweichmöglichkeiten. Zudem werden Wohlstandsverluste in Kauf genommen. Die größte Schwachstelle des Sanktionsregimes ist seine Lückenhaftigkeit, da wichtige Handelspartner Russlands, etwa China und Indien, sich nicht an den Sanktionen beteiligen und bis auf die WTO keine internationalen Organisationen mit eingebunden werden können. Trotzdem sind China und Indien – wie skizziert – indirekt in das westliche Exportkontrollregime eingebunden, weil die Unternehmen dieser Länder sonst US-amerikanische Sanktionen fürchten müssen. Über Schmuggel und verdeckten Handel, können die Sanktionen teilweise über andere Drittstaaten umgangen werden.

– *Wirtschaftliche Kosten im Zielland*: Das umfassende westliche Sanktionsregime trifft Russland hart, vor allem in der langen Frist, wenn strukturelle Verwerfungen nicht mehr durch die Expansion des militärisch-industriellen Komplexes verdeckt werden können. Kurzfristig konnte Russland seine Rohstoffexporte teilweise umleiten, jedoch konnte es sein Rohöl nur mit Preisnachlässen in Asien absetzen. Ab 2023 griff die Preisobergrenze für Urals-Öl durch den Westen, die den Weltmarktpreis für russischen Erdöl dauerhaft auf niedrigem Niveau halten soll. Durch gestiegene Weltmarktpreise konnte Russland allerdings zwischenzeitlich insgesamt hohe Einnahmen mit der Ausfuhr fossiler Energieträger erzielen. So konnte Russland mit dem Handelsüberschuss große Devisenreserven anhäufen und wird daher kurzfristig international nicht in Zahlungsschwierigkeiten kommen. Langfristig ist die Loslösung des wichtigen Marktes Europa von Russland unausweichlich und Rentengewinne aus Öl und Gas werden aufgrund von weltweiten Anstrengungen der Dekarbonisierung langfristig zurückgehen.

Bei den verbliebenen vier Kriterien – *Regimetyp*, *Internationale Kooperation*, *Politische Beziehungen* und *Zielsetzung* stehen die Vorzeichen schlecht.

– *Regimetyp:* Russland ist eine geschlossene Autokratie mit keiner demokratisch erfahrenen Gesellschaft und ohne nennenswerte politische Opposition. Der Propagandaapparat wirkt genauso wie der Repressionsapparat. Die Wahrscheinlichkeit für einen Machtwechsel oder ein Regime außerhalb der Elite erscheint unwahrscheinlich.

– *Die Internationale Kooperation* beim Sanktionsregime ist lückenhaft. Zwar stehen die westlichen Partner und insbesondere die Europäische Union als zuvor wichtiger Handelspartner Russland geschlossen mit einem umfangrichenden Sanktionsregime dar. Jedoch kann nicht von einem multilateralen Sanktionsregime gesprochen werden, da wichtige

Länder wie China und die *Transactional-25* sich nicht an den Sanktionen beteiligen, obwohl sie sich an die Exportportkontrollregime halten. So wird immerhin sichergestellt, dass hochmoderne Technologie tatsächlich nicht oder kaum nach Russland gelangt. Das Energieembargo, ein äußerst wichtiges Instrument zur Eindämmung der russischen Exporteinnahmen, tragen die asiatischen Demokratien Südkorea und Japan allerdings nicht mit.

- *Politische Beziehungen:* Eine weitere Einschränkung liegt in der Tatsache, dass die sanktionierenden Staaten schon zuvor Gegner Russlands waren, und somit viel weniger Einfluss auf Russland ausüben können. Sehen sich Staaten als Verbündete, sind der Druck und die Notwendigkeit viel größer, Konflikte beizulegen, als bei Staaten, die sich ohnehin schon feindlich gegenüberstehen.
- *Zielsetzung:* Schließlich ist die Zielsetzung des westlichen Sanktionsregimes unklar, sodass die Wirkung weiter abgeschwächt wird. Geht es dem Westen um eine Einstellung der Kampfhandlung, um Russland an den Verhandlungstisch zu bringen, geht es um die militärische und wirtschaftliche Niederlage Russlands oder sogar um den weitreichendsten Fall, den Regimechange?

Zusammengenommen schwächen all diese Unwägbarkeiten das umfassende und beispiellose Sanktionsregime des Westens gegenüber Russland. Dennoch hat es eine hohe wirtschaftspolitische Bedeutung und schwächt die russische Volkswirtschaft langfristig.

4.3 Hoffnung Humankapital? Sozioökonomische Optionen einer geschlossenen Autokratie

„Ich denke, dass das wichtigste und grundlegendste geistige Bedürfnis des russischen Volkes das Bedürfnis nach Leiden ist, immer und unstillbar, überall und in allem. Mit diesem Durst nach Leid scheint es seit Jahrhunderten infiziert zu sein. Der Strom des Leidens zieht sich durch seine ganze Geschichte, nicht nur durch äußere Unglücke und Katastrophen, und entspringt dem Herzen des Volkes. [...] Das russische Volk scheint sein Leid zu genießen. Was im ganzen Volk ist, das ist auch in Individuen [...]."[381]

---

381 Lew Tolstoi (1828-1910), 1873, Tagebuch eines Schriftstellers, Kapitel V.

Der Krieg und das darauffolgende Decoupling des Westens lässt Russland nur wenige Optionen zur wirtschaftlichen und technologischen Entwicklung seiner Industrie übrig. Unabhängig davon, wie sehr China sich in Russland engagieren wird, muss das Land mehr denn je eine eigene Entwicklungsstrategie vorantreiben, wenn das bisherige Geschäftsmodell an seine Grenzen stößt. Dies bedeutet, dass Produktivitätswachstum und technologische Entwicklung mittels Humankapital herbeigeführt werden müssen. In welchem Zustand befindet sich aber die russische Bevölkerung und welche Optionen verbleiben unter der gegebenen demografischen Entwicklung des Landes?

Eine schrumpfende Bevölkerung

Russlands Bevölkerung ist mit 144 Millionen Einwohnern die neuntgrößte der Welt, aber die Entwicklung zeigt bereits seit Jahren nach unten. Nachdem sich die Bevölkerungszahl von ihren negativen Wachstumsraten in den 2000er Jahren parallel mit dem wirtschaftlichen Aufschwung erholte und ab 2011 positive Zuwächse verzeichnete, schrumpft die Bevölkerung Russlands seit 2018 wieder (Abbildung 4-10). Während der Wanderungssaldo über mehr als zwanzig Jahre hinweg positiv blieb und Russland ein Nettoeinwanderungsland war, ist das organische Bevölkerungswachstum ohne Migration zwischen 2000 und 2022 fast immer negativ gewesen. Die 2000er Jahre waren geprägt durch eine niedrige Geburtenrate, eine hohe Sterberate und eine im internationalen Vergleich geringe Lebenserwartung.

Auf 1.000 Einwohner gerechnet kamen in den 2000er Jahren durchschnittlich 10,4 Geburten. Damit lag die Geburtenrate deutlich unter den Werten von 1990 (13,4) und der Jahrzehnte davor (1980: 18,3; 1970: 17,4; 1960: 24,9). Gleichzeitig kamen auf 1.000 Einwohner im selben Zeitraum 15,4 Sterbefälle, was im historischen Vergleich eine ungewöhnlich hohe Rate ist. Zwischen 2010 und 2020 verbesserten sich die Zahlen deutlich, denn die Geburtenrate stieg auf einen Höchstwert von 13,3 zwischen den Jahren 2012 und 2015 an und die Sterberate fiel auf einen Durchschnittswert von 13,0. Dies führte zu einem minimal positiven natürlichen Bevölkerungswachstum. Ein Grund für die zwischenzeitlich gestiegene Geburtenrate, die erstmals seit 1991 über der Sterberate lag, waren vermutlich die Geburtenprämien und Verbesserungen des Mutterschutzes.[382] Doch die Wirkung dieser Politik verpuffte, denn der Trend kehrte sich danach wieder um, was vor allem an deutlichen Geburtenrückgängen lag. In den Jahren 2020 und 2021 gab es aufgrund der Corona-Pandemie wieder ungewöhnlich viele Sterbefälle, eine Entwicklung, die sich durch die Verluste und Tragödien des Krieges ab 2022 nicht umkehren wird.

Abbildung 4-10: Bevölkerungswachstum in Russland

Wanderungssaldo (Einwanderer abzüglich Auswanderer), Natürliches Wachstum (Geburtenzahl abzüglich Sterbefälle)

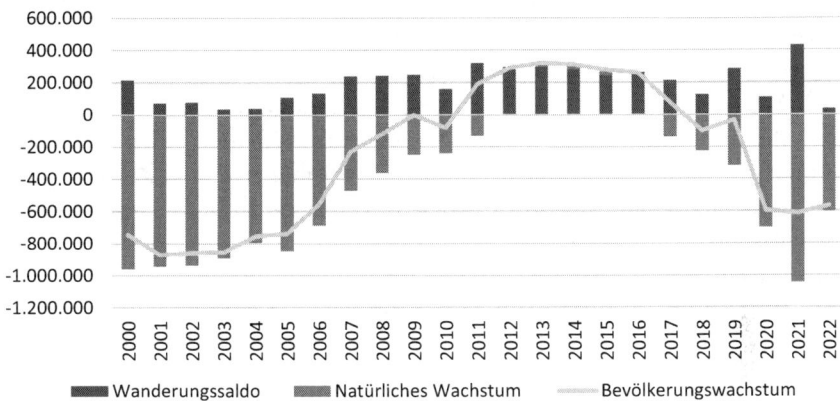

Quelle: Rosstat

Der Grund für die hohe Sterblichkeitsrate liegt an ungewöhnlich häufigen Sterbefällen von Bürgern im erwerbsfähigen Alter, vor allem von Männern, aufgrund von Herz-Kreislauf-Erkrankungen sowie Arbeitsunfällen und einer Häufung externer Ursachen wie Unfälle, Mord und Selbstmord. Die hohe Morbidität der Bevölkerung mit Prävalenz zu Alkoholismus, Drogenabhängigkeit und Tabakkonsum ist ein veritables Problem in der russischen Gesellschaft.[383] Das offizielle Ziel, die Bevölkerung Russlands bis 2025 auf 146 Millionen Menschen zu heben, ist daher nur durch eine Ausweitung der Immigration zu erreichen. Die Bevölkerung altert und schrumpft, denn die Fertilitätsrate liegt nur bei 1,5 Kindern pro Frau und die Lebenserwartung liegt mit 73 Jahren unter dem europäischen Durchschnitt.

---

382 Dornblüth (2014b).
383 Prezident Rossijckoj Federacii (01.07.2014).

Aller Widrigkeiten zum Trotz hat es Russland geschafft, über viele Jahre ein Nettoeinwanderungsland zu bleiben. Einwanderer kommen traditionell aus ehemaligen Sowjetrepubliken, insbesondere Kasachstan, Usbekistan, Tadschikistan und der Ukraine. Im Kriegsjahr 2022 weist die Einwanderungsstatistik lediglich aus dem ärmeren Tadschikistan noch nennenswerte positive Nettozuzüge aus. Nichtsdestotrotz ist Russland bereits seit Jahrzehnten einem beispiellosen Brain-Drain ausgesetzt, denn Menschen fliehen seit den 1990er Jahren aus politischen und wirtschaftlichen Gründen in großer Anzahl aus Russland.[384] Seit Putins Amtsantritt kehrten bis zu 2 Millionen Russen ihrem Heimatland den Rücken zu.[385] Die Gründe für die Auswanderung liegen zum Großteil am politischen Klima sowie fehlender Grund- und Freiheitsrechte in Russland. Negative Zukunftserwartungen über die Entwicklung der russischen Volkswirtschaft sind weitere Push-Faktoren für die Emigranten.[386] Die Abwanderung dieser hochqualifizierten, jungen, liberal gesinnten Personen bedeutet einen massiven Humankapitalverlust für die russische Ökonomie, Demokratiebewegung und Zivilgesellschaft, sie wirkt zugleich aber systemstabilisierend für das Putin-Regime.

Der Angriffskrieg auf die Ukraine hat diesen Brain-Drain verstärkt und beschleunigt. Insbesondere nach Ankündigung der Mobilmachung im September 2022 intensivierten sich die Bemühungen zahlreicher junger Männer, sich ins Ausland abzusetzen. Die Gesamtzahl des Brain-Drains seit Beginn des Angriffskriegs ist aufgrund der statistischen Lücken nicht abschließend quantifizierbar. Schätzungen gehen von mindestens 500.000 dauerhaft Ausgereisten allein in den ersten Kriegsmonaten bis Sommer 2022 aus und reichen bis zu einer Million für das gesamte Jahr.[387] Die Einwanderungsstatistik liefert darüber nur teilweise Auskunft, da sie nicht die Ausreisen erfasst, die offiziell als temporäre Reisen gelten, die aber wohlmöglich Auswanderungen von dauerhafter Natur sind. Denn nicht wenige russische junge Männer entziehen sich der Einberufung in den Militärdienst, in dem sie meist in benachbarte und visafreie Länder ausreisen. Und dies mindestens so lange, wie der Krieg andauert. Die wichtigsten nicht-touristischen Ausreiseziele waren im Jahr 2022 folglich Georgien, Kasachstan, Türkei sowie benachbarte EU-Staaten wie Finnland und Estland.

---

384 Ryazantsev und Bragin (2023).
385 Herbst und Erofeev (2019).
386 Herbst und Erofeev (2019).
387 Sonnenfeld et al. (2022a).

Auch in arabische Staaten gab es nennenswerte Ausreisen nicht-touristischer und vermutlich dauerhafter Art.

Besondere Humankapitalverluste erlebt der IT-Sektor. Schätzungsweise haben zwischen 11 bis 30 Prozent der aktiven Erwerbstätigen im IT-Sektor Russland und Belarus seit Beginn des Krieges dauerhaft verlassen. Auch hier sind die Ziele der Auswanderung benachbarte oder nahegelegene visafreie Länder wie Georgien, Montenegro, Zypern, Armenien oder die Vereinigten Arabischen Emirate.[388] IT-Fachleute gehören zu den mobilsten und global wettbewerbsfähigsten Arbeitnehmern, sodass sich der Brain-Drain für diese Branche extrem auswirkt. Für russische Unternehmen in der IT-Branche wird es zunehmend schwer, qualifiziertes Personal zu rekrutieren, zumal 67 Prozent der russischen IT-Unternehmen bereits vor Ausbruch des Krieges einen Mangel an Personal im Bereich Entwicklung zu verzeichnen hatten.[389] Dabei ist der IT-Sektor einer der florierenden und stark wachsenden Märkte in Russland der letzten Jahre gewesen und hätte womöglich ein wichtiger Zukunftssektor werden können. Der Krieg und die Sanktionen wirken sich jedoch fatal auf diesen Sektor aus, der abhängig ist von ausländischer, westlicher Technologie (sowohl in der Software als auch wichtige Hardware wie Mikrochips und Elektronik-Bauteile) und nun zusätzlich durch den Brain-Drain geschwächt wird. Die demografischen Entwicklungen zeigen in eine komplett andere Richtung, als es die Wirtschaft bräuchte. Die russische Regierung versucht, dem Exodus an qualifizierten Arbeitskräften mit gezielten Maßnahmen entgegenzuwirken – durch staatlich organisierte Umbildungsprogramme genauso wie durch zusätzliche monetäre Anreize. Ob diese Maßnahmen den Trend umkehren können, ist fraglich. Vielmehr bergen die einseitig auf den ITK-Sektor ausgerichteten Anreizprogramme die Gefahr, dass IT-Personal aus anderen weniger geförderten Bereichen in die ITK-Branche abwandert und den Fachkräftemangel dort verschärft.[390]

Die Anzahl junger Arbeitnehmer im Alter unter 35 Jahren erreichte im Jahr 2022 den niedrigsten Stand seit Anfang der 1990er Jahre.[391] Gleichzeitig zeigen sich die Folgen des sogenannten „demografischen Lochs" der 1990er Jahre, was zur Verschärfung des demografischen Problems auf dem Arbeitsmarkt beiträgt. Die Generation der niedrigen Geburtenraten

---

388 Wachs (2023).
389 Nell (11.04.2022).
390 Rudnik (2022).
391 TASS (11.04.2023).

aus den 1990er Jahren hat das erwerbsfähige Alter längst erreicht und der Vergleich in der Bevölkerungspyramide zeigt die Dramatik der demografischen Lücke bei den 15- bis 29-jährigen (Abbildung 4-11). Die Lage verschlimmert sich durch Abwanderung, insbesondere der klugen Köpfe. Eine Besserung ist aufgrund der ebenfalls schwachen, wenn auch etwas günstigeren demografischen Lage der noch Minderjährigen nicht in Sicht.

Abbildung 4-11: Bevölkerungspyramide Russlands

Nach Geschlecht, 2022

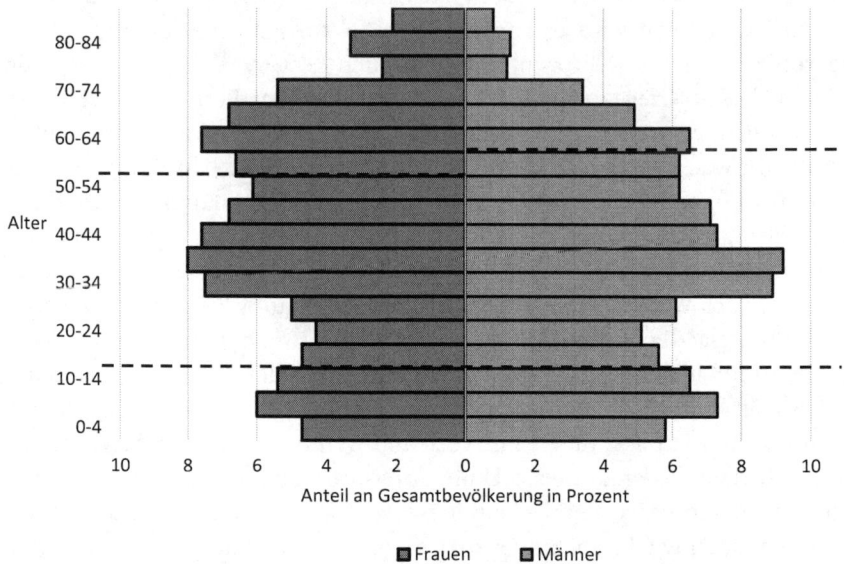

Anteil an Gesamtbevölkerung in Prozent

■ Frauen   ■ Männer

Anmerkung: Die gestrichelten Linien geben die unteren und oberen Grenzen der Erwerbsbevölkerung wieder. Das reguläre Rentenversicherungseintrittsalter beginnt für Frauen bei 55 Jahren und bei Männern bei 60 Jahren. Eine Rentenpension für Unversicherte beginnt für Männer ab 65 Jahren und für Frauen ab 60 Jahren. Quelle: Fedstat

Eine unglückliche Bevölkerung

Ein Grund für die ungünstige demografische Entwicklung, insbesondere der „demografischen Löcher" in einigen Generationen, liegt in der prekären gesamtgesellschaftlichen Lage der Russen, die immer wieder von historischen Katastrophen (Bürgerkrieg, Großer Terror, Zweiter Weltkrieg) und Krisen (Krisenjahre 1991-1996) geplagt sind. Die Bevölkerung ist nicht nur eine geburtenschwache und schrumpfende Gesellschaft, sie ist auch eine ausgesprochen unglückliche Gesellschaft. Dies zeigt der „Better-Life-Index" der OECD, ein Maß für Arbeits- und Lebensbedingungen mit mehreren Indikatoren (Abbildung 4-12).

Abbildung 4-12: Lebenszufriedenheit in Russland

Better-Life-Index der OECD, 2022

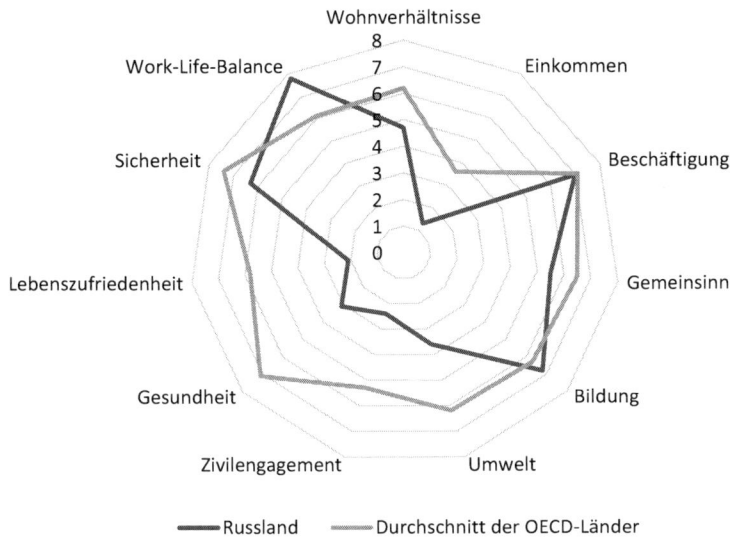

Quellen: OECD, eigene Darstellung

Der Vergleich Russlands mit den Durchschnittswerten der OECD-Länder zeigt, dass Russland in fast allen Indikatoren schlechte und teils sehr schlechte Werte erzielt. Besonders frappierend sind die niedrigen Werte Russlands bei „Einkommen", „Lebenszufriedenheit", „Gesundheit", und „Zivilengagement". Das durchschnittliche Jahreshaushaltseinkommen in Russland beträgt mit knapp 20.000 US-Dollar nur knapp zwei Drittel des OECD-Durchschnitts. Dazu kommt die Ungleichheit der Einkommen und Vermögen, die seit Ende der Sowjetunion stark angestiegen ist. Obwohl die absolute Armut unter den Russen seit Beginn der 2000er deutlich zurückgegangen ist, wird die sozio-ökonomische Ungleichheit, allen voran die Chancenungleichheit, auch in der russischen Bevölkerung als ungerecht empfunden und ist eine Herausforderung für den Staat.[392] Die Beschäftigungsquote ist dagegen hoch, auch die Work-Life-Balance ist ausgeglichen und wird deutlich besser bewertet als im OECD-Durchschnitt. Generöse Urlaubsregelungen, ein recht frühes Renteneintrittsalter und eine durchschnittliche Wochenarbeitszeit von 38 Stunden tragen dazu bei. Negativ auf den Indikator Gesundheit wirkt sich die geringe Lebenserwartung der Russen aus, zudem kommen schlechte Bewertungen der Luft- und Wasserqualität.

Die schwachen Werte beim Zivilengagement und der Lebenszufriedenheit verdeutlichen die negative Grundstimmung in der russischen Gesellschaft. Fragt man die russische Bevölkerung, wie weit sie in die Zukunft planen können, fallen die Antworten ernüchternd aus. Die Befragungen des international renommierten Lewada-Instituts zeigen, dass die russische Bevölkerung Ende 2022 ein Höchstmaß an Unsicherheit und Zukunftsangst plagt. Mehr als 50 Prozent der Befragten geben an, nicht zu wissen, wie es in den nächsten Monaten weiter geht, ein Wert so hoch wie seit Anfang der 2000er nicht mehr (Abbildung 4-13). Diese gesellschaftliche Stimmung überträgt sich belastend aufs demografische Problem: Unzufriedene und in prekären, ungesunden Lebensverhältnissen lebende Menschen bekommen – bei gleichzeitig bestehenden Sozial- und Sicherungssystemen – weniger Kinder, und die Emigration der Jungen nimmt zu. Nicht unerheblich wirkt sich hier das jahrhundertealte Erbe absolutistischer und diktatorischer Macht aus, was zivilgesellschaftliche Engagement faktisch unmöglich macht. Dies alles steht einer, auf Humankapitalressourcen basierenden Entwicklung entgegen.

---

392 Mareeva (2020).

Abbildung 4-13: Zukunftsängste der russischen Bevölkerung

Umfrage des Lewada-Instituts: „Wie weit im Voraus können Sie Ihre Zukunft planen?",
in Prozent

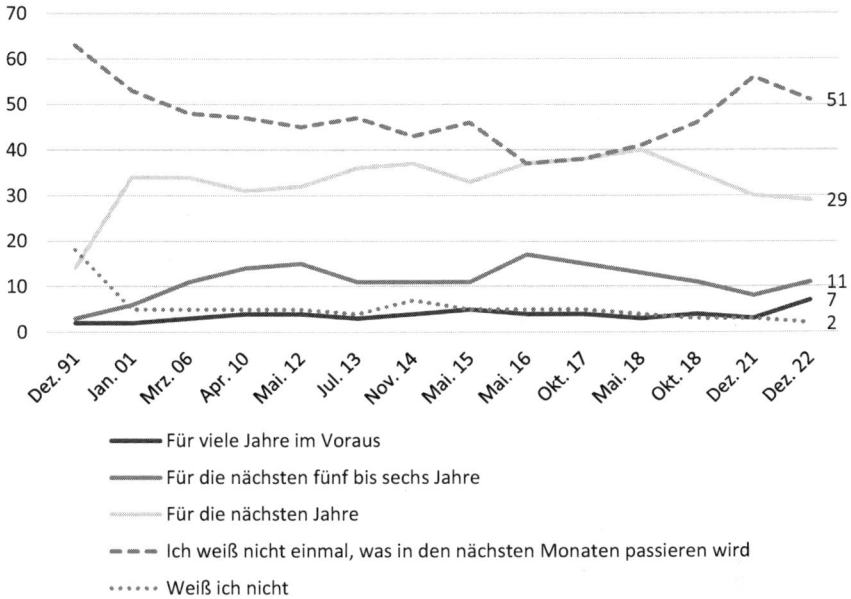

Für viele Jahre im Voraus

Für die nächsten fünf bis sechs Jahre

Für die nächsten Jahre

Ich weiß nicht einmal, was in den nächsten Monaten passieren wird

Weiß ich nicht

N = 1.611, Befragungszeitraum: 15.12.2022 bis 21.12.2022. Quelle: Lewada-Institut

Eine (unzureichend) gebildete Bevölkerung

Vor dem Hintergrund einer schrumpfenden und mehrheitlich unglückli-
chen Bevölkerung stellt sich die Frage, welches verbleibende Potenzial
an Humankapital noch geschöpft werden kann. Im Better-Life-Index der
OECD schnitt Russland beim Indikator Bildung überdurchschnittlich gut
ab. Eine gut ausgebildete Bevölkerung ist ein großer Vorteil für eine wachsende Volkswirtschaft, um die Produktivität zu steigern, Fachkräfte zu sichern und Innovationen zu fördern. Jedoch zeigt sich mit Blick auf einzelne
Zahlen, dass Russland sein Potenzial hier verspielt.

Bildung und Bildungsausgaben in Russland

Bildung ist einer der wenigen Bereiche, in denen Russland im internationalen Vergleich auf dem ersten Blick gut dasteht (Abbildung 4-14). Mehr als 95 Prozent der Erwerbsbevölkerung Russlands hat einen Schulabschluss (Primar- und erste Sekundarstufe), was unter den Industrie- und Schwellenländern einen Spitzenwert darstellt. Beim oberen Sekundarabschluss liegt Russland im Mittelfeld, den Tertiarabschluss erreichen in Russland mit 56 Prozent deutlich mehr Menschen als in fast allen anderen Ländern. Hierzu zählen allerdings auch Abschlüsse an sogenannten *Bildungskomplexen*, die Kompetenzen im Bereich der grundlegenden Berufsbildung und mittleren Berufsbildung in Fachschulen vermitteln.[393] Russland konnte bis zum Jahr 2020 steigende Bildungsausgaben – bereinigt durch Preissteigerungen – erreichen. Zwischen 2010 und 2019 stiegen sie um 13 Prozent.[394] Im Jahre 2021 sanken die Ausgaben wieder leicht und die Kriegskosten werden das Bildungsbudget zusätzlich belasten.[395] Die Bildungsausgaben des Staates sind mit knapp 4 Prozent des Bruttoinlandsproduktes in den vergangenen zehn Jahren allerdings unter dem Durchschnitt der OECD-Staaten geblieben.[396] Die Ausgaben pro Lernenden liegen in Russland ebenfalls unter dem Niveau der westlichen Industrienationen. Die Lehrer-Schüler-Relation hat sich innerhalb der letzten 10 Jahre deutlich verschlechtert. Im Primar-, Grund- und Sekundarbereich lag die Zahl im Jahr 2012 bei 13 Schülern und zehn Jahre später schon bei 19 Schülern. Dies stellt einen einmaligen Verlust an Bildungsinvestitionen dar und ist auch im internationalen Vergleich schlechter als westliche Industrieländer wie die USA (15), Kanada (13) oder Deutschland (12).[397] Dies schlägt sich auf die Qualität der Bildung nieder. Denn obwohl in Russland so viele Erwachsene einen Schulabschluss wie in keinem anderen Land erreichen, schneiden sie im PISA-Vergleich nur durchschnittlich (in Mathematik) bis leicht unterdurchschnittlich (Lesekompetenz, Naturwissenschaften) ab.[398] Im Primar- und Sekundarbereich steht Russland aufgrund deutlich niedriger Ausgaben klar schlechter dar, als die hohen Abschlussquoten zunächst suggerieren. Lediglich die Ausgaben pro Lernenden im Tertiarbereich sind auf interna-

393 Kuebart, Huck und Schmidt (2006).
394 Gokhberg et al. (2022).
395 Fremerey und Gerards Iglesias (2023).
396 Weltbank; Gokhberg et al. (2022).
397 Gokhberg et al. (2022).
398 Daten von der OECD.

tional vergleichbarem Niveau.[399] Die Ausgabenkürzungen als Folge der engen Haushaltsplanungen der kommenden Jahre werden sich jedoch negativ auf alle Bildungsbereiche auswirken, ebenso auf die Spitzenforschung. Eine der renommierten Universitäten des Landes, die Universität Sankt Petersburg, konnte ihr Budget nur halten, in dem sie für internationale wissenschaftliche Kooperationen Kürzungen vornahm.[400] Was dies für die Vernetzung und Weiterentwicklung der Forschung und Lehre bedeutet, ist offenkundig.

Abbildung 4-14: Bildungsniveau nach Bildungsstufen

OECD- und G20-Staaten, Anteil der 25- bis 64-Jährigen, 2018

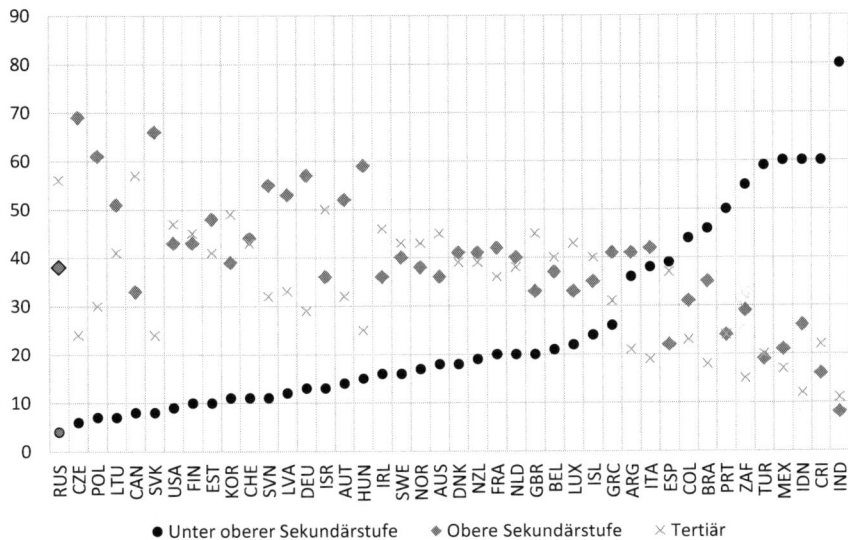

Quelle: Daten und Darstellungsweise der OECD

Insgesamt erweist sich der Hochschulsektor in Russland ohnehin nicht als Treiber von Veränderungen, wie sie für einen dynamischen volkswirtschaftlichen Strukturwandel erforderlich wären. Das hängt wiederum mit Traditionen zusammen, die weit bis in die Sowjetunion zurückgehen. Denn die Universitäten waren in erster Linie Lehreinrichtungen, aber keine Forschungsinstitutionen, und das Prinzip der Einheit von Forschung und Leh-

---

399 Gokhberg et al. (2022).
400 Lem (05.04.2022).

re ist nicht verankert. Putin hat versucht darauf zu reagieren und 2008 eine Art Exzellenzwettbewerb – inspiriert durch den in Deutschland von Bund und Ländern 2006 erstmals initiierten Prozess – ausgelobt. Zudem wurden nationale Forschungsuniversitäten gegründet. Die Exzellenzinitiative hatte eine kurzfristig positive Wirkung auf den Forschungsoutput der föderalen Universitäten, konnte aber zu keiner Verbesserung der internationalen Wettbewerbsfähigkeit oder der Qualität der Lehre beitragen.[401] Eine nachhaltige Wirkung hat dies demnach nicht entfaltet. Insgesamt fehlt Russland ein breit aufgestelltes Bildungs- und Ausbildungssystem, das die relevanten Kompetenzen von der Forschungsnähe bis zur angewandten Praxis abbildet.

Die Hochschulreform in Russland, 2003-2022

Nach Überwindung der wirtschaftlichen Umbrüche in der Post-Sowjetzeit sollte das Bildungs- und Wissenschaftssystem in Russland nach den Vorstellungen von Wladimir Putin nach westlichem Vorbild modernisiert werden. Das alte System war mit ihren regional und auf einzelne Fächer **spezialisierten Monouniversitäten** ausgerichtet auf die Bedürfnisse einer zentralen Planwirtschaft. Zudem war die Forschung den Akademien und die Lehre den Universitäten vorbehalten. Diese Trennung sollte aufgehoben werden, um Qualität und Effizienz in Forschung und Lehre zu steigern. Im Sinne eines innovativen, offenen und modernen Russlands sollten alte Strukturen aufgebrochen und der Anschluss an westliche Lehr- und Forschungseinrichtungen gefunden werden.

Im Jahre 2003 wurde daher das europäische **Bologna-System** eingeführt und seit 2008 **ersetzen neun föderale Universitäten** die Monouniversitäten. Zur Qualitätssicherung wurde die Mittelvergabe für Forschungsgelder auf eine **kompetitive Grundlage** gestellt und eine **Internationalisierungsstrategie** sollte ausländische Spitzenforscher ins Land holen. Ab 2010 reduzierte sich die Anzahl an Studierenden aufgrund der drastischen Geburtenrückgänge massiv, sodass eine Verschlankung des Hochschulsystems mit einer stärkeren Kanalisierung der Studierenden angestrebt wurde. An den Universitäten wurden Fächer wie **Informatik, Ingenieurswesen, Luftfahrt und Pädagogik** budgetär priorisiert auf Kosten von Jura, Wirtschafts- und Geisteswissenschaften.

---

401 Matveeva, Sterligov und Yudkevich (2021); Lovakov et al. (2021).

Eine Wende sollte das Jahr 2012 darstellen, als mit einem neuen Bildungs-minister die **Politisierung der Hochschulen und Wissenschaft** weiter voranschritt. Die seit 1724 bestehende traditionsreiche und unabhängige **Akademie der Wissenschaften** mit ihren 500 Forschungsinstituten wur-de de-facto aufgelöst und Forschung und Lehre sollten stärker in Einklang mit den Interessen und Weltbildern des Kremls gebracht werden. Die Unabhängigkeit der Forschung und Bildung war vorbei.[402]

Im Jahre 2022 gab es einen Vorstoß aus dem europäischen Bildungssys-tem auszusteigen. Sollten die abgeschafften Bildungsabschlüsse aus der Sowjetzeit wieder eingeführt werden, droht dem Bildungs- und Wissen-schaftsstandort Russland einerseits eine weitere **Abschottung vom Wes-ten.**

Andererseits gibt es internationale Netzwerke mit Partnern aus **Zentral-asien, Indien und China.** Diese Kooperationen werden zukünftig wichti-ger werden und ausgebaut. Mit über 351.000 ausländischen Studierenden ist Russland eines der **wichtigsten Hochschulstandorte für Ausländer.**[403] Die Herkunft der Studierenden stimmt mit den politischen Bündnissen Russlands in der Welt überein. Den Großteil machen Studierende aus Ex-Sowjetrepubliken aus, auch zahlreiche Chinesen und Inder studieren in Russland. Weitere Kooperationen im Rahmen der **BRICS** oder der **Shanghaier Kooperation** erscheinen denkbar.

Forschungs- und Entwicklungsausgaben

Nicht nur der Anteil der gesamten Bildungsausgaben ist unterdurchschnitt-lich, auch der Rückstand beim Anteil der Ausgaben für Forschung und Entwicklung (FuE), der bei 1,1 Prozent liegt, ist deutlich. Gut zwei Drittel aller FuE-Ausgaben werden vom Staat verantwortet, mehr als doppelt so viel wie in den OECD-Ländern. Der private Sektor fällt damit als Treiber für Innovationen und Strukturwandel weitgehend aus. Die Entwicklung der FuE-Ausgaben zeigt keine große Steigerung im vergangenen Jahrzehnt. Ein Großteil der Forschung und Entwicklungsgelder fällt auf Sektoren der industriellen Produktion, deren Ausgaben im Zeitraum 2010-2021 immer-hin zunahmen.[404] Branchenübergreifend blieben die Fördermittel für zivile

402 Berghorn (2017).
403 Gokhberg, Vlasova und Streltsova (2023).
404 Gokhberg, Vlasova und Streltsova (2023).

Grundlagenforschung in den vergangenen Jahren recht unverändert, wohingegen die Mittel für angewandte Forschung aufgrund von Preiseffekten real wieder deutlich unter dem Niveau von 2013 und 2014 liegt.

Dies wirkt sich allgemein auf die Innovationstätigkeit des Landes aus. Auf dem globalen Innovationsindex liegt Russland als achtgrößte Volkswirtschaft nur auf dem 47. Platz. Auch unter den europäischen Ökonomien ist Russland mit Platz 30 eines der Schlusslichter. Lediglich die Leistungen in den Naturwissenschaften und im Ingenieurswesen sowie die internationale Reputation einiger Flaggschiffuniversitäten wirken sich positiv auf den Indikator aus.[405] Russlands gesamte FuE-Ausgaben aus allen Quellen sind im Zeitraum 2010-2021 um 12,5 Prozent gestiegen (in konstanten Preisen). Gemessen an ihrem Volumen (berechnet zur Kaufkraftparität) gehört das Land traditionell zu den Top Ten der Welt, obwohl die russische Wirtschaft eine recht geringe Forschungsintensität aufweist. Im Jahr 2021 betrugen die Wissenschaftsausgaben in Russland jedoch nur etwa 1 Prozent des BIP und lagen damit deutlich niedriger als in vielen wichtigen Industrienationen.[406] Insbesondere für die militärische Modernisierung ist Russland auf Innovationssprünge durch fortschrittliche Technologien angewiesen. Obwohl in Russland die zivile-militärische Fusion Spill-Over Effekte generieren könnte, fehlen dem Land die wichtigen Fachkräfte sowie das nötige Kapital, um große Innovationssprünge analog zum Westen realisieren zu können.[407] Trotz alledem befindet sich die russische Volkswirtschaft heute in Sachen Innovation und Produktivität in einem erheblich besseren Zustand als noch in den 1990er Jahren. Die Arbeitsproduktivität (gemessen als Produktivität je geleisteter Arbeitsstunde) hat sich nach Regressionen in den 1990er Jahren ab 1999 positiv entwickelt, insbesondere in der Phase hoher Wachstumsraten bis 2007. Die Arbeitsproduktivität wuchs – trotz vergleichsweiser starker Rückschritte in den Krisenjahren 2008, 2015/16, 2020/21 – durchschnittlich um 3,1 jährlich, was deutlich mehr ist als in Deutschland im selben Zeitraum mit 0,95 Prozent.[408] Trotzdem ist dieses Wachstum zu gering und unstetig, um zu den fortgeschrittenen Ökonomien aufzuschließen.

Große Innovationstätigkeiten sind aus eigener Kraft in Russland daher nicht zu erwarten. China wird nicht ohne Gegenleistung seine Technolo-

---

405 World Intellectual Property Organization.
406 Gokhberg, Vlasova und Streltsova (2023).
407 Bitzinger und Raska (2022).
408 Berechnung auf Daten von Conference Board.

gien mit Russland teilen oder die kapitalintensiven Ausrüstungsinvestitionen finanzieren. Eine schrumpfende Bevölkerung durch demografischen Wandel und Abwanderung kluger junger Köpfe, gesellschaftliche Missstimmung und Zukunftsängste sowie eine durchschnittliche Bildungs- und Forschungslandschaft, die durch Sanktionen und Krieg geschwächt wird, zeigen, wohin der russische Sonderweg führt: weg vom Innovationspfad und hin zu einer Entwicklung durch Rückschritt.

5 Transformation wohin, Kooperation mit wem? Russland und die neue Weltordnung

„Das heutige Russland ist auf absehbare Zeit die größte Bedrohung für Frieden und Sicherheit im euroatlantischen Raum."[409]

Putin hat mit seinem Befehl zum Angriffskrieg auf die Ukraine eine folgenschwere Entscheidung für Russland getroffen, die das Land noch lange Zeit prägen wird. Dieser Versuch eines Eroberungskrieges ist ein historischer Bruch mit der Nachkriegsordnung nach 1945. Die russische Aggression richtet sich gegen die westliche Lebensweise, gegen bürgerliche Freiheiten und Rechtsstaatlichkeit, gegen zivilgesellschaftliches Engagement und die Selbstermächtigung der Bürger, kurz: gegen die soziale und politische Ordnung des Westens. Der völkerrechtswidrige russische Überfall beendet die Ära, die auf den Kalten Krieg folgte und die ihr zugrunde liegende liberal geprägte internationale Ordnung. Der epochale Wandel, der in Europa stattfindet, ist die Abkehr von einer Zeit, in der die Grundpfeiler des multilateralen Systems und des Völkerrechts etabliert wurden, in deren Mittelpunkt die Vereinten Nationen und Schlüsselbegriffe wie Souveränität und territoriale Integrität standen.

So läutet die russische Aggression eine neue Epoche in der Geopolitik ein, die im fundamentalen Gegensatz zur Pax Americana steht und die internationale, globalisierte, auf Interessenausgleich und Frieden beruhende Ordnung in Frage stellt. Mit der russischen Aggression kehrt in Europa der überkommen geglaubte Imperialismus zurück, in dem sich opportunistische Staaten gegenüberstehen, so dass nationale Souveränität und Sicherheit nicht mehr selbstverständlich sind. Weder internationale Organisationen noch multilaterale Kooperation können als neutrale Instanzen eine Mediatorenrolle einnehmen, da ein Minimalkonsens, wie gegenseitiges Vertrauen in die Rationalität des Gegenübers, fehlt. Dass Putins Reich einer imperialistischen Strategie folgt – sei es aus innenpolitischen Motiven, angeblicher äußerer Bedrohung oder persönlichen Befindlichkeiten eines autokratischen Herrschers – hätte mit Blick auf die historischen Bedingungen vermutlich niemanden überrascht, wenn es nicht in jeder

---

409 Nationale Sicherheitsstrategie der Bundesregierung, 2023.

Hinsicht als rückwärtsgewandt und aus der Zeit gefallen erscheinen müsste. Doch hat Russland in seiner über vier Jahrhunderte langen diktatorisch und absolutistisch geprägten Geschichte nie wirklich anders gehandelt. Autoritarismus, die Anwendung von polizeilicher und militärischer Gewalt bis hin zum Krieg waren immer wieder probate Mittel für den Staat mit ungenutzten Chancen und begrenzten ökonomischen Möglichkeiten. Zudem arbeitete Putin in den letzten Jahren konkret an einer Koalition antiwestlicher Akteure und baute seine wirtschaftliche sowie militärische Präsenz an strategisch wichtigen Orten aus, um geopolitisch Rückhalt zu gewinnen.[410] Insbesondere bei autokratischen Staaten des Globalen Südens scheint dies auf fruchtbaren Boden zu fallen.

Die Abkehr von der regelbasierten Ordnung ist eine Absage an das Wohlstandsversprechen und die Friedensgarantie der globalisierten Welt. Daher stellt der Angriffskrieg für viele Länder des Westens eine Zeitenwende dar – und er wird vor allem für Russland weitreichende ökonomische Konsequenzen haben. Angesichts der wirtschaftlichen und politischen Abkopplung und der Sanktionen stellt sich die Frage, wohin das Land steuern kann. Die Erfahrungen mit hochsanktionierten Staaten zeigen, dass Regime nicht nur unter diesen Umständen überleben können, sondern – wie im Falle Irans – durchaus in der Lage sind, eigene technologische Entwicklungen (SWIFT-Alternative, Drohnen) trotz multilateraler Sanktionen anzuschieben, wenngleich ihr Entwicklungsstand auf einem geringeren Niveau verharrt. Das nordkoreanische Atomprogramm fällt ebenfalls in diese Kategorie. Russland wird weiterhin eine Rohstoffmacht bleiben und nicht nur bei Öl und Gas, sondern auch bei zahlreichen anderen Mineralien und Agrarrohstoffen eine wichtige Rolle für die (nicht westliche) Welt spielen. Russland wird primär Asien und die Länder des Globalen Südens mit Rohstoffen versorgen, denn der Westen löst sich weitgehend von allen direkten Importen aus Russland. Dies bedeutet eine deutliche Verkleinerung des Marktes – und damit der Absatzchancen – für Russland. Eine wirtschaftliche Erholung bis hin zur Prosperität über Petrodollars, wie es die Golfstaaten geschafft haben, erscheint für Russland aufgrund seiner institutionellen Schwächen unrealistisch.

Zu groß ist das Land für eine großzügige Pro-Kopf-Wohlstandsverteilung und zu heterogen ist die Bevölkerung, in der latente regionale und ethnische Konflikte drohen. Darüber hinaus ist Russland einem beispiellosen Brain-Drain ausgesetzt, der das demografische Problem einer alternden Be-

---

410 Husieva (2023); Szulecki und Wig (09.04.2022).

völkerung verschärft. Russen sind aufgrund ihrer historischen Erfahrungen mit Gewaltherrschaft und Entbehrungen in gewisser Weise resilient gegenüber den herrschenden, schlechten Verhältnissen – sie zeigen jedoch keine hohe Lebenszufriedenheit und sie sind nicht optimistisch, was die Zukunft betrifft. Insofern könnte die schlechte Stimmung in der Bevölkerung noch eine gefährliche Herausforderung für das Regime werden, wenn großzügige Wohlfahrtsprogramme aufgrund zunehmend geringerer Einnahmen aus dem Rohstoffhandel zurückgefahren werden müssen. Putins Trauma der Massenproteste von 2011/2012 könnte sich wiederholen. Das dürfte insbesondere dann zum Problem werden, wenn kriegerische Erfolge gänzlich ausbleiben, Misserfolge dominieren und keine weiteren außenpolitischen imperialistischen Bestrebungen seine Beliebtheitswerte mehr steigern können. Der Ein-Tages-Aufstand von Jewgeni Prigoschin und seinen Wagner-Söldnertruppen Ende Juni 2023 hat hierauf einen Vorgeschmack gegeben.

Wenn man die wirtschaftshistorische Einordnung (Kapitel 2), die wirtschaftstheoretische Analyse (Kapitel 3) und die wirtschaftspolitische Bewertung (Kapitel 4) zusammenfügt, dann lautet die Diagnose für den Patienten Russland »nicht lebensbedrohlich«, wohl aber ist es ernst: Die russische Volkswirtschaft wird nicht zu Grunde gehen, jedoch auf ein niedrigeres Wohlstandsniveau zurückversetzt werden. Der Krieg in der Ukraine droht zum Abnutzungskrieg zu werden, mit negativen wirtschaftlichen Folgen für das Land, das zunehmend schwindenden internationalen Einfluss haben wird – genau das, was Putin seinen Verlautbarungen nach eigentlich hatte verhindern wollen.

Diese Diagnose galt grundsätzlich schon vor dem Kriegsbeginn im Februar 2022. Die strukturellen Bedingungen, die institutionellen Schwächen und die demografischen Lasten waren unabhängig vom Krieg evident und zeigten, dass nicht nur die Transformation der Sowjetunion zu Marktwirtschaft und Demokratie misslungen war, sondern genauso Putins Versuch, auf Basis des *Millennium Manifest* von 1999 einen nachhaltigen Wandel über eine selbsttragende Abkopplung der Volkswirtschaft von ihrem Rohstoffschwerpunkt einzuleiten und zu verstetigen. Alle Indikatoren weisen darauf hin, dass Russland strukturell verharrt und institutionell stagniert oder gar regrediert. Putins politisches System hat wiederholt versucht, dieses Versagen durch außenpolitische Aggression und innenpolitische Großmachtattitüde zu überdecken. Inwieweit diese Strategie mit fortschreitendem Krieg in der Ukraine und Sanktionen des Westens weiterhin möglich sein wird, ist fraglich.

Vor diesem Hintergrund mag man den Angriff auf die Ukraine als politischen und ökonomischen Selbstmord deuten, denn keines der identifizierten Probleme wird gelöst, vielmehr werden stattdessen die Symptome auf mittlere und längere Sicht nur schlimmer. Man kann die Aggression aber auch spieltheoretisch als Mittel der letzten Wahl deuten, da in Kenntnis der Probleme der volkswirtschaftliche Niedergang ebenso unausweichlich erscheinen muss wie eine dann drohende politische Destabilisierung. Der Krieg ist das Instrument einer Innenpolitik, die mangels Fortschritten und Erfolgen außenpolitisch gerahmt wird. Zudem kann für Putin die Situation im Jahr 2022 als letzte Option mit günstigen Bedingungen spieltheoretisch als Endgame charakterisiert werden, weil nur noch für begrenzte Zeit Einnahmen mit fossiler Energie erzielt werden können.

Der Aufstand der Wagner-Truppen am 24. Juni 2023 hat erkennen lassen, wie gefährdet Putins Regime im Innern ist, zumal dann, wenn die Armee nicht mehr oder nur teilweise loyal hinter ihm steht. Dieser Putschversuch, dessen Folgen bei der Fertigstellung dieser Analyse nicht vollständig abzusehen waren, lässt jedenfalls erwarten, dass sich das Endgame-Szenario für Putin noch verschärft. Es gibt absehbar keinen Ausweg aus der kriegerischen Aggression für ihn; das Risiko einer Abkehr der Armee von Putin dürfte bei einem Kriegsende ohne greifbare Ergebnisse zu groß sein. Daraus folgt, dass ökonomische Rationalität ebenso wenig eine Rolle im Kalkül des Kreml-Herrschers spielt wie politische Vernunft. Für die russische Bevölkerung und die Volkswirtschaft verheißt das nichts Gutes. Alle in den verschiedenen thematischen Zugängen identifizierten Faktoren werden wirksam bleiben:

– Aus *wirtschaftshistorischer* Perspektive: Wirtschaftliches Wachstum wurde in Russland durch die massive Mobilisierung von Produktionsfaktoren extraktiv erzielt, zeitweise unter der Inkaufnahme hoher Humankapitalverluste. Institutionelle Barrieren verhindern eine innovationsbasierte und diversifizierte industrielle Entwicklung. Die Korruption belastet die politische und wirtschaftliche Entwicklung. Auch unter Putin hat sich – entgegen seiner Ankündigung und vordergründiger Einführung von Anti-Korruptionsgesetzen[411] – die Korruptionsintensität nicht wirklich verbessert: Im Korruptionsindex von Transparency International hat sich Russland seit 2012 – anders als andere osteuropäische Länder – nicht mehr verbessert und verharrt auf sehr niedrigem Niveau. Der lange

---

411 Schmidt (2004).

Schatten der Sowjetunion liegt noch immer über der russischen Wirtschaftsstruktur. Abschottung und Repression verschärfen den Mangel an marktwirtschaftlicher Dynamik und behindern die Herausbildung einer innovativen Unternehmerkultur. Imperiale Narrative und militärische Auseinandersetzungen gehören ebenfalls zur russischen Vergangenheit, die Putin nutzt, um den gesellschaftlichen Rückhalt im Land zu schaffen, der eine systemstabilisierende Wirkung entfalten soll. Russland begab sich somit schon vor langer Zeit auf den Sonderweg eines Imperialismus ohne Imperium.

– Aus *wirtschaftstheoretischer* Perspektive: Die herausragende Stellung des Rohstoffsektors in der russischen Ökonomie ist auf eine pfadabhängige Entwicklung zurückzuführen. Der Exportboom von Erdöl, Erdgas und Steinkohle beschränkt das Verarbeitende Gewerbe, dessen Produkte aufgrund der Aufwertung des Rubels sowohl auf dem Weltmarkt als auch gegenüber Importprodukten nicht konkurrenzfähig sind. Das als Holländische Krankheit bekannte Phänomen führt zu Deindustrialisierung und zur Zementierung der herausragenden Stellung des Rohstoffsektors. Als Folge verlor die Industrie knapp 3 Millionen Beschäftigte zwischen 2003 und 2021, während die Rohstoff- und Dienstleistungssektoren einen Beschäftigungsaufbau erlebten. Die starren – meist auf Pipelines – basierenden Lieferstrukturen bei den Erdgasexporten führen dazu, dass Russland eine sechsmal höhere Konzentration auf einzelne Absatzmärkte hat als der weltweit zweitgrößte Erdgasexporteur USA. Der Westen war nicht nur Hauptabnehmer russischer Rohstoffe, sondern zugleich Hauptlieferant von hochtechnologischen Gütern für Russland. All dies rächt sich nun unter dem Sanktionsregime. Die Sanktionen beschleunigen damit jedoch nur, was die Dekarbonisierung der westlichen Industrien mittelfristig ohnehin bewirkt hätte: dass wichtige Absatzmärkte und Einnahmen für den russischen Rohstoffsektor wegfallen.

– Aus *wirtschaftspolitischer* Perspektive: Schon vor, aber insbesondere nach der Krim-Annexion bereitete die russische Regierung die Staatsfinanzen und die Wirtschaft gezielt auf verschärfte Sanktionen vor: autarke Strukturen, wie der Aufbau technologischer Alternativen (wie zu SWIFT) oder des Nationalen Wohlfahrtsfonds (+10 Billionen Rubel bzw. 362 Prozent Steigerung zwischen 2019 und 2022), die Devisenumschichtung (Dollar -29 Prozent, Euro +11 Prozent, Yuan +10 Prozent zwischen 2017 und 2021) und Importsubstitutionspläne der Regierung (vor allem in der Flugzeugindustrie, bei der es derzeit nur bei zwei von 33 Produkten überhaupt eine inländische Produktion gibt). All diese Vorbereitungen können jedoch nicht über die mittelfristig negativen Auswirkungen der Sanktionen hinwegtäuschen – zumal der Westen immer weiter daran arbeitet, Lücken im Sanktionsregime zu beseitigen, wie etwa das elfte Sanktionspaket der Europäische Union vom 21. Juni 2023 zeigt. Dennoch bleibt neben der Lückenhaftigkeit bei den teilnehmenden Ländern eine Schwäche des Sanktionsregimes, kein klares Ziel der Sanktionen oder Bedingungen für moderate Zugeständnisse auszuweisen. Russland ist seit Februar 2022 durch Sanktionen und durch den Rückzug westlicher Unternehmen sowie internationalen Kapitals einem beispiellosen Decoupling vom Westen ausgesetzt. Damit verliert Russland seinen wichtigsten Exportmarkt und einen wichtigen Importmarkt. Und es verliert zukunftsfähige Entwicklungsperspektiven, denn die technologische Lücke zum Westen wird größer werden. Durch die Umstellung auf eine Kriegswirtschaft kann die russische Volkswirtschaft zwar Wirtschaftswachstum generieren, was sich jedoch ohne innovative wettbewerbliche Konsistenz vollzieht. Zusätzlich fehlen Russland elementare Produktionsfaktoren: Es mangelt allem voran an geeignetem Humankapital.

Diese Befunde eröffnen zusammengenommen die Aussicht auf eine anhaltend schwache, wenn nicht bezogen auf das Pro-Kopf-Einkommen schrumpfende Entwicklung mit technischem Rückschritt. Denn die strukturellen Hemmnisse und institutionellen Mängel werden künftig nicht mehr wie bisher durch Erlöse aus dem Export von Ressourcen kompensiert werden und wie bisher gibt es keine Aussicht auf eine sinnvolle Nutzung dieser Einnahmen. Hinzu kommt die Korruption. Transparency International weist beharrlich und mit Recht darauf hin,

> „dass ein enger Zusammenhang zwischen der Korruptionsbekämpfung sowie der Achtung der Menschenrechte und bürgerlichen Freiheiten besteht" und dass „Korruption Demokratie und Rechtsstaatlichkeit [untergräbt]"; „in den meisten Fällen ist die Beziehung in beide Richtungen kausal: mehr Korruption kann zu Einschränkungen der bürgerlichen Freiheiten führen, während weniger bürgerliche Freiheiten die Bekämpfung der Korruption erschweren".[412]

Genau das zeigt sich in Russland. Korruption kann sich – wie der Zustand der Armee hinsichtlich Ausrüstung und Ausstattung sowie Ausbildung der Soldaten belegt – negativ auf die Stabilität des Systems auswirken, wenn die

---

412 Transparency International (2022).

geduldete, nicht bekämpfte oder gar nicht bekämpfbare (weil systemische) Korruption die militärische Handlungsfähigkeit so schwächt, dass das zentrale Versprechen Putins im Ukraine-Krieg nicht einlösbar ist.

Mängel im Ordnungsrahmen, anhaltende Korruption und daraus folgende ineffiziente Bürokratien verursachen Unsicherheiten und entwerten Investitionsbedingungen, die in solchen ewigen Potentialökonomien ohnehin nur mühsam gestaltet werden können. Hinzu kommt, dass der öffentliche Sektor schon länger expandiert und privates Unternehmertum bedrängt. Bereits seit Mitte der 2000er Jahre sorgt sich die russische Regierung besonders um strategisch wichtige Sektoren wie die Energiewirtschaft und tendiert dann – wie beim Projekt Sachalin 2 – dazu, ausländische Beteiligungen nicht nur für die Zukunft zu verhindern, sondern auch bestehende Verträge auszuhebeln. So hatte Russland bereits mit dieser „neuen Industriepolitik", die mit Verweis auf die Notwendigkeit nationaler Champions begründet wurde und wird, als Investitionsstandort viel von dem Vertrauen eingebüßt, das es durch die mutigen Reformen im Bereich des Marktzugangs und der Besteuerung nach der Jahrtausendwende auch international errungen hatte. Diese Mischung aus überkommener sektoraler Industriepolitik und gezielten politischen Prestigeprojekten entsprang einer Tradition, die Modernisierung von oben steuern zu wollen. Dieses Modell hat indes nirgends lange getragen. In dieser Hinsicht kehrt sich das Geschäftsmodell Russlands mit dem einstigen Rohstoffsegen in einen Rohstofffluch um. Dazu kommen unzureichende Investitionen in alternative Sektoren, eine schlechte Governance sowie Rent seeking – eine Kombination an negativen Faktoren, unter der viele rohstoffexportierende Länder bereits litten.

Zu alldem müssen nun die Wirkungen des Krieges hinzugerechnet werden: die Umlenkung staatlicher Gelder, der Verlust an Menschen, die Lähmung unternehmerischer Investitionen und natürlich die Sanktionen. Die russische Wirtschaft ist in eine Kriegswirtschaft umgewandelt worden, in der der Staat Zugriff auf finanzielle und materielle Ressourcen bei den Unternehmen hat. Die Zeit der staatlichen Budgetüberschüsse ist vorbei; das Budgetdefizit steigt an, denn die Staatsausgaben sind durch den Krieg in die Höhe geschnellt und gleichzeitig sinken die Steuereinnahmen. Die weitere Entkopplung Europas von russischer Energie wird diese Entwicklung befördern.

Die industrielle Entwicklung wird maßgeblich davon abhängen, ob sich russische Produzenten von wichtigen Technologien des Westens unabhängig machen können. Hier spielt vor allem China eine tragende Rolle, das in einigen Branchen wie der Elektronik und Ausrüstungen sowie im Maschinenbau bereits der wichtigste Lieferant für die russische Industrie ist, aber im High-Tech Bereich die westlichen Importe nicht Eins-zu-Eins ersetzen kann. Inwieweit China aus geostrategischen Gründen Russlands Industrie unterstützen will und damit eine Strategie des Wiederaufbaus sowie der technologischen Ertüchtigung der russischen Industrie verfolgt, bleibt abzuwarten. Vorerst ist die chinesische Position davon geprägt, Russland als Opponent des Systemrivalen USA zu stärken, allerdings mehr verbal als durch praktische Hilfe oder Unterstützung. Auch die ukrainisch-chinesischen Beziehungen, die ausgerechnet in der militärischen Kooperation seit den 1990er Jahren sehr eng waren, machen es China nicht einfach, sich eindeutig auf die russische Seite zu stellen.[413] Und im Interesse Chinas kann weder die stärkere Einheit im transatlantischen Westen sein noch der drohende Reputationsverlust an der Seite eines Landes, das nuklear bewaffnet ist und für erschütternde Kriegsverbrechen verantwortlich gemacht wird. Insofern erscheinen eine gewisse Flexibilität und Anpassung der chinesischen Position denkbar. Die Annahmen jedenfalls, dass China Russland vorbehaltlos unterstützt, und zwar auf längere Sicht, ist nicht per se plausibel. Das Bündnisband zwischen den Autokratien China und Russland ist weder historisch begründet noch in einer gemeinsamen Wertebasis verankert, wie es beim transatlantischen Westen der Fall ist.

Ähnlich verhalten sich die Beziehungen Russlands zu potenziellen Partnern wie Indien, Brasilien, Saudi-Arabien oder Iran (BRICS+). Der Wille von China und Russland, ein Gegengewicht zur Hegemonialmacht USA und dem Westen zu bilden, sollte nicht darüber hinwegtäuschen, dass die potenziellen Partnerländer einer solchen Koalition höchst unterschiedliche Kulturen und Traditionen in den Beziehungen zum Westen pflegen und die Vorstellungen einer internationalen Ordnung weit auseinandergehen. Nicht zuletzt ist Indien ein Beispiel dafür, wie aufstrebende, bevölkerungsreiche Länder heute viel mehr als früher versuchen, sich zwischen den Parteien und Blöcken zu bewegen und zu opportunistischem Verhalten neigen, aber es zumindest vermeiden, sich auf eine Seite zu stellen. Das sollte dem Westen bewusst sein, wird aber auch von China und Russland mitgedacht. Der Krieg mag zwar die geopolitischen Verschiebungen, die schon länger in Gang waren, beschleunigen und prägen. Der Plan Moskaus, durch den russischen Expansionsdrang und Krieg ein stärkeres geopolitisches Gewicht zu erlangen, wird sich hingegen kaum bewahrheiten.

---

413 Kirchberger (2023).

Alles in allem sind die Perspektiven für die russische Volkswirtschaft düster. Die russische Notenbankchefin, Elwira Nabiullina, hat mit ihrer Prognose recht:

„In the first place, the sanctions have affected the financial market, but now they will start to impact the real economy increasingly more significantly. The main problems will be associated not so much with the sanctions against financial institutions, but rather with the restrictions on imports and logistics in foreign trade and, further on, with possible restrictions on Russian exports. […] Russian manufacturers will have to search new partners and new logistics routes to deliver their products and to switch to domestic components."[414]

Aus dem Gemisch wirtschaftshistorischer Pfadabhängigkeiten, wirtschaftstheoretischer Entwicklungsprobleme sowie wirtschaftspolitischer Isolierung und Abkopplung bleibt nur der Ausweg in rückwärtsgewandte technologische Standards – gewissermaßen eine wirtschaftliche Entwicklung durch technischen Rückschritt. Im Unterschied zu Nordkorea, das nie einen mit dem Westen vergleichbaren wirtschaftlichen Entwicklungsstand erreicht hat und wegen der engmaschigen Abschottung ökonomisch mehr schlecht als recht existiert, wäre Russland ein wirtschaftshistorischer Spezialfall: Der Sonderweg Russlands geht weiter. Einen Ausweg mag man nur erkennen, wenn es – entgegen unserer Arbeitshypothese – einen personellen und institutionellen Regimewechsel in Russland gibt. Trotz oder gerade wegen des Wagner-Putsches Ende Juni 2023 ist unabsehbar, ob, wann und wie das geschehen kann. Die Erfahrung Russlands mit über vier Jahrhunderten diktatorischer und absolutistischer Macht machen einen raschen und einfachen institutionellen Wandel unwahrscheinlich. Die düsteren Perspektiven verheißen Russland – analog zur Sowjetunion – einen jahrzehntelangen Entwicklungsrückstand gegenüber dem transatlantischen Westen und – im Unterschied zur Sowjetzeit – ebenso gegenüber China. Dies ist der Preis, den Russland für seinen imperialistischen Krieg zahlen muss.

---

414 Bank of Russia (18.04.2022).

Literaturverzeichnis

Acemoğlu, Daron; Robinson, James A. (2012): Why Nations Fail – The Origins of Power, Prosperity, and Poverty; London: Penguin Random House.

Ahrens, Ralf (2000): Gegenseitige Wirtschaftshilfe? – Die DDR im RGW. Strukturen und handelspolitische Strategien 1963-1976; Köln, Weimar, Wien: Böhlau Verlag.

Aizhu, Chen (14.06.2023): Russia, China agree 30-year gas deal via new pipeline, to settle in euros; URL: https://www.reuters.com/world/asia-pacific/exclusive-russia-china-agree-30-year-gas-deal-using-new-pipeline-source-2022-02-04/ [Stand: 14.06.2023].

Al Barazi, Siyamend; Damm, Sophie; Huy, Dieter; Liedtke, Maren; Schmidt, Michael (2021): DERA Rohstoffinformation – Angebotskonzentration bei mineralischen Rohstoffen und Zwischenprodukten - potenziellen Preis- und Lieferrisiken; Bd. 49; Berlin: Deutsche Rohstoffagentur (DERA) in der Bundesanstalt für Geowissenschaften und Rohstoffe (BGR).

Algieri, Bernardina (2011): The Dutch Disease; in: Economic Change and Restructuring (2011); 44; S. 243–277.

Aoi, Tamotsu (o.J.): Historical Background of Export Control Development in Selected Countries and Regions; URL: https://www.cistec.or.jp/english/service/report/1605historical_background_export_control_development.pdf [Stand: 15.06.2023].

Asschenfeldt, Friedrich; Trecker, Max (2021): To Strangle Bolshevism in Its Cradle; in: Osteuropa; 71 (2021); 10-12; S. 47–58.

Astrov, Vasily; Ghodsi, Mahdi; Grieveson, Richard; Holzner, Mario; Landesmann, Michael; Kochnev, Artem; Pindyuk, Olga; Stehrer, Robert; Tverdostup, Maryna (2022): Russia's Invasion of Ukraine: Assessment of the Humanitarian, Economic and Financial Impact in the Short and Medium Term; in: wiiw Policy Notes; 59 (2022).

Baberowski, Jörg (2008): Gewalt verstehen; in: Zeithistorische Forschungen; 5 (2008); 1; S. 5–17.

Baberowski, Jörg (2021a): Der bedrohte Leviathan – Staat und Revolution in Rußland; Bd. 3; Berlin: Duncker & Humblot.

Baberowski, Jörg (2021b): Die entfesselte Furie. Revolution und Diktatur in Russland; in: Auge, Oliver; Kollex, Knut-Hinrik (Hrsg.): Die große Furcht – Revolution in Kiel - Revolutionsangst in der Geschichte; Bd. 8; Kiel: Wachholtz; (Kieler Schriften zur Regionalgeschichte, Bd. 8); S. 65–96.

Bähr, Cornelius; Fremerey, Melinda; Fritsch, Manuel; Obst, Thomas (2022): Rohstoffabhängigkeiten der deutschen Industrie von Russland; in: IW-Kurzbericht (2022); 31.

Balzer, Harley (12.10.1993): 1992 Conference on Russian Science: Summary Report; Washington, D.C.

Bank of Russia (18.04.2022): Elvira Nabiullina's speech at joint meeting of State Duma dedicated committees on Bank of Russia's 2021 Annual Report; Moskau.

Bardt, Hubertus (2005): Rohstoffreichtum - Fluch oder Segen?; in: IW-Trends; 32 (2005); 1; S. 1–13.

Belton, Catherine (2022): Putins Netz – Wie sich der KGB Russland zurückholte und dann den Westen ins Auge fasste; Hamburg: HarperCollins.

Berghorn, Gregor (2017): Hochschul- und Wissenschaftsreform in Russland – Der lange Abschied vom sowjetischen System; Moskau.

Bergson, Abram (1995): The Big Bang in Russia: An Overview; in: Proceedings of the American Philosophical Society; 139 (1995); 4; S. 335–349.

Bernatskyi, Bohdan (2022): Tech Sanctions Can Deindustrailise Russia; URL: https://v isegradinsight.eu/tech-sanctions-can-deindustrailise-russia/ [Stand: 15.06.2023].

Bingener, Rinhard; Wehner, Markus (13.03.2023): Die Moskau-Connection; in: Frankfurter Allgemeine Zeitung.

Bitzinger, Richard; Raska, Michael (2022): Die militärische Modernisierung in China und Russland und die Vierte Industrielle Revolution; in: SIRIUS – Zeitschrift für Strategische Analysen; 6 (2022); 3; S. 303–317.

bp (2022): Statistical Review of World Energy; URL: https://www.bp.com/en/glob al/corporate/energy-economics/statistical-review-of-world-energy.html [Stand: 15.06.2023].

Braguinsky, Serguey; Myerson, Roger (2007): A macroeconomic model of Russian transition – The role of oligarchic property rights; in: Economics of Transition; 15 (2007); 1; S. 77–107.

Braudel, Fernand (2009): History and the Social Sciences: The Longue Durée (1958); in: Review, (Fernand Braudel Center); 32 (2009); 2; S. 171–203.

Broadman, Harry G. (2000): Reducing structural dominance and entry barriers in Russian industry; in: Review of Industrial Organization; 17 (2000); 2; S. 155–175.

Buggle, Johannes C.; Nafziger, Steven (2021): The Slow Road from Serfdom: Labor Coercion and Long-Run Development in the Former Russian Empire; in: The Review of Economics and Statistics; 103 (2021); 1; S. 1–17.

Buhbe, Matthes; Gorzka, Gabriele (Hrsg.): Russland heute – Rezentralisierung des Staates unter Putin; Wiesbaden: VS Verlag für Sozialwissenschaften.

Die Bundesregierung (2023): Integrierte Sicherheit für Deutschland – Nationale Sicherheitsstrategie; Berlin.

Bundeszentrale für politische Bildung (2014): Umfrage: Die russische Öffentlichkeit über Sanktionen; URL: https://www.bpb.de/themen/europa/russland-analysen/ nr-285/194721/umfrage-die-russische-oeffentlichkeit-ueber-sanktionen/ [Stand: 15.06.2023].

Bundeszentrale für politische Bildung (2023): TACIS; URL: https://www.bpb.de/kurz -knapp/lexika/das-europalexikon/177295/tacis/ [Stand: 15.06.2023].

Buschmann, Julia (07.12.2018): USA sind Öl-Exporteur – zum ersten Mal seit mehr als 70 Jahren; in: Handelsblatt.

Busse, Nikolas (08.05.2023): Das nächste Tabu fällt; in: Frankfurter Allgemeine Zeitung.

Center for Strategic Research (CSR) (2022): Kartina inostrannogo biznesa v novyh ekonomicheskih uslovijah; Moskau.

Centre for Research on Energy and Clean Air (2023): Tracking the impacts of EU's oil ban and oil price cap; URL: https://energyandcleanair.org/russia-sanction-tracker/ [Stand: 15.06.2023].

Chapkovski, Philipp; Schaub, Max (2022): Do Russians tell the truth when they say they support the war in Ukraine? Evidence from a list experiment; URL: https://blogs.lse.ac.uk/europpblog/2022/04/06/do-russians-tell-the-truth-when-they-say-they-support-the-war-in-ukraine-evidence-from-a-list-experiment/ [Stand: 15.06.2023].

Coates, Benjamin A. (2018): The Secret Life of Statutes: A Century of the Trading with the Enemy Act; in: Modern American History; 1 (2018); 2; S. 151–172.

Congress of the United States - Office of Technology Assessment (1981): Technology and Soviet Energy Availability; URL: http://ota.fas.org/reports/8127.pdf [Stand: 31.03.2023].

Corden, W. Max (1984): Booming Sector and Dutch Disease Economics: Survey and Consolidation; in: Oxford Economic Papers; 36 (1984); 3; S. 359–380.

Corden, W. Max; Neary, J. Peter (1982): Booming Sector and De-Industrialisation in a small open economy; in: The Economic Journal; 92 (1982); 368; S. 825–848.

Csaszi, Levente (2022): Russland; URL: https://www.europarl.europa.eu/factsheets/de/sheet/177/russland [Stand: 15.06.2023].

CyberFT (2023): Finanznachrichtensystem der Russischen Bank; URL: https://cyberft.ru/about/comparison/spfs [Stand: 15.06.2023].

Dambeck, Holger (28.04.2022): Gaslieferungen aus Russland: Das Ende der Pipeline Jamal; in: DER SPIEGEL.

Daniels, Mario (2013): Von „Paperclip" zu CoCom – Die Herausbildung einer neuen US-Technologie- und Wissenspolitik in der Frühzeit des Kalten Krieges (1941-1951); in: Technikgeschichte; 80 (2013); 3; S. 209–223.

Danilina, Alina (29.12.2022): Odümajtesj!; URL: https://novayagazeta.eu/articles/2022/12/29/odumaites [Stand: 15.06.2023].

Danos, Ninel (1988): Energiekrise und Wirtschaftsbeziehungen im RGW; Frankfurt: Campusverlag.

Deutsche Stiftung Friedensstiftung (2022): Friedensgutachten - Friedensfähig in Kriegszeiten; URL: http://www.friedensgutachten.de/ [Stand: 15.06.2023].

Deutschlandfunk (2022): Russlands Krieg in der Ukraine; URL: https://www.deutschlandfunk.de/ursula-von-der-leyen-eu-kommissionspraesidentin-ukraine-krieg-100.html [Stand: 15.06.2023].

Diamond, Jeremny (11.07.2018): NATO summit: Trump accuses Germany of being a 'captive of Russia'; in: CNN.

Diermeier, Matthias; Fremerey, Melinda (2023): Solidarische Sanktionsmehrheit; in: IW-Kurzbericht (2023); 37.

Dornblüth, Gesine (2014a): Brücke zur EU oder Rückfall in die Sowjetzeit?; URL: https://www.deutschlandfunk.de/eurasische-union-bruecke-zur-eu-oder-rueckfall-in-die-100.html [Stand: 15.06.2023].

Dornblüth, Gesine (2014b): Demografie - Babyboom in Russland; URL: https://www.deutschlandfunk.de/demografie-babyboom-in-russland-100.html [Stand: 28.04.2023].

Dörris, Bernd (26.04.2023): Südafrika will Internationalen Strafgerichtshof doch nicht verlassen; URL: https://www.sueddeutsche.de/politik/suedafrika-strafgerichtshof-putin-1.5823027 [Stand: 15.06.2023].

Dyker, David A. (2012): Economic policy making and business culture – Why is Russia so different?; London: Imperial College Press.

Ebel, Viktor (06.07.2022): Wie geht es weiter mit der EAWU?; URL: https://www.gtai.de/de/trade/eawu/wirtschaftsumfeld/wie-geht-es-weiter-mit-der-eawu--861618 [Stand: 15.06.2023].

The Economist (2022): The coming food catastrophe; URL: https://www.economist.com/leaders/2022/05/19/the-coming-food-catastrophe [Stand: 15.02.2023].

The Economist (29.01.2022): How will Europe cope if Russia cuts off its gas?; URL: https://www.economist.com/europe/2022/01/29/how-will-europe-cope-if-russia-cuts-off-its-gas [Stand: 21.04.2023].

The Economist (24.08.2022): Western sanctions will eventually impair Russia's economy; URL: https://www.economist.com/finance-and-economics/2022/08/24/western-sanctions-will-eventually-impair-russias-economy [Stand: 15.06.2023].

The Economist (17.05.2023): A conversation with Henry Kissinger; URL: https://www.economist.com/kissinger-transcript [Stand: 15.06.2023].

Ellis, Geoffrey (2015): The Continental System Revisited; in: Aaslestad, Katherine; Joor, Johann (Hrsg.): Revisiting Napoleon's Continental System – Local, Regional and European Experiences; London: Palgrave Macmillan Limited; (War, Culture and Society, 1750-1850 Ser); S. 25–39.

Elsner, Harald; Huy, Dieter; Pfeiffer, Britta; Rempel, Himar; Schmidt, Sandro; Schwarz-Schampera, Ulrich; Vasters, Jürgens (2009): Die Rohstoffindustrie der Russischen Föderation; Hannover.

Enerdata (2022a): Globales Energie- und Klimastatistik - Jahrbuch 2022; URL: https://energiestatistik.enerdata.net/erdgas/welt-erdgas-produktion-statistik.html [Stand: 15.06.2023].

Enerdata (2022b): World Energy & Climate Statistics - Yearbook 2022; URL: https://yearbook.enerdata.net/crude-oil/world-production-statistics.html [Stand: 15.06.2023].

Ermolaev, S. A. (2019): Soviet Oil and Gas Dependence: Lessons for Contemporary Russia; in: Problems of Economic Transition; 61 (2019); 10-12; S. 800–816.

Eucken, Walter (1952): Grundsätze der Wirtschaftspolitik; Tübingen: Mohr Siebeck.

Evenett, Simon; Pisani, Niccolò (2023): Less than Nine Percent of Western Firms Have Divested from Russia; in: SSRN Electronic Journal (2023).

Fal'tsman, Vladimir K. (2017): Import Substitution in the Energy and Defense Industries; in: Problems of Economic Transition; 59 (2017); 1-3; S. 16–26.

Federal'noe agentstvo po nedropol'sovaniju (2021): Gosudarstvennyj doklad – O sosto-janii i ispol'zovanii mineral'no-syr'ebych resursov rossijskoj federazii v 2020 godu; Moskau.

Felbermayr, Gabriel; Rahel, Aichele; Gröschl, Jasmin (2017): Freihandel von Lissabon nach Wladiwostok: wem nutzt, wem schadet ein eurasisches Freihandelsabkommen; in: ifo-Schnelldienst; 70 (2017); 2; S. 39–50.

Flach, Lisandra; Larch, Maria; Yotov, Yoto; Braml, Martin; Gröschl, Jasmin; Teti, Feo-dora; Steininger, Maria; Schneider, Georg (2020): Die volkswirtschaftlichen Kosten der Sanktionen in Bezug auf Russland – ifo-Studie; München.

Forbes (2014): Russia's Richest Lose $73 billion; URL: https://www.forbes.com/sites/ke renblankfeld/2014/12/22/russias-20-biggest-billionaire-losers/ [Stand: 15.06.2023].

Franke, Dieter; Ladage, Stefan; Lutz, Rüdiger; Pein, Martin; Pletsch, Thomas; Reb-scher, Dorothee; Schauer, Michael; Schmidt, Sandro; Goerne, Gabriela von (2022): BGR Energiestudie 2021 - Daten und Entwicklungen der deutschen und globalen Energieversorgung; Hannover: Bundesanstalt für Geowissenschaften und Rohstoffe.

Fremerey, Melinda; Gerards Iglesias, Simon (2022): Abhängigkeit – Was bedeutet sie und wo besteht sie?; in: IW-Report (2022); 56.

Fremerey, Melinda; Gerards Iglesias, Simon (2023): Nach einem Jahr Krieg: Der Schein einer stabilen russischen Wirtschaft trügt; in: IW-Kurzbericht (2023); 13.

Gazprom (o. J.): Power of Siberia; URL: https://www.gazprom.ru/projects/power-of-si beria/ [Stand: 15.03.2023].

Gazprombank (2022): Alroza: brillianty rodom iz Jakutii; URL: https://gazprombank.i nvestments/blog/reviews/alrosa/ [Stand: 15.06.2023].

Gehrke, Birgit; Schiersch, Alexander (2021): FuE-intensive Industrien und wissensin-tensive Dienstleistungen im internationalen Vergleich – Studie zum deutschen Inno-vationssystem, Expertenkommission Forschung und Innovation, Nr. 6-2021; Berlin.

Gerards Iglesias, Simon (2019): Immigrant Entrepreneurship in Argentinien – Wirt-schaftliche, soziale und kulturelle Determinanten am Beispiel der deutschen Einwan-derer, 1880-1930; Göttingen.

Gerards Iglesias, Simon; Hüther, Michael (2022): Wirtschaftliche Entwicklung durch Rückschritt – zu den Perspektiven der russischen Volkswirtschaft; in: IW-Report (2022); 51.

Glässer, Wiebke (2019): Öl im Kalten Krieg; in: Marktmacht und Politik: Das inter-nationale Kartell der Ölgesellschaften 1960-1975; Berlin, Boston: De Gruyter Olden-bourg; S. 107–180.

Gokhberg, Leonid; Kuzmicheva, Ludmila; Ozerova, Olga; Schugal, Nikolay; Shkaleva, Elena; Sutyrina, Tatiana (2022): Education in Figures 2022 – Pocket Data Book; Moskau.

Gokhberg, Leonid; Vlasova, Valeriya; Streltsova, Ekaterina (2023): Russische Wissen-schaft in Zahlen: 2023 – Rossijskaja Nauka V Cifrah: 2023; Moskau.

Goldman, Wendy Z. (2017): The Hidden World of Soviet Wartime Food Provisioning – Hunger, Inequality, and Corruption; in: Berghoff, Hartmut; Logemann, Jan; Römer, Felix (Hrsg.): The Consumer on the Home Front – Second World War Civilian Consumption in Comparative Perspective; Oxford, New York: Oxford University Press; (Studies of the German Historical Institute London); S. 55–74.

Gosudarstvennaja Duma Federaljnogo Sobranija Rossijskoj Federacii (2023): Kakie zakony v silu v marte; URL: http://duma.gov.ru/news/56460/ [Stand: 01.06.2023].

Gosudarstvennyj komitet SSSR po statistike (1987): narodnoe chozjajstvo SSSR za 70 let – Jubilejnyj statističeskij ežegodnik; Moskau: Finanzen und Statistiken.

Götz, Roland (2007): Russlands Staatsfond und die westliche Staatsfondsdebatte; URL: https://www.swp-berlin.org/publications/products/aktuell/2007A68_gtz_ks.pdf [Stand: 15.06.2023].

Grömling, Michael; Klös, Hans-Peter (2018): Inklusives Wachstum: Potenziale und Grenzen eines Konzepts; in: IW-Analyse (2018); 126.

Groot, Michael de (2020): The Soviet Union, CMEA, and the Energy Crisis of the 1970s; in: Journal of Cold War Studies; 22 (2020); 4; S. 4–30.

Großklos, Marc (2020): Kumulierter Energieaufwand und CO_2-Emissionsfaktoren verschiedener Energieträger und –versorgungen. Institut Wohnen und Umwelt (IWU); Darmstadt.

Guriev, Sergei; Markevich, Andrei; Zhuravskaya, Ekaterina (2023): New Russian Economic History; in: Journal of Economic Literature (im Erscheinen) (2023).

Hakenes, Jens (o.J.): Brennstoffe & Energieträger: wichtige Fragen und direkter Vergleich; URL: https://www.co2online.de/modernisieren-und-bauen/heizung/brennstoffe-energietraeger-im-vergleich/ [Stand: 15.06.2023].

Hanson, Philip (17.03.2015): Analyse: Was geschieht mit dem Rubel?; URL: https://www.bpb.de/themen/europa/russland-analysen/nr-292/202925/analyse-was-geschieht-mit-dem-rubel/ [Stand: 15.06.2023].

Hecking, Claus (21.05.2014): 30-Jahres-Vertrag mit China: Was Putins Gas-Deal für Europa bedeutet; in: DER SPIEGEL.

Hensen, Christian (08.03.2022): Mit dem abgekoppelten "Runet" könnte Russland zum digitalen Nordkorea werden – die Vorbereitungen laufen seit Jahren; in: stern.

Herbst, John; Erofeev, Sergei (2019): The Putin Exodus: The New Russian Brain Drain; Washington, D.C.: Atlantic Council.

Herrmann-Pillath, Carsten (2019): Power, ideas and culture in the 'longue durée' of institutional evolution: theory and application on the revolutions of property rights in Russia; in: Journal of Evolutionary Economics; 29 (2019); 5; S. 1483–1506.

Higher School of Economics - State University (2023): Eksperty VSE ocenili rezuljtaty importozameščenija v Russo i ego perspektivy; St. Petersburg.

Hildermeier, Manfred (2001): Die Geschichte der Sowjetunion 1917-1991 – Entstehung und Niedergang des ersten sozialistischen Staates; 3. Aufl.; München: Oldenbourg.

Hildermeier, Manfred (2013): Geschichte Russlands – Vom Mittelalter bis zur Oktoberrevolution; München: C.H. Beck.

Hilgenstock, Benjamin; Ribakova, Elina; Shappoval, Nataliia; Babina, Tania; Itskhoki, Oleg; Mironov, Maxim (2023): Russian Oil Exports under international sancions; in: SSRN Electronic Journal (2023).

Husieva, Olha (2023): Russlands außenpolitische Determinanten: Expansionspolitik und „Imperialismus" seit 1991; in: Hansen, Stefan; Husieva, Olha; Frankenthal, Kira (Hrsg.): Russlands Angriffskrieg gegen die Ukraine – Zeitenwende für die deutsche Sicherheitspolitik; Bd. 1; Baden-Baden: Nomos; (ISPK-Studien zur Konfliktforschung, Bd. 1); S. 67–92.

Hüther, Michael (2014): Die junge Nation – Deutschlands neue Rolle in Europa; Hamburg: Murmann Publishers.

IHK (05.06.2023): IHK Ratgeber Transport und Logistik; URL: https://www.ihk-mue nchen.de/de/Service/Internationalisierung/Russland-Ukraine-Krieg/Transport-und -Logistik/ [Stand: 15.06.2023].

Inglehart, Ronald; Welzel, Christian (2005): Modernization, Cultural Change, and Democracy – The Human Development Sequence; Vol. 25; Cambridge, UK, New York: Cambridge University Press.

International Energy Agency (2022): World Energy Outlook; Paris.

International Monetary Fund (April 2023): World Economic Outlook – A Rocky Recovery; Washington, D.C.

Ito, Katsuya (2017): Dutch disease and Russia; in: International economics; 151 (2017); S. 66–70.

Jaroslawski, Konstantin (26.09.2018): Wie Russland Visa und Mastercard verdrängt; in: DER SPIEGEL.

Karpov, Danila (2022): Russia's Dependence on Import of Intermediate Goods; in: Bank of Russia Working Paper Series (2022); 106.

Katzenberger, Paul (06.02.2019): Ein Chef für schöne Zahlen – Russland - Skepsis an neuen Wirtschaftskennzahlen; in: Süddeutsche Zeitung.

Kirchberger, Sarah (2023): Die Rolle und die strategische Entscheidung Chinas im Ukraine-Krieg; in: Hansen, Stefan; Husieva, Olha; Frankenthal, Kira (Hrsg.): Russlands Angriffskrieg gegen die Ukraine – Zeitenwende für die deutsche Sicherheitspolitik; Bd. 1; Baden-Baden: Nomos; (ISPK-Studien zur Konfliktforschung, Bd. 1); S. 319–332.

Klaus, Julia (10.11.2022): Europäische Kühlschränke für Putins Krieg?; URL: https://w ww.zdf.de/nachrichten/wirtschaft/kuehlschrank-chips-russland-krieg-waffen-ukrain e-100.html [Stand: 15.06.2023].

Klein, Martin (2022): Krieg in der Ukraine: Das Ende der Neuen Seidenstraße?; in: Wirtschaftsdienst; 102 (2022); 3; S. 157.

Kluge, Janis (2016): Importsubstitutionen; URL: https://www.dekoder.org/de/gnose/i mportsubstitution#fuss4 [Stand: 15.06.2023].

Kluge, Janis (2018): Russlands Staatshaushalt unter Druck – Finanzielle und politische Risiken der Stagnation; in: SWP-Studie (2018); 14.

Knelz, Alexej (2006): Russland ist kein Freund der Europäischen Energiecharta; URL: https://www.dw.com/de/russland-ist-kein-freund-der-europ%C3%A4ischen-energie charta/a-2094980 [Stand: 15.06.2023].

Koch, Anne (2011): Corruption Perceptions Index 2011: Little to Celebrate; URL: https://blog.transparency.org/2011/11/30/corruption-perceptions-index-2011-litt le-to-celebrate/ [Stand: 15.06.2023].

(02.02.1952): Die Kohlenproduktion der UdSSR seit 1945; in: Ost-Probleme; 4 (1952); 4; S. 147–152.

Kolev, Galina (2016): Strukturelle Schwächen der russischen Wirtschaft; in: IW-Report (2016); 3.

Kozlov, Vladimir; Snegovaya, Maria (2019): Factors of Competitiveness in Russian Gubernational Elections, 2012-2018; URL: https://www.4freerussia.org/wp-content/ uploads/sites/3/2019/05/Elections_web_eng.pdf [Stand: 23.05.2023].

Krasner, Stephen D. (1995): Compromising Westphalia; in: International Security; 20 (1995); 3; S. 115–151.

Kraus, Miriam (27.10.2022): Was macht eigentlich Platin? Eine Analyse; URL: https://w ww.investor-verlag.de/rohstoffe/edelmetalle/platin-als-geldanlage/was-macht-eigent lich-platin-eine-analyse/#platinpreis-haelt-die-unterstuetzung-und-koennte-bald-ne ue-widerstaende-erobern [Stand: 04.04.2023].

Krause, Günter (2003): On a Virtually Forgotten Essay: Joseph A. Schumpeter's "The Sociology of Imperialisms"; in: Backhaus, Jürgen (Hrsg.): Joseph Alois Schumpeter – Entrepreneurship, style, and vision; Boston: Kluwer Academic Publishers; (The European Heritage in Economics and the Social Sciences); S. 179–189.

Krempin, Dunja (2019): Die sibirische Wucht – Der Aufstieg der Sowjetunion zur globalen Gasmacht; Band 7; Zürich.

Kuebart, Friedrich; Huck, Wolfgang; Schmidt, Gerlind (2006): Internationales Hand-buch der Berufsbildung: Russland; Bremen: Institut Technik und Bildung (ITB).

Kurochkina, Anna; Ostrovskaya, A.; Lukina, E. N. (2016): Problems and Directions of Development of the Military-Industrial Complex of the Russian Federation; in: Components of Scientific and Technological Progress; 30 (2016); 4; S. 19–23.

Lebedew, Artur (14.01.2023): Mittlere Seidenstraße: Hier bauen deutsche Logistiker die Putin-freie Route nach China; in: Wirtschaftswoche.

Lem, Pola (05.04.2022): Russian research and culture institutions face huge cut; URL: https://www.timeshighereducation.com/news/russian-research-and-culture-instituti ons-face-huge-cut [Stand: 15.06.2023].

Lohmann, Sascha (31.05.2019): Extraterritoriale US-Sanktionen; URL: https://www.sw p-berlin.org/publications/products/aktuell/2019A31_lom.pdf [Stand: 01.06.2023].

Lovakov, Andrey; Panova, Anna; Sterligov, Ivan; Yudkevich, Maria (2021): Does gov-ernment support of a few leading universities have a broader impact on the higher education system? Evaluation of the Russian University Excellence Initiative; in: Research Evaluation; 30 (2021); 3; S. 240–255.

Luks, Leonid (2005): Der russische "Sonderweg"? – Aufsätze zur neuesten Geschichte Russlands im europäischen Kontext; Bd. 16; Stuttgart: Ibidem.

Maihold, Günther (27.07.2022): Von BRICS zu BRICS+: Suche nach Allianzen und neuer Identität; URL: https://www.swp-berlin.org/publikation/von-brics-zu-brics-s uche-nach-allianzen-und-neuer-identitaet [Stand: 27.04.2023].

Marcus, Scott; Poitiers, Niclas; Grzegorczyk, Monika; Weil, Pauline (2022): The de-coupling of Russia: high-tech goods and components; URL: https://www.brueg el.org/blog-post/decoupling-russia-high-tech-goods-and-components [Stand: 15.06.2023].

Mareeva, Svetlana (2020): Socio-economic inequalities in modern Russia and their perception by the population; in: Journal of Chinese Sociology; 7 (2020); 1.

Marshall, Tim (2017): Die Macht der Geographie – Wie sich Weltpolitik anhand von 10 Karten erklären lässt; 10., deutsche Erstausgabe; München: dtv.

Matveeva, Nataliya; Sterligov, Ivan; Yudkevich, Maria (2021): The effect of Russian University Excellence Initiative on publications and collaboration patterns; in: Journal of Informetrics; 15 (2021); 1; S. 101–110.

Mehlum, Halvor; Moene, Karl; Torvik, Ragnar (2006): Cursed by Resources or Institutions?; in: The World Economy; 29 (2006); 8; S. 1117–1131.

Meister, Stefan; Staron, Joachim (2012): Entfremdete Partner: Deutschland und Russland; in: Osteuropa; 62 (2012); 6/8; S. 476–484.

Meng, Werner (1997): Wirtschaftssanktionen und staatliche Jurisdiktion: Grauzonen im Völkerrecht; in: Zeitschrift für ausländisches öffentliches Recht und Völkerrecht; 57 (1997); S. 269–327.

Merkli, Thomas (2002): XIII. Treffen der obersten Verwaltungsgerichtshöfe Österreichs, Deutschlands, des Fürstentums Liechtenstein und der Schweiz – Internationales Verwaltungsrecht: Das Territorialprinzip und seine Ausnahmen; Vaduz.

Ministerstvo Finansov Rossijskoj Federacii (07.06.2023): Kratkaja ežemesjačnaja informacija ob ispolnenii federalynogo bjudžeta; URL: https://minfin.gov.ru/ru/statistics /fedbud/execute?id_57=80042-informatsiya_ob_ispolnenii_federalnogo_byudzheta [Stand: 15.06.2023].

Ministerstvo Promyšlennosti i torgovli Rossijskoj Federacii (26.07.2022): Meroprijatij Po Importozamescenju V Otrasli Grazdanskogo Aviastroenija Rossijskoj Federacii Na Period Do 2024 Goda; Moskau.

Mironov, Valeriy V.; Petronevich, Anna V. (2015): Discovering the signs of Dutch disease in Russia; in: BOFIT Discussion Papers (2015); 3.

Mokyr, Joel (1995): Urbanization, Technological Progress, and Economic History; in: Giersch, Herbert (Hrsg.): Urban Agglomeration and Economic Growth; Berlin, Heidelberg: Springer; S. 3–37.

Mommsen, Wolfgang J. (1977): Imperialismustheorien; Göttingen: Vandenhoeck & Ruprecht.

Moser, Nat (2017): Oil and the economy of Russia – From the Late-Tsarist to the Post-Soviet Period; London: Routledge.

Mulder, Nicholas (2022): The Economic Weapon – The Rise of Sanctions as a Tool of Modern War; New Haven: Yale University Press.

Müller, Mareike (09.12.2022): Putin nimmt an Treffen der Eurasischen Wirtschaftsunion teil – doch die Zeichen stehen auf Distanz; URL: https://www.handelsblatt.com/ politik/international/russland-putin-nimmt-an-treffen-der-eurasischen-wirtschaftsu nion-teil-doch-die-zeichen-stehen-auf-distanz/28858570.html [Stand: 15.06.2023].

Münkler, Herfried (2005): Imperien – Die Logik der Weltherrschaft - vom Alten Rom bis zu den Vereinigten Staaten; 4. Aufl.; Berlin: Rowohlt.

Murphy, Kevin; Shleifer, Andrei; Vishny, Robert (1992): The Transition to a Market Economy: Pitfalls of Partial Reform; in: The Quarterly Journal of Economics; 107 (1992); 3; S. 889–906.

Museum für Energiegeschichte (16.03.2023): Gasversorgung; URL: https://www.ener giegeschichte.de/de/meg-energiegeschichte/energiethemen/gasversorgung.html [Stand: 15.06.2023].

Nabiullina, Elwira (12.04.2023): Speech at joint meeting of State Duma dedicated committees a Bank of Russia's 2022 Annual Report; Moskau.

Nell, Jacob (11.04.2022): Impact of sanctions on Russian Economy; Kyiv.

Neubert, Carl-Wendelin (2021): Sanctions and International Law - Sanktionen und das Völkerrecht; in: Zeitschrift Osteuropa; 71 (2021); 10-12; S. 35–46.

Nölke, Andreas (2023): SWIFT-Sanktionen: Sicher keine »nukleare Option«; in: ifo-Schnelldienst; 76 (2023); 5; S. 6–9.

Nove, Alec (1970): An Economic History of the U.S.S.R; London: Allen Lane Penguin Press.

OECD (2015): Russian Federation: Key issues and policies; URL: https://doi.org/10.178 7/9789264232907-en [Stand: 28.06.2023].

OECD (2020): Financing SMEs and Entrepreneurs 2020: An OCED Scoreboard; URL: https://doi.org/10.1787/061fe03d-en [Stand: 28.06.2023].

Oomes, Nienke; Kalcheva, Katerina (2007): Diagnosing Dutch Disease: Does Russia Have the Symptoms?; in: IMF Working Paper (2007); 7.

OPEC (2022): 2022 World Oil Outlook 2045; Wien.

O'Rourke, Kevin (2007): War and Welfare: Britain, France, and the United States 1807-14; in: Oxford Economic Papers; 59 (2007); S. 8–30.

Peksen, Dursun (2021): Economic sanctions and political stability and violence in target countries; in: van Bergeijk, Peter; Ledda, Gina Macatangay (Hrsg.): Research handbook on economic sanctions; Cheltenham, UK, Northampton, MA, USA: Edward Elgar Publishing; S. 187–201.

Perović, Jeronim (2013): Russlands Aufstieg zur Energiegroßmacht – Geschichte einer gesamteuropäischen Verflechtung; in: Osteuropa; 7 (2013); 63; S. 5–28.

Perović, Jeronim (2022): Rohstoffmacht Russland – Eine globale Energiegeschichte; Wien, Köln: Böhlau Verlag.

Pleines, Heiko (2011): Der Staat als Eigentümer; in: Russland-Analysen (2011); 217; S. 29–31.

Pleines, Heiko (2022a): Der geplante Krieg; in: Russland-Analysen (2022); 417; S. 16–18.

Pleines, Heiko (2022b): Opposition to the Washington Consensus: The IMF and Social Policy Reforms in Post-Soviet Russia; in: González de Reufels, Delia; Obinger, Herbert; Nullmeier, Frank (Hrsg.): International Impacts on Social Policy – Short Histories in Global Perspective; Cham: Springer Nature; S. 275–285.

Plessner, Helmuth (1959): Die verspätete Nation – Über die politische Verführbarkeit bürgerlichen Geistes; Stuttgart: Kohlhammer.

Plumpe, Werner (11.03.2022): Wie zielsicher sind Sanktionen? Ein Blick in die Geschichte; URL: https://www.wiwo.de/politik/europa/wiwo-history-wie-zielsicher-sin d-sanktionen-ein-blick-in-die-geschichte/28154694.html [Stand: 15.06.2023].

Plumpe, Werner; Nützenadel, Alexander; Schenk, Catherine R. (2020): Deutsche Bank – Die globale Hausbank 1870 - 2020; Berlin: Propyläen Verlag.

Popov, Vladimir (2014): Mixed fortunes: An economic history of China, Russia, and the West; Oxford: Oxford University Press.

Prezident Rossijckoj Federacii (13.05.2009): Strategija nacionaljnoj bezopasnosti Rossijskoj federacii do 2020 goda.

Prezident Rossijckoj Federacii (01.07.2014): Ob utverzdenii Koncepcii demografickoj politiki Rossijskol Federacii na period do 2025 Goda.

Putin, Wladimir (30.12.1999): Russia at the turn of the millenium – Rossiia na rubezhe tysiacheletii; in: Nezavisimaia gazeta; 4.

Putin, Wladimir (25.11.2010): Von Lissabon bis Wladiwostock; in: Süddeutsche Zeitung.

Putin, Wladimir (12.07.2021): On the Historical Unity of Russians and Ukrainians; URL: http://en.kremlin.ru/events/president/news/66181 [Stand: 15.06.2023].

Racz, Andreas; Spillner, Ole; Wolff, Guntram (2023): Why Sanctions Against Russia Work; in: Review of European Economic Policy; 58 (2023); 1; S. 52–55.

Radayev, V. V. (16.02.2000): Major Vectors of Institutional Transformations in Russian Economy. Conference and Seminar on "Investment Climate and Russia's Economic Strategy" Moscow, April 5–7, 2000; Moskau.

Rat der Europäischen Union (2016): Eine Globale Strategie für die Außen- und Sicherheitspolitik der Europäischen Union; Brüssel.

Rat der Europäischen Union (2023): Zeitleiste – restriktive Maßnahmen der EU gegen Russland aufgrund der Krise in der Ukraine; URL: https://www.consilium.europa.eu /de/policies/sanctions/restrictive-measures-against-russia-over-ukraine/history-rest rictive-measures-against-russia-over-ukraine/ [Stand: 15.06.2023].

Ritchie, Hannah; Roser, Max; Rosado, Pablo (2022): Russia; URL: https://ourworldind ata.org/energy/country/russia [Stand: 15.06.2023].

Rochlitz, Michael (2023): Im Abseits: Russlands Weg in die wirtschaftliche Stagnation; in: ifo-Schnelldienst; 76 (2023); 5; S. 9–11.

Rosstat (2023): Federal'naja služba gosudarstvennoj statistiki.

Rudnik, Pavel Borisovich (2022): Cifrovaja Transformacija Ozidanija i Realjnostj; Moskau.

Russia Fossil Tracker (24.05.2023): Payments to Russia for fossil fuels; URL: https://w ww.russiafossiltracker.com/ [Stand: 25.05.2023].

Rutland, Peter (2012): Neoliberalism and the Russian transition; in: Review of International Political Economy; 20 (2012); 2; S. 332–362.

Ryazantsev, Sergey; Bragin, Alexey (2023): The Influence of Political and Economic Factors on Emigration From Russia to Europe; in: Journal of Population and Social Studies; 31 (2023); S. 152–169.

Sachs, Jeffrey D.; Warner, Andrew M. (1995): Natural Resource Abundance and Economic Growth; Cambridge, MA: National Bureau of Economic Research.

Salzgitter AG (11.03.2016): Beteiligungsgesellschaft EUROPIPE liefert Rohre für NORD STREAM 2; Salzgitter.

Saposchnikow, Andrej (08.01.2023): Toljko cetvertj poteravsic zarubeznyh partnerov rossijskih kompanij nasli novyh; in: kommersant.

Satpajew, Dossym (2014): Die Eurasische Wirtschaftsunion als geopolitisches Instrument und Wirtschaftsraum; URL: https://library.fes.de/pdf-files/id-moe/10810.pdf [Stand: 15.06.2023].

Schäfer, Karolin (02.05.2022): Ukraine-Krieg: Wie Russland Waffensanktionen seit Jahren umgeht; in: Frankfurter Rundschau.

Schattenberg, Susanne (2022): Geschichte der Sowjetunion – Von der Oktoberrevolution bis zum Untergang; Bd. 2935; München: C.H.Beck.

Scherrer, Christoph; Wullweber, Joscha (2022): Finanzmarktpolitik in Kriegszeiten: Wie wirkungsvoll sind die Finanzsanktionen gegen Russland?; in: Vierteljahreshefte zur Wirtschaftsforschung; 91 (2022).

Schmidt, Diana (2004): Der Kampf gegen Korruption; in: Russland-Analysen (2004); 18; S. 4–9.

Schmidt, Elisabeth (10.03.2023): Grenzen einer "grenzenlosen Freundschaft"; URL: https://www.zdf.de/nachrichten/politik/china-russland-geschichte-freundschaft-100 .html [Stand: 15.06.2023].

Schmidt, Helmut (1987): Menschen und Mächte; Berlin: Siedler.

Schönfelder, Bruno (2022): Der Fluch des Imperiums; Marburg: Metropolis.

Schulze Wessel, Martin (02.05.2023): Putin ist kein Betriebsunfall der russischen Geschichte; in: Frankfurter Allgemeine Zeitung; S. 7.

Schumpeter, Joseph Alois (1919): Zur Soziologie der Imperialismen; Tübingen: Mohr.

Senghaas, Dieter (2002): Kulturelle Globalisierung – ihre Kontexte, ihre Varianten; in: Aus Politik und Zeitgeschichte (2002); 12; S. 6–9.

Shagina, Maria (2020): Drifting East: Russia's Import Substitution and Its Pivot to Asia; in: CEES Working Paper; 3 (2020).

Shagina, Maria (2022): Technology Controls Can Strangle Russia—Just Like the Soviet Union; URL: https://foreignpolicy.com/2022/08/22/russia-ukraine-war-sanctions-export-controls-technology-transfer-semiconductors-defense-industry-military-espionage/ [Stand: 15.06.2023].

Sheiman, Igor; Shishkin, Sergey; Shevsky, Vladimir (2018): The evolving Semashko model of primary health care: the case of the Russian Federation; in: Risk Management and Healthcare Policy; 11 (2018); S. 209–220.

Sheppard, David; Cook, Chris; Ivanova, Polina (02.10.2022): Russia assembles 'shadow fleet' of tankers to help blunt oil sanctions; URL: https://www.ft.com/content/cdef9 36b-852e-43d8-ae55-33bcbbb82eb6 [Stand: 15.06.2023].

Solanko, Laura; Voskoboynikov, Ilya (2014): When high growth is not enough: Rethinking Russia's pre-crisis economic performance; in: BOFIT Policy Brief (2014); 6.

Sonnenfeld, Jeffrey A.; Tian, Steven; Sokolowski, Franek; Wyrebkowski, Michal; Kasprowicz, Mateusz (2022a): Business Retreats and Sanctions Are Crippling the Russian Economy; URL: https://ssrn.com/abstract=4167193 or http://dx.doi.org/10.2139/ssrn.4167193 [Stand: 15.06.2023].

Sonnenfeld, Jeffrey A.; Tian, Steven; Sokolowski, Franek; Wyrebkowski, Michal; Kasprowicz, Mateusz (2022b): Business Retreats and Sanctions Are Crippling the Russian Economy; URL: https://papers.ssrn.com/sol3/papers.cfm?abstract_id=4167193 [Stand: 15.06.2023].

DER SPIEGEL (16.12.1973): UdSSR: »Jeden Tag Sorge um die Energie«; 51.

DER SPIEGEL (03.06.2021): Russland wirft Dollar aus Staatsfonds-Depot.

Spiegel Online (19.07.2022): Kremlchef über westliche Sanktionen: Putin gesteht »kolossal viele Schwierigkeiten« ein.

Staliūnas, Darius; Aoshima, Yoko (2021): Introduction; in: Aoshima, Yoko; Staliūnas, Darius (Hrsg.): The Tsar, The Empire, and The Nation – Dilemmas of Nationalization in Russia's Western Borderlands, 1905-1915; Bd. 5; New York: Central European University Press; (Historical studies in Eastern Europe and Eurasia, Bd. 5); S. 11–14.

Der Standard (28.10.2017): Errungenschaften der Sowjetunion: "Obervolta mit Atomraketen"; URL: https://www.derstandard.de/story/2000066783663/sowjetische-errungenschaften-obervolta-mit-atomraketen [Stand: 15.06.2023].

Statistisches Bundesamt (2023): Öffentliches Defizit 2022: Deutschland bleibt im Rahmen; URL: https://www.destatis.de/Europa/DE/Thema/Wirtschaft-Finanzen/OeffentlicheHaushalte.html [Stand: 25.05.2023].

Stewart, Susan (2020): Geschichte als Instrument der Innen- und Außenpolitik am Beispiel Russlands, Wie die Gegenwart die Vergangenheit beeinflusst; Berlin: German Institute for International and Security Affairs.

Stölzel, Thomas (19.02.2022): Neue Pipeline, neue Brücken - Putin stärkt seine Beziehungen zu China; in: Wirtschaftswoche.

Surubovic, Aleksej; Usakova, Natalija (1999): Die Präsenz der russischen Wirtschaft in der GUS; in: BIOst, 9-1999 (1999).

Syropoulos, Constantinos; Felbermayr, Gabriel; Kirilakha, Aleksandra; Yalcin, Erdal; Yotov, Yoto (2022): The Global Sanctions Data Base – Release 3: Covid-19, Russia, and Multilateral Sanctions; in: cesifo Working Papers (2022); 10101.

Szulecki, Kacper; Wig, Tore (09.04.2022): The War In Ukraine Is All About Democracy vs Dictatorship – CEU Democracy Institute; Budapest.

TASS (30.11.2022): Kakie zakony vstupajut v silu v Rossii v dekabre 2022 goda; URL: https://tass.ru/obschestvo/16464861 [Stand: 15.06.2023].

TASS (11.04.2023): V Rossii Dolja Molodyh Rabotnkov Dostigla Minimima s Nacala 1990-h Godov.

taz (2023): Kartoffeln statt Autoteile; URL: https://taz.de/Wirtschaftssanktionen-gegen-Russland/!5852135/ [Stand: 15.06.2023].

Tovar-García, Edgar Demetrio; Carrasco, Carlos A. (2019): Export and import composition as determinants of bilateral trade in goods: evidence from Russia; in: Post-Communist Economies; 31 (2019); 4; S. 530–546.

Transparency International (2022): CPI 2021: Highlights and insights; URL: https://www.transparency.org/en/news/cpi-2021-highlights-insights [Stand: 30.06.2023].

U.S. Geological Survey (2023): Mineral Commodity Summaries 2023; Virginia.

Uhl, Matthias (2015): Umfang, Struktur und Leistungsvermögen des militärisch-industriell-akademischen Komplexes der Sowjetunion 1945-1970; in: Kollmer, Dieter H.; Diedrich, Torsten (Hrsg.): Militärisch-industrieller Komplex? – Rüstung in Europa und Nordamerika nach dem Zweiten Weltkrieg; Freiburg i.Br., Berlin, Wien: Rombach; S. 49–76.

Umann, Ullrich (11.05.2014): Russland will den Abbau Seltener Erden fördern; URL: https://institut-seltene-erden.de/russland-will-den-abbau-seltener-erden-foerdern/ [Stand: 17.03.2023].

Urbansky, Sören (11.05.2018): Russisch-chinesische Beziehungen; URL: https://www.bpb.de/themen/europa/russland/269059/russisch-chinesische-beziehungen/ [Stand: 12.04.2023].

van Bergeijk, Peter A.G. (2022): Sanctions Against the Russian War on Ukraine: Lessons from History and Current Prospects; in: Journal of World Trade; 56 (2022); 4; S. 571–586.

Vereinigung der Bayerischen Wirtschaft e.V. (2021): Rohstoffsituation der bayerischen Wirtschaft; München, Köln.

Wachs, Johannes (2023): Digital Traces of Brain Drain: Developers during the Russian Invasion of Ukraine; in: EPJ Data Science; 12 (2023); 14.

Wagner, Christopher (15.06.2022): Die größten Exportländer von Holz - nach Ausfuhrwert; in: WELTEXPORTE.

Wagner, Christopher (23.06.2022): Die weltweit größten Exportländer von Kohle - bis 2021; in: WELTEXPORTE.

Weede, Erich (2005): Balance of power, globalization and the capitalist peace; Bd. 4; Berlin: Liberal Verlag.

Weede, Erich (2017): Protektionismus statt Freihandel gefährdet unsere Zukunft; in: ORDO; 68 (2017); 1; S. 91–102.

Wehler, Hans-Ulrich (2005): Der lange Weg nach Westen; 6. Aufl.; München: C.H. Beck.

Weizsäcker, Carl Christian von (2014): Die normative Ko-Evolution von Marktwirtschaft und Demokratie; in: ORDO; 65 (2014); 1; S. 13–44.

Die Welt (12.05.2023): Jetzt kann in Russland jeder einfach verschwinden - per Gerichtsbeschluss; URL: https://www.welt.de/politik/ausland/plus245224540/Russland-Jetzt-kann-jeder-verschwinden-per-Gerichtsbeschluss.html [Stand: 15.06.2023].

Wilson, Alex Benjamin (2017): Die Energiecharta – Ein multilateraler Prozess für den Umgang mit geschäftlichen Beziehungen im Energiebereich; Brüssel.

Wissenschaftlicher Dienst des Bundestages (2017): Sanktionen im Zusammenhang mit den Ereignissen in der Ukraine; Berlin.

Wolf, Edda (2023): Russland Gegensanktionen: Warenverkehr und sektorale Maßnahmen; URL: https://www.gtai.de/de/trade/russland/wirtschaftsumfeld/russland-gegensanktionen-warenverkehr-und-sektorale-massnahmen-822978 [Stand: 15.06.2023].

Workman, Daniel (31.03.2023): Crude Oil Exports by Country 2021; URL: https://www.worldstopexports.com/worlds-top-oil-exports-country/?utm_content=cmp-true [Stand: 31.03.2023].

World Nuclear Association (2022): Uranium Production Figures, 2012-2021; URL: https://www.world-nuclear.org/information-library/facts-and-figures/uranium-production-figures.aspx [Stand: 17.03.2023].

Yakovlev, Andrei (16.02.2000): Structural and Institutional Constraints on Economic Growth; Moskau.

Yakovlev, Andrei (2021): Composition of the ruling elite, incentives for productive usage of rents, and prospects for Russia's limited access order; in: Post-Soviet Affairs; 37 (2021); 5; S. 417–434.

Zaslavsky, Victor (1997): The Soviet Union; in: Barkey, Karen; Hagen, Mark von (Hrsg.): After Empire – Multiethnic Societies and Nation-building: The Soviet Union and The Russian, Ottoman, and Habsburg Empires; Boulder: Westview Press; 73-97.

Zeit Online (16.09.2022): Gaskrise: Russland will Gas nach China statt nach Europa liefern; URL: https://www.zeit.de/politik/ausland/2022-09/russland-gaslieferung-china-statt-europa [Stand: 17.03.2023].

Zschäpitz, Holger (11.01.2019): Russland schichtet seine Devisenreserven radikal um – weg vom Dollar; in: Die Welt.

Zubarevich, Natalia (2013): Four Russias: Human Potential and Social Differentiation of Russian Regions and Cities; in: Lipman, M.; Petrov, N. (Hrsg.): Russia 2025 – Scenarios for the Russian Future; 1st ed. 2013; London: Palgrave Macmillan UK; Imprint: Palgrave Macmillan; S. 67–85.